AI新零售

重构新商业

陈顺军　编著

中国铁道出版社有限公司
CHINA RAILWAY PUBLISHING HOUSE CO., LTD.

图书在版编目（CIP）数据

AI 新零售 · 重构新商业 / 陈顺军编著 . —北京：中国铁道出版社有限公司，2020.11
ISBN 978-7-113-27118-3

Ⅰ. ① A… Ⅱ. ①陈… Ⅲ. ①人工智能 - 应用 - 零售业 - 商业经营 - 研究 Ⅳ. ① F713.32-39

中国版本图书馆 CIP 数据核字 (2020) 第 140391 号

书　　名：AI 新零售 · 重构新商业
　　　　　AI XIN LINGSHOU · CHONGGOU XIN SHANGYE
作　　者：陈顺军

责任编辑：马慧君　**编辑部电话**：(010) 51873005　**电子邮箱**：zzmhj1030@163.com
特约策划：叶　宁　黄晓华
封面设计：邱晓颐
责任校对：王　杰
责任印制：赵星辰

出版发行：中国铁道出版社有限公司（100054，北京市西城区右安门西街 8 号）
网　　址：http://www.tdpress.com/
印　　刷：中煤（北京）印务有限公司
版　　次：2020 年 11 月第 1 版　2020 年 11 月第 1 次印刷
开　　本：700 mm×1 000 mm　1/16　印张：18.5　字数：239 千
书　　号：ISBN 978-7-113-27118-3
定　　价：58.00 元

序一 让天下没有难做的企业

卞华舵博士
和灵资本创始人、董事长

与陈顺军先生结识源于他主创的天淘公司和对天淘商业模式的探索与实践，这种缘分浑厚而深远，他赋能企业的起心动念、质朴的情感、商业的睿智，给我留下深刻的印象。在我们第一次相逢的瞬间，他身上的一种巨大的、从心灵深处喷涌而出的能量让我震撼不已，日后的多次交流更加印证了我的一种强烈预感——不久的将来，一个伟大的商业帝国将横空出世，重构并引领新时代的商业文明。

天淘，出身即显不凡。

她将掀起一场巨大的龙卷风。

她将让天下无数平凡的人变得不平凡。

她将站在阿里的肩膀上并借阿里之势奔向浩瀚的商业王国。

她来得如此突然，步伐如此急促，以至于不少人还在神情恍惚之时，她已成长为巨人。

这个判断是源于一场新的商业革命，如同阿里引领了一场商业革命，天淘正在引领另一场新的商业革命。

一、破局新零售

传统零售寒意阵阵，实体店遭受网购的巨大冲击，成本居高不下，同业竞争、同质化竞争严重，拓客乏术，面对日益挑剔的消费者他们一筹莫展。

电商也触到了天花板，他们痛苦地叫喊流量红利已经结束，更要命的是掉粉严重，消费者触屏的时间也走到了尽头。

新零售应运而生。

零售的演进逻辑是“货”“场”“人”三个核心要素及其相互关系的变化。第一阶段以“货”为核心，关注的焦点是货物；第二阶段以“场”为核心，关注的焦点是场所，百货店、连锁店、专卖店、网店皆是场的演变；现在新零售的关注点转向“人”，回归“人”，核心是重构“人”“货”“场”的关系。

“人”的变化让传统零售走到了尽头。

新时代的消费群体更强调高性价比，更强调体验式消费，更注重情感，呈现个性化、多元化、情感化的特征。新的技术使新零售成为可能。大数据、云计算让精准营销成为现实，VR/AR让消费者感受极致体验，AI全面实现与消费者关系的重构，实现场景革命、数据赋能，催生各种零售新物种，并引导商业业态、商业模式、供应链、商业流通走向更高效的形态。

陈顺军先生在本书中为我们描述了新零售的演进逻辑和新技术在新场景中的应用及赋能，他以创业者和投资人独特的视角为我们打开了一扇窗，引发人们对新零售的思考。

依据他的AI新零售理论而创立的天淘公司在实践的道路上跑得更快，走得更远。

二、天淘1.0——AI新零售

对于今天的零售格局，天淘1.0将实现降维打击，实现商业模式的升级，向云零售时代跨越。

天淘1.0将实现S2B和S2B2C，实现S对B的全面赋能。迄今为止，真正成型的商业模式只有三种，即B2B、B2C和C2C，至于C2M或C2B等都只是一种理想，天淘将挟AI、新零售之思维和技术率先在实践中突破，用平台的力量给B端全面赋能，实现“天下没有难做的门店”

这一壮美的理想。

天淘 1.0 将会升维消费场景，让消费者获得全新的消费体验；将与 B 端分享大数据，实现精准营销的升维，实现千店千面的场景；将会实行精准会员营销打造深度感情链接的社群；将会通过创建云供应链、数据智能、网络协同等赋能方式实现 S2B2C 的新商业模式。

在这个阶段，线上线下将真正实现互相融合，消费者价值将得到极大程度的提升。

三、天淘 2.0——AI 新零售 + 产业互联网

直到今天，新零售的讨论和实践还一直限定在消费端，只有实现供给端与消费端的融合，人类的商业活动才能真正进入一个全新的时代。

消费互联网是互联网时代的上半场，真正精彩的是下半场的产业互联网，其大门刚刚开启。数字产业化和产业数字化是未来中国经济增长的重要引擎。

消费互联网关注的是流量和消费者停留的时间；而产业互联网关注的是供给侧，这是一片真正的蓝海。产业互联网的关键要素是生产服务、流通服务、仓储物流服务、金融服务，其关注的是上下游、产业链。

当产业互联网与 AI 新零售完美融合的时候，产业链的效率将大大提高，将释放出巨大的价值增值空间，人类的商业世界将会发生根本性的改变，消费者心中的理想将在更高的层面上实现。

四、天淘 3.0——跨生态的协同赋能和融合

大数据、云计算、区块链、AI、物联网等技术的融合和叠加为一切想象提供了可能性。

天淘正奔跑在这条充满艰辛而又瑰丽无比的大道上。

在天淘 3.0 时代，供给侧和消费侧将实现无缝连接，生产、流通、交易、金融、消费已经融为一体，消费者将参与价值创造和价值分配的过程，消费者至上的理念将得到充分彰显。人类将真正实现从“生产创造价值”

过渡到“生产和消费共同创造价值”的新时代。

由于生态圈的强大赋能，这个世界将会成为自由人的联合体，让“天下没有难做的企业”这一伟大梦想成为现实。

五、引领人类新商业文明

当我下笔为本书作序时，我激动不已，有太多的话语需要倾诉，所以这些文字都是我心灵的流淌。

早在十年前，我就开始关注如何真正给创业者赋能，怎样才能实现“天下没有难做的企业”。在过去的日子里，我最多的时间是和创业者打交道，并长期担任《中国企业家》杂志“未来之星”的评委、中央电视台《赢在中国》栏目的评委，还有“黑马营”的评委。我走访过 2 000 余家企业，直接参与投资过 100 余家企业，长期在清华大学、北京大学等高校给企业家授课。同时，我自己也是一名创业者，对创业者的艰辛和痛苦有着深刻的体悟——打造一个真正能给创业者全方位赋能的平台是何等伟大的事业。

如今，陈顺军先生运用 AI 新零售理论和强大的平台势能，站在巨人的肩膀上，推进了这一经过十年探索实践而又不断迭代升级的全新商业模式的落地。

我惊喜不已。

多年形成的商业直觉告诉我，一个超级商业航母即将诞生。

互联网、AI、大数据、区块链等技术会催生“黑洞效应”，会产生“雪球效应”，吸附一切，产生无比巨大的、超越人类想象的能量。

天淘正站在大时代的赛道上，她将吸附一切。

此时此刻，最重要的是创业者要有一颗造福人类、服务人民的利他之心，不断明心净心，真正把消费者装在心里，把相关利益方装在心里，把时代的责任装在心里，引领和建构人类的新商业文明。

未来已来，我们翘首以待。

序二 未来已在眼前

陈顺军
中国经济新模式十大领军人物
人工智能战略规划与赋能专家
AI 新零售资深架构专家
阿里 AI 赛道明星

自从马云在 2016 年提出新零售的概念以后，真是“忽如一夜春风来，千树万树梨花开”，业界的各位大佬，小米雷军、京东刘强东、腾讯马化腾等纷纷从不同的视角或者探索方向对新零售提出见解，各路大神大腕也纷纷出书立著，为新零售添注加义，网上种种的论述总结也是数不胜数。

2017 年是新零售的元年，是一个讨论与争议之年；2018 年是新零售践行之年，这一年里，各种关于新零售的创新纷纷登场亮相；2019 年是新零售裂变之年，各种新零售实践的利弊优劣开始初露端倪，同时各种突破也纷至沓来；而 2020 年是 AI 新零售的元年，新零售经过市场的发展与演化，已经形成了完整的模式体系，也明确了新零售与人工智能的结合是未来的发展方向。AI 新零售成了新的万亿级风口。

不管人们把这种商业模式叫什么，是叫智慧零售、无边界零售，还是叫新零售，其实都不重要，重要的是“百舸争流千帆竞，借海扬帆奋者先”，如何把这种实践落实到用户关切——能否以最高效、最低成本的方式获得更好的体验，这才是新零售的本质。

在“新零售”概念的诸多描述中，我认为“以消费者体验为中心”“以数字化为核心驱动力”是新零售最重要的两个特征。在零售业态的革新、线上线下融合的背后，是消费及零售行业商业模式的再造、物流与供应链运营的革命，而这一切都离不开以消费者为中心和数据驱动这两个核心理念。

以消费者为中心

新零售的最大改变莫过于“以消费者为中心”。对比传统零售时代，如今消费者的消费诉求改变巨大，正从过往以追求产品功能为核心的购买诉求向通过购买产品提高生活体验的诉求演进。我们研究消费者的行为后发现，消费者需求的变化正在形成新的趋势，并对零售市场的参与者提出了新要求。

◎ 高效便捷。对于消费者来说，看重的不仅是购买的商品本身，购买的场景、过程等体验同样被看重，消费者希望能够在任何时间和场景中都享受到高效便捷的购物体验。

◎ 个性化。消费者的个性化需求要求零售市场的参与者理解消费者，为不同的消费者提供所需的商品和服务，并最终实现“千人千面”。

◎ 独特体验。消费者不仅需要像“双 11”“618”这样的大众消费节日，他们还需要独特的体验来纪念和分享人生中的特别时刻。

随着消费者的消费习惯多元化、随意化，消费体验智能化，“以消费者为中心”的思想必将重塑零售业格局，并将引导商业业态、商业模式、供应链、商业流通等走向更高效的形态。

以数字化为核心驱动力

数字化是新零售的核心驱动力，数字化将重塑产业生态链，使零售业态最终从 B2C 转型为 C2M。在这一过程中，传统的由内至外的供应链顺序将被颠覆，企业的研发、生产、营销、物流等活动都将以客户数据作为驱动力和决策依据，这就要求企业对全价值链进行数字化的改造，包括对大数据、新技术、新平台、新金融和新制造等进行全面升级，重塑供应链各环节。在这一过程中，具备创新能力的企业将占领先机，而在这个核心驱动力中，人工智能将是最关键的引擎。

这引出近几年另一个科技热点话题：人工智能。2016 年，AlphaGo 赢了围棋天才李世石，又赢了世界排名第一的柯洁后，人工智能一下子成了热门话题以及投资的新热点。到了 2019 年，人工智能已经不再是风口而是企业的标配，各种行业应用的机会随着人工智能开发门槛的大幅降低而逐渐浮出水面。

新零售和人工智能是我近年来一直密切关注和参与投资实践的两个领域。在我看来，围绕新零售这个主题，如何运用人工智能去切入行业痛点，让新零售的商业模式落地，一定是一个蕴藏着巨大商机的风口。这种实践当中的思考是一直萦绕在我心中的题目，这个题目背后的机遇和挑战激励我下了写这本书的决心，而近期天淘项目的进展更让我有了灵感和新的认知。

着手写下此书，是希望它能作为一个媒介，将我在人工智能研发领域以及对新商业的一些见解带给大家。也希望我对新商业的一些总结、对“AI+ 新零售”未来发展的一些看法，能够引领大家收获新的思考，并能从中获得新的灵感和启发。

我一直相信，在科技的推动下，祖国乃至于全人类的未来一定会更美好，而未来就在我们身边，就在我们眼前，就在你我的手中。

是以为序。

——2020 年 1 月 6 日于飞往成都的航班上

目录

第七章

未来已在眼前 242

引言

多年来从事人工智能及相关产业的经历让我切实的认识到 AI（人工智能）技术应用的广泛，而 AI 与新零售的结合能够重构新的商业形态，颠覆传统零售的生态体系。

过去几年零售业受到很大挑战。很多大型商场经营惨淡，曾经火爆一时的百货商场，现在门可罗雀，这种现象在三四线城市尤为明显。服装专卖店、电器专卖店的生意也不好做，很多顾客看好商品式样、规格，一转头就上某宝、某东下单了。

百货商场的日子不好过，超市同样惨淡。零售巨头沃尔玛 2016 年在全球关闭了 269 家门店，裁员 1.6 万人。而在中国，2016 年关闭了 13 家门店，2017 年关闭了 24 家，2018 年关闭了 21 家，2019 年关闭了 16 家。与之相对应的，则是人们很少逛实体超市了。从我自己来看，我有几年没去过家乐福或者沃尔玛之类的大型超市了。

实体店这边冷冷清清，那厢电子商务却是红红火火，淘宝、京东、苏宁一路高歌猛进，导致很多做传统零售生意的人都非常“痛恨”电商，他们认为互联网企业在掏空实体经济。但事实真的是这样吗？

当大家觉得零售越来越难做时，2018 年全年社会消费品零售总额 380 987 亿元，比 2017 年增长 9%；当鞋类品牌达芙妮觉得鞋子越来越难卖时，2017 年鞋类消费总额比 2016 年上涨 7.8%，这说明消费者并没有少买鞋子，反而买得更多了。

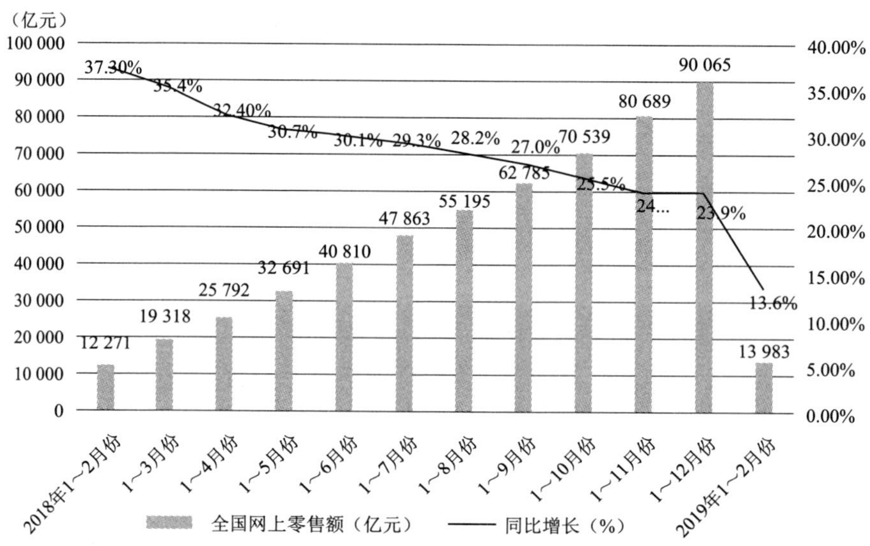

2018 年至 2019 年 2 月中国社会消费品零售总额统计及增长情况
（数据来源：国家统计局）

来看两组来自国家统计局的数据，上图的数据中，我们可以清晰地看到网上销售的增长势头正在逐步下降。

而在下图的数据中，实物商品网上销售占全部实物零售的比例呈上升趋势，但是这个趋势有逐年减缓之势。

这是一个很有趣的悖论：很多传统零售企业觉得“末日降临”时，整个中国的消费品零售总额不但没有减少，反而在增加。为什么？

这一个看似矛盾的悖论其实预示着一个大时代的来临。

随着经济技术的发展以及外部购物环境的变化，传统零售业迎来了前所未有的挑战。俗话说，“迎接挑战就是迎接新的机遇”。对于中小型企业来说，面对重新洗牌的零售业，实际上迎来了大好的机遇。谁能率先顺应潮流，利用各种新技术实现转型，谁就能赢得市场。

过去，传统的零售业局限在百货商场、专卖店等行业，但如今，在新零售时代，所有与人相关的行业都算是零售业，比如，餐饮业、服务业、娱乐业等。

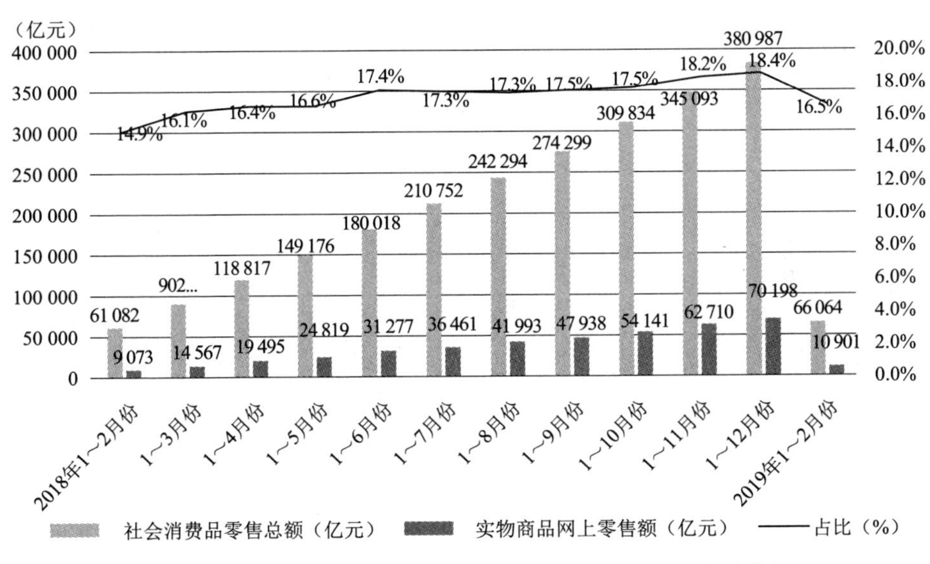

2018 年 1 ～ 2 月份至 2019 年 1 ～ 2 月份实物商品网上零售额在社会消费品零售总额中的占比 （数据来源：国家统计局）

同时，零售的渠道和载体也有所不同。传统零售业是从人走街串巷叫卖，发展到店铺售卖，再到各种大型的连锁门店销售。而在新零售时代，借助各种新兴的社交软件和技术辅助，销售模式又回归到了小型门店和个人零售商，比如说微商、淘宝天猫上的店铺等。大型零售商的优势在逐渐减弱。过去，零售从个人行为发展为商家行为，再发展为集团行为，由个人行商到社区小店，再到百货商店、大型卖场；而如今，似乎又回到了个人行为，只需要一部手机、一款社交软件，零售商就能为消费者提供实时的服务，能随时随地实现交易。

在传统零售业，产品生产更重视功能性和实用性，消费者只能在生产好的商品中选择。如今，随着消费需求的提高和技术的进步，产品生产更注重个性化，消费者甚至可以自己设计和制作产品。比如，3D 打印技术的发展，让消费者可以自行生产需要的产品。

在新零售时代，支付手段也更为先进。从古人的物物交换，到用金属、银两、铜钱交易，再到现代的纸币交易或刷卡交易。如今，大部分国人出门已经不需要带钱包了，只需要一部手机，就能完成支付。

回顾几千年以来的零售业历史，你就会发现，商业的发展其实就是一个轮回。任何商业形态，都会经历从无到有，从有到壮大，发展到一定的阶段，就会面临重新洗牌。这其实和“天下大势，合久必分，分久必合”是一个道理。每次行业洗牌，都算是一次行业重组。那么在这样的时代潮流之下，我们该如何去应对呢？

俗话说，“万变不离其宗”。零售行业再怎么变化，其本质还为了满足消费者购物、社交和娱乐等方面需求。任何时代，人们在交易过程中，选择商品，主要都是为了满足自己的这些需求。

比如，我们出去逛街购物的时候，会约上亲朋好友，这就是在满足社交需求；在逛街过程中参与有趣的活动或游览景点，就是在满足娱乐需求；逛街购买商品就是满足购物需求。而新零售，其实也是在满足这些需求，不同的是，可能同一商家或平台，就能同时满足上文提到的所有需求。

再比如，电商网站定时会举行购物日或抢购类的活动，通过各种小游戏，实现人与人之间的交流，互动游戏同时充满娱乐性，参与活动还能以更优惠的价格购买商品，完成购物。

由此，我们就能得到一个启发，那就是：谁能给消费者提供购物、娱乐和社交等方面的优质体验，谁就能让消费者掏钱。特别是现在，消费者更注重个性化的体验，商家更需要关注消费者的个体需求。

在线下零售时代，以线下门店为主，门店的选址就决定了店铺的发展。但在线上零售时代，电商平台不受时间和空间的限制，更注重通过分析不同消费者群体的差异化需求，来制定经营策略。比如，不同年龄、性别、收入、性格的消费者，分别有哪些购物和心理需求。根据这些分析，能更精准地为他们提供相关的产品和服务。

那么在新零售时代呢？主要是以打通线上和线下，互相引流，线下门店以提供体验为主。虽然看似增加了与消费者的互动，但在这过程中，体验的成本都会被加进商品的价格中，这对消费者其实是不利的。因此，商家需要通过各种手段为新零售做加法，提高产品和服务的质量，让消费者觉得物有所值，甘心为高成本买单；或者做减法，减少销售的步骤，降低成本。

在新零售时代，快速发展的人工智能势必会成为新零售的利器和驱动力。

新零售需要依赖互联网平台，再借助大数据、人工智能等新兴的技术手段，实现商品从生产到销售整个流程的改造，完成行业生态圈的重组。因此，新零售商家要通过融合线上和线下的资源，利用人工智能提高运营和销售效率，才能事半功倍。

目前，随着大数据的增长以及算力和算法的发展，人工智能技术得到了前所未有的发展，并开始被应用在新零售行业。人工智能为零售行业带来改变——降低成本和提高效益；而通过大数据的精准统计和推送，更提高了消费者的消费体验。

我们可以预见，未来，新零售的竞争主要是一场以技术为载体的竞争。而高端的技术依然会被掌控在行业巨头手中，如百度、阿里巴巴、腾讯等。但同时，在技术赋能零售业的商业环境下，也为中小型企业提供了新的发展商机，比如，可以通过深耕某个领域，开发新型技术来助力新零售。

你还在等什么？新零售时代已然来临，时势造英雄，请尽快出发吧！

就在本书审稿期间，新冠疫情以出乎我们预料的态势席卷全世界，我们遭遇到百年不遇的灾情。疫情给各行各业都带来一定程度的冲击，而主打线下的零售业受到的冲击尤为严重，除了一些生活必需品的供应以外，绝大多数的线下零售商铺在疫情期间都不得不关门。可以想象，即使到了 2021 年，因为前景不明，人们消费的欲望会大大降低，导致很多零售业者的境况更加艰难。危机危机，危险中总是蕴藏着机会。在 2020 年，零售业者认识到了一件事，那就是谁能在线上与消费者直接建立联系，谁就能获得增长的机会。

2020 年线上和线下的融合加速了。

这也是为什么在 2020 年，我们会看到全民直播带货的现象。

直播这种形式，不仅仅让生产商家与消费者直接建立联系，还让消费者克服了在线上购买高价商品的一些心理障碍，比如，在线上购买翡翠、珠宝等高价值商品，或者在线上购买加拿大龙虾这样的活海鲜。过去，这些商品因为价格高，消费者担心品质没有保证，更愿意在线下购买。

但 2020 年一些消费者的偏好发生了改变，因为线上购买几乎是特殊时期消费者唯一的选择，直播成为这个特殊时期最有效的营销手段，通过直播，消费者的抵触情绪逐渐被打消。也就是说，直播这种形式，拓宽了能拿到线上销售的消费品类。

线上和线下的加速融合还体现在消费者群体的变化上。

在 2020 年之前，中国仍有 5 亿人口不上网（中国互联网络信息中心 2018 年数据），但是在 2020 年特殊时期，网上购物几乎成了唯一的选择，此前不会上网的人，也都学会了上网。本来教会这些人网购需要很长时间，但是在这个特殊时期，这个过程被突然加速了。

2020 年 5 月 27 日，在京东零售集团 CEO 徐雷和快手创始人兼 CEO

宿华的共同见证下，京东集团副总裁邵京平和快手电商高级副总裁余双分别代表京东零售与快手科技签署战略合作协议，此协议宣布双方将在供应链能力打造、品牌营销和数据能力共建等方面展开深度合作。

快手做电商需要可靠的供应链，京东想要下沉用户，于是双方便一拍即合。这是线上线下加速融合在战略层面的一个典型例证。

机会总是留给有准备的人。

你，准备好了吗？

Chapter 01

第一章

什么是新零售
——新零售的追根溯源

纯电商时代很快会结束，未来的十年、二十年，没有电子商务这一说，只有新零售，也就是说线上线下和物流必须结合在一起，才能诞生真正的新零售。

——马云，2016 年 10 月云栖大会在2016年年底到2019年间，“新零售”是个热门词汇，小米、阿里、京东等巨头都涌入新零售“战争”中。如今，“新零售”已经成了我们生活中的一部分，我们不得不认识它、接受它。一开始，我也是从媒体的报道了解新零售的，后来一些机缘巧合，我开始了天淘新零售这个创投项目，随着亲身实践，大量的阅读报告资料，还有参加了各种研讨会和行业大师们的交流分享会，我对新零售从开始的迷茫阶段逐步进入到现在对这个行业趋势有清晰认识的阶段，也有了很多自己的体会和思考。

概括来说，新零售就是以下的三点。

（1）新在哪里？

（2）现在新零售做到什么样子？

（3）下一步新零售的机遇在哪里？

但一样新事物，它不可能是凭空从天上掉下来的，一定是有其历史的演变过程和来龙去脉的，只是可能开始演变的阶段并不为人所知，所以人们会误以为这是一个“新”事物。

因此，对于这么一个“新”事物，我们要做第一件事的就是寻找它的历史脉络，追根溯源，了解它的“前世今生”，这样我们就能以更宏观的视角去分析它，更好地利用它。

第一节 新零售是怎么来的

> 如果对比每一次产业革命前后产业的变化，你就会发现，其实人类很多基本的需求并没有变，只是采用了新技术后，新产业会取代旧产业满足人类的需求。在技术革命时，固守旧产业是没有出路的。
>
> ——计算机技术专家、原腾讯副总裁吴军

说起新零售，就不得不说一说马云和王健林的“亿元赌局”。

2012年中央电视台中国年度经济人物颁奖典礼上，马云和王健林同台领奖。在台上，侃侃而谈的王健林突然口风一转说：

“中国电商，只有马云一家在盈利，而且占了95%以上的份额。他很厉害，但是我不认为电商出来，传统零售渠道就一定会死。”

马云不甘示弱，马上就顶了回去：

“我先告诉所有像王总这样的传统零售一个好消息，电商不可能完全取代零售行业。同时也有一个坏消息，它会基本取代你们。”

叱咤商界几十年从来不落人后的王健林立即就向马云发出了挑战：

“2022年，10年后的中国零售市场，如果电商在整个大零售市场份额占50%，我给你一个亿。如果没到，你给我一个亿。”

两位企业家当然谁也不服谁，那么就打赌吧。喜欢“定个一亿小目标”的王健林，他最小计价单位是“亿”，那就一个亿吧。这就是轰动一时

的“亿元赌局”。

“亿元赌局”定下的时候，正是电商发展最为红火的几年，随着中国互联网迅猛发展，凭借着边际效益的优势，电商的“乌云”遮盖了几乎整个传统零售的天空。百货商场、连锁商店和超级市场的生意一落千丈，本来门庭若市的线下零售店变得门可罗雀。

几乎所有人都开始为王健林担心。但是，到 2015 年前后，一直攻城略地所向披靡的互联网电商在一道“壕沟”前缓下了前进的脚步——电商用户的增速开始放缓。

在一二线城市，尤其是北上广深用户的感觉中，互联网电商似乎已经统治整个快消品领域了。但中国不是只有北上广深，不是只有年轻人和手机控。仔细研究数据就会发现，到 2019 年，互联网电商销售额其实仅占中国社会消费品零售总额的 24.7%。从下图看，虽然这个比率还在增长中，但增长曲线的坡度已经平缓了，也就是说增速明显放慢。换而言之，学习能力较强乐于接受新事物而容易被电商吸粉的那批用户基本都上网了，剩下 80% ～ 90% 的人，由于习惯、地域、年龄等原因，让他们上网买东西，电商就要花费更多的成本和时间了。

据中国互联网络信息中心（CNNIC）发布的第 45 次《中国互联网络发展状况统计报告》显示，截至 2020 年 3 月，我国网民规模为 9.04 亿，全年新增网民 7 508 万，互联网普及率达 64.5%，较 2018 年年底提升 4.9 个百分点。其中，手机网民规模达 8.97 亿，全年新增手机网民 7 992 万；网民中使用手机上网的比例由 2018 年年底的 98.6% 提升至 2019 年年底的 99.3%，手机上网已成为网民最常用的上网渠道之一。但是网民规模和手机网民规模增速持续放缓。

而同时，在互联网巨大魔力的感召下，大批卖家迅速从线下转战到线上，淘宝、天猫和京东等电商平台持续走热，社交电商如微店、微商等更是如火如荼，新兴的内容电商如抖音、虎牙、微信公众号和直播电商等也是门庭若市。网上出货一时间成了卖家们基本的生存技能。

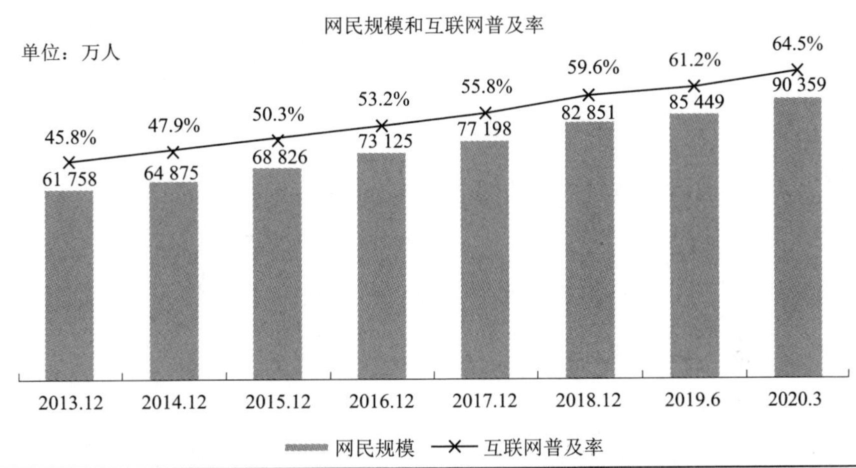

2013 年 12 月至 2020 年 3 月网民规模和互联网普及率
（图片来源：中国互联网络信息中心）

这边，用户数量增速减慢；那边，电商数量却是节节攀升。卖家比买家增长得更快，就是说平摊到每个卖家的买家少了，这直接产生了一个效应：电商获得一个潜在客户的成本越来越高，最终线上的经营成本和线下的经营成本相差无几。于是乎，在网上做生意越来越不如以前那么好做，互联网的红利慢慢地消失了。

流量红利的逐渐消失，传统电商平台集体陷入了所谓的“流量焦虑”。一场由互联网的流量危机引发的新零售变革，就这样开始了。

“新零售”概念的提出

2016 年 10 月 13 日，时任阿里巴巴集团董事局主席的马云出席杭州云栖大会时提出，未来 30 年将是人类社会天翻地覆的 30 年，世界的变化将远远超出想象，“电子商务”一词可能很快被淘汰，有五个新的发展将会深刻地影响世界。

马云认为第一个新是新零售：目前传统零售行业正受到来自电商的巨大冲击，这是由于他们没有把握未来的技术，只看到昨天，而忽略了拥抱明天。传统零售应该与互联网企业、现代物流、大数据等合作打造新零售，否则新零售的发展将进一步冲击纯线下企业。

阿里巴巴集团 CEO 张勇后来补充说：“整个新零售下一个阶段非常重要的一点，已经不再把互联网仅看成是对消费者销售的通路，越来越多的商家趋向于线上和线下一体化考虑、一体化经营。”

在同一天的早一些时间，雷军也提出了和马云同样的概念。“我是上午讲的，马云是下午讲的。可能阿里的声量大，我的被盖过去了。”雷军在接受中央电视台采访时表示，“不过，我们不约而同看到了新的机会。”

两位互联网大佬心有灵犀般不约而同地提出这一个新概念，新零售一下子成为 2016 年的热词，进而掀起了一股新零售的浪潮。

“未来没有电子商务，只有新零售”。一方面，线下的企业必须到线上去；另一方面，线上的企业也要走到线下来。新零售必然是一个线上和线下融合、物流和人工智能加持的新生事物。切入行业痛点，击中用户的痒点，这样才能开拓出新的商业天地，这才是商业世界万变不离其宗的逻辑。

新零售浪潮的兴起

当然，大佬们不只是嘴上说说，而是说完马上就撸起袖子干。以前号称只做线上的雷军也开始大举进军线下实体店，20 个月内，开了 240 家小米之家，并提出 3 年内开 1 000 家线下店的“小目标”。

阿里更是身体力行，大举进军传统零售业，大手笔买入欧尚、大润发，落子新零售的布局。尔后，正式提出 S2B（Supply to Business，为小卖家提供一站式供应链服务）模式，并启动天猫小店计划。他们的新零售一号工程“盒马鲜生”由阿里巴巴 CEO 张勇器重的侯毅执掌，短短几个月便红遍京沪广深。到 2019 年 12 月，盒马鲜生已经在 20 多个城市开了 197 家门店。

京东也是奋起直追，紧随阿里巴巴的步伐。阿里说“新零售”，京东就提“无界零售”；阿里开张了“天猫小店”，京东的“京东便利店”就落地了；阿里搞出了“盒马鲜生”，京东就还以“7FRESH”（线下生鲜超市）的颜色。

除了互联网巨头的争霸，零售商老大苏宁也不甘人后，提出了“全场景零售”的概念，许诺让消费者在“任何时间、任何地点，可以实现任何服务需求的场景体验”。2019 年 5 月，苏宁提出生活圈、掐点配送、地域下沉、私域圈层等概念。现在，苏宁致力于把自己打造成一个集线上购物、线下吃喝玩乐、即时 O2O 配送、生活服务等综合服务为一体的“大众服务提供商”。在新零售变革时代，苏宁既有线上平台也有大规模的线下门店，这样现有的优势能让它由“零售商”走向“生活服务商”。我们看到苏宁近年来动作频频，收购万达百货、大面积铺开苏宁小店、物流升级、强化金融服务等，从构建新零售“生活服务商”的角度看，也就不难理解苏宁这些布局背后的商业逻辑了。

在新零售的“武林大会”上，一时间还涌现出无数举着新零售大旗的“各门各派”，他们起名为“无人超市”“无人货架”“快闪店”等，一夜之间，新零售的舞台拥挤不堪，真有一种“你方唱罢我登场”的热闹场景。

回归线下，就一定是新零售吗？让我们再次返回到问题的本质：

到底什么是新零售？

第二节　先理解什么是零售

零售，是一系列商业模式的统称，是通过某种形式的交易平台，让消费者和商品联系起来，让商品最终到达消费者手中；又或者让消费者最终能找到商品。零售就是把最终使用这个货物或者服务的“人”（消费者）和“货”（商品或者服务）连接在一起的“场”。这个“场”，可能是一个物理位置，也可能是一个服务中心，也可能是手机上的一个 App，又或者是一个网站。零售，就像一个媒婆，一个婚介中心，帮助消费者找到商品，也帮助商品找到消费者，成就一段“姻缘”。

零售，就是连接人与货的“场”

“以物易物”是人类社会最古老的商业贸易形式，在这个时代里，张三家里养鸭，李四家里种橘子，李四想吃鸭肉，张三想吃橘子，于是他们之间就产生了交换的需求。真实的世界里情况会复杂得多，张三除了想吃橘子，还想换牛奶、换布匹等，可是李四家却没有这些，怎么办呢？人们就想出定时定点进行交换的办法，让这些有物物交换需求的人约定具体的交易时间和地点，到后来交易的地点和形式慢慢固定，便形成了集市。

集市的作用就是把商品和需要商品的人在约定的时间连接在同一

个地点，即连接“人”与“货”，我们今天称之为“场”。集市本来是一个约定俗成的场所，是商业地产的雏形，后来逐渐演变成今天的“商业地产”。

商业地产不断地演化发展，也得益于大规模社会分工的细化，逐渐产生了百货商场。百货商场成了一个把“人”与“货”连接在一起的“场”。你（“人”）去商场买鞋子，商场在店面展示商品（“货”），也在仓库里保有存货，还搭建好货架、镜子这样的环境（“场”），方便你试穿，有价格、有尺码，你觉得合适又喜欢就买走。到后来，出现了7-11这样的连锁店，连锁店也是一个个用各种形式把“人”与“货”连接在一起的“场”。再到后来，出现了像淘宝、天猫、小米商城、京东那样的电商，不用百货商城了，你的手机就是那个“场”，卖家把“货”的照片、视频等商品信息传到App里，去连接“人”，或是通过买家网聚“人”，一起去找“货”。

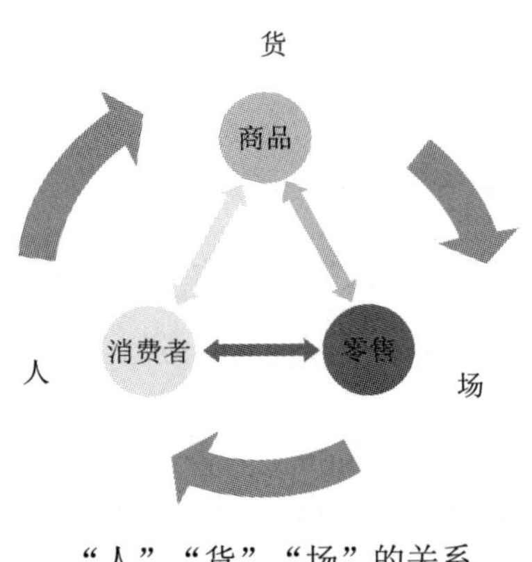

“人”“货”“场”的关系

润米咨询创始人刘润在《新零售：低价高效的数据赋能之路》一书中指出，“零售的本质，是把‘人’（消费者）和‘货’（商品）连接在一起的‘场’。不管技术与商业模式历经多少次变革，零售的基本要素，都离不开‘人’‘货’‘场’这三个字。‘人’‘货’‘场’是零售业永恒的概念。”

互联网的“人”“货”“场”

“人”在商场里就是客人，而在互联网世界里，就是流量。你的App一天有多少UV（Unique Visitor，独立访客），等于一天有多少人来你的商场。再延伸出来，一个顾客在商场的所有行为，都可以被数据化。一个顾客来到某商场，逛了20分钟，相同的一双鞋子看了5次，到了互联网世界里，就是商品“鞋子”的UV计数加1，PV（Page View，访问量)计数加5。运用数据分析，如果顾客在某个商品停留时间超过20分钟，如果顾客没有消费，互联网运营商会在顾客离开之后，给他发一张优惠券，以提升转化率。

“货”就是商品，比如，一个口罩、一台空气净化器。在互联网世界里，这个“货”的定义被延伸了，你的货物如何生产、怎样物流都是“货”的一部分，甚至保质期，或者是甜度、酸度，都是构成“货”的一部分。因为在互联网世界里，商品需要被数据化，因此所有构成这件货物成本和质量的影响因素，都可以被认为是“货”的一部分。

“场”就是交易发生的地方，是一个具体的场所或者容器，即能够容纳“人”和“货”在其中发生交互关系的地方。在互联网的环境里，这个概念会更抽象一些，我们称之为场景，判断某个“场”是不是一个完整的场景，就是判断“人”和“货”的关系有没有形成一个闭环。闭环的意思就是，我们要看看这个场景有没有包办整个商业链条的所有环节，而不依赖第三方。因此，互联网运营的语境里，最难被理解就是“场”，这往往也是最需要界定清楚的。

在互联网的语境中，我们需要从一个全新的角度去重新理解和定义“人”“货”“场”，即以数据化或概念化的视角去重新审视和计算“人”“货”“场”，同时我们也要明白，“人”“货”“场”的概念并没有过时，这个框架仍然是我们解析所有的商业模式，理解蕴藏在其中的价值的重要工具。

“人”“货”“场”关系的更迭与演进

随着时代的变化，零售三要素经历了三个阶段的演化，最早是“货→场→人”，然后是“场→货→人”，再后是“人→货→场”。下面的章节我们将逐一介绍。

第一阶段：“货→场→人”

这是物资相对匮乏的历史阶段，市场上的商品品类与数量都非常有限，供应不足，需求旺剩。这个阶段是卖方市场，“货”是零售业的核心。只要找到合适的销售渠道，能满足需求的商品都能很快卖出，“皇帝女儿不愁嫁”，卖方根本无须为销售担心。此时，“场”的重要性位居其次，只需要保证交易顺利进行就可以了，而“人”的地位在这个闭环里可以说是最低的。

第二阶段：“场→货→人”

随着生产力和国民经济的发展，商品的数量和种类逐渐丰富，“货”不再占据主导地位，这时候，“场”就成了核心要素，因为此时“场”是促成交易发生的最关键要素。人的注意力一直是稀缺资源，而黄金地段总能最多地吸引人们注意。在这一阶段及早发现并占据这些黄金地段才能在竞争中占得先机，这也就是前些年商业地产被热炒背后的商业逻辑。

第三阶段：“人→货→场”

这一个阶段，国民经济进一步发展，人们的收入水平也快速提高，消费者的消费偏好与需求由此发生了翻天覆地的变化。此时，传统的由生产商与零售商占据价值链主导地位的模式已难以为继，“人”成了这一新零售时代的核心要素。“人”和“货”的关系完全颠倒。

大数据、区块链、人工智能等新技术的飞速发展，让商家低成本地了解每个消费者的真正需要和消费习惯成了可能。与此同时，消费者不仅对商品的质量与价格有要求，还要求获得更好的服务与体验。借助于互联网的快速推广和普及，人们可以随时随地直接接触到“货”的信息，并借助于无现金支付的手段快速完成消费行为，“场”在交易中的重要性也就降到了最低的水平。

由此可见，零售三要素的关系和地位是随着时代的变迁和生产力的发展而不断地重新构造定位的，这种关系变迁一直推动着零售商业社会由“石器时代”进化到“青铜时代”，然后升级为“铁器时代”。在这场变革中，“人”“货”“场”的革命是发生在每个要素全方位升级的过程中，而不仅仅是停留在关系和地位的排序上。

“人”“货”“场”内容的升级

如前面章节论述，俯瞰整个零售行业的发展历史，就会发现，零售行业先后经历了生产者主导时代与销售者主导时代，而到了现代，以消费者为主导的时代已经来临。

1.“人”：无限贴近消费者

当社会物质财富极大丰富以后，产能过剩、供过于求的问题也逐渐显现出来；另一方面，互联网技术和网络也在中国一日千里地飞速发展。一部手机在手，消费者能快速查询到即时市场价格，甚至是供应链的关键信息，这极大地改变了买卖双方信息不对称的态势。信息的透明化使得零售商与生产商再也无法占据价值链的强势地位，以传统的生产商或者销售渠道为主导的体系已经难以为继了，取而代之的是以消费者为主导的模式体系。消费者有什么需求，生产者就生产什么产品，销售渠道也以此为中心运作。

科学界里有一个非常有名的质能方程：$E=mc^2$，这个公式是著名物理学家爱因斯坦提出的。借用到我们讨论的新零售中，衍生出形式不同却一样威力巨大的含义。在这里，E 代表盈利（Earning），m 代表商品（merchandise），c 代表消费者（customer）。互联网给予商家近乎零成本的接触消费者的边际效益，随着消费者的增加，商家的利润也是呈平方指数级的增长。

零售“新”体现在消费者在价值链中地位的显著上升，这是与传统零售比较时，最显著的变化。

由上所述，新零售时代，“人”在价值链中位置的改变，使得消费者的消费需求逐渐成为行业运作和策划的起点。而此时的消费者，也不再是传统零售意义上交易的终点，而成为所有交易的起点。和以往的消费者相比，如今消费者的消费心理和习惯有了很大的变化：越来越注重个性化、体验式消费；媒体的多元化让消费者分摊到单个媒体或者入口的时间急剧减少，这要求销售者以更短的时间去说服消费者；地域限制逐渐弱化，消费者希望随时随地想买就买，无论是线上还是线下；消费者对品牌的忠诚度大大增加，习惯一旦形成，就会成为长期顾客。

所以消费者最希望商家做的就是帮助他们减少选择的时间和成本，实现这一点，商家要做的就是尽可能地了解消费者，了解他们的购物习惯、偏好、规律，帮他们节约选择的时间。正如苏杰的《人人都是产品经理》一书中所说的，商家有“5W+1H”必须要搞清楚。

（1）Who：**消费者是谁？他们喜欢什么？**

（2）When：**消费者一般什么时间消费？多久一次？一次多久？**

（3）Where：**消费者通常会去哪些地方？**

（4）What：**消费者在特定的时间和地点会做什么事情？**

（5）Why：**消费者为什么要这么做？有其他的替代方案吗？**

（6）How：**消费者是怎么做这些事情的？如何能提高他们的效率？**

厘清了这些问题，消费者的画像才会清晰立体，设计出来的方案才有可操作性。得益于互联网的普及，商家有了海量数据的积累，通过人工智能、大数据的挖掘，无限贴近消费者已经具备了技术上的可能，如果能通过充分贯通线上和线下的数据，把消费者的行为串联起来，这就实现了从单点到平面，再由平面到三维的质变。

2.“货”：超越成本与价值

“货”就是通常我们说的商品。在传统零售理念中，决定商品竞争力的两个支点是成本与价值：成本包括商品本身的进货成本，以及商品从生产到消费者手中所有过程的运营成本；而价值就是商品为消费者带来有用性的市场价格。从消费者的角度，当然是希望付出尽可能低的价格买到商品。在同质竞争中，压低售价的价格战方式是商家促成交易的主要手段。

“薄利多销”与“物美价廉”这些曾经的零售业金科玉律，到了新零售时代，不再普遍适用了。随着消费者收入水平的不断提高，商品的种类大大增加，消费者有了更多的选择之后，不再满足于商品本身，而是更在意商品背后的附加价值。也就是说，商品的成本不再是价格这么简单，还包括了购物体验和便捷性等其他要素；商品的价值也不再单纯是商品本身的有用性，还包含了社交符号、自我认同与其他服务等附加价值。

比如，A 女士打算购买一双鞋子。在付款之前，她可能要花费不少的工夫去挑选样式，在线上的某宝、某东进行价格比较，还会到线下的实体店亲自试穿。A 女士不仅要付出鞋子本身的成本，还要为花费的时间成本买单；同时，当 A 女士收到货后，除了穿上心仪的鞋子满足自身的需求外，她还希望收获朋友圈的肯定以及后续的其他增值服务。而这些，便是“货”的重新定义。

如果我们跳出商品本身，把目光投向整个供应链的话，情况又会不同。对于生产商与零售商来说，其关键资源在于占有各种生产要素的多少；核心能力则体现在如何低成本、高效率地制造出商品并卖给消费者。在供应链管理中，企业追求的是生产效率、流通效率与销售效率。

不过在新零售中，光凭这些已经远远不够——除了占有生产要素的多少外，和消费者的互动机制成为商家/企业更为关键的资源。通过提高与消费者沟通的层次与质量，商家企业才能清楚消费者到底想要什么，在什么时间要，在哪里要。通过回应消费者的这些诉求，商品的附加价值才能在消费者心目中最大限度地建立起来。说得具体一些，商家和消费者的互动中会产生大量数据，有了数据，商家才会明白以消费者的视角看，商品的设计、研发、运输、销售各个环节的重点在哪里。这样，商家不再是单纯地追求生产效率和销售业绩，而是升级为以尽可能低的成本设计出不同消费者想要的个性化商品，并且通过物流尽快送至他们手中。

基于这一商业逻辑，我们便能清楚，为什么越来越多的商场、超市都喜欢和生鲜或者餐饮相结合，其根本原因在于生鲜或者餐饮让消费者停下脚步，从而能创造出更多的机会和时间让商家和消费者进行互动对话。

所以，总结上面的叙述，新零售时代对"货"做出了重新定义:"货"不单单是商品成本与价值内容的载体，更是以提升消费者为中心的供应链运营管理效率的着力点。

3."场"：体验与全渠道

"场"指的就是消费者和商品接触、产生交易的场所。在传统零售中，"场"是实实在在的物理地点，比如，集市、小卖部、超市、商场等，因此传统的线下零售场景就是：走进店铺、看货选货、拿货付款。而在现今的零售中，"场"也可以是一个虚拟的网上空间。比如，一个网站、一个微店、一个手机App等，线上零售的场景就是：浏览商品、加入购物车、付款、收包裹。

近年来，"消费升级"不再只是投资的噱头或者商家的宣传，而是人们消费追求切切实实的改变。人们对于整个消费过程的诉求不再停留在满足于商品实用性的层面，而是更注重于消费体验和商品的附加价值。

特别是年轻一代的消费群体，他们既愿意为高品质的商品买单，也会为包括人物、事物、剧情在内的综合性消费场景而买单，只要商家能切中他们的痛点或痒点。从心理需求层面看，新一代消费者心仪的不仅仅是那件商品，更是由商品发散出来的，能够满足想象与内心需求的消费场景。

这就是淘宝、京东等大电商都在争先恐后地抢夺线下流量入口的原因：线上的购物无法给消费者提供全方位的购物体验。售货员亲切地和你打招呼；商场里超高格调的装修给你赏心悦目的观感；商品实实在在地摆在眼前，摸得着闻得到……这些都是线上购物所无法体验到的。实体店还可以通过各种科技或者时尚元素升华店铺档次，与餐饮娱乐休闲等其他行业联合，增加消费者购物过程中的参与感，例如率先运用刷脸支付科技的苏宁无人店 Biu、集餐饮于一体的盒马鲜生等，都是新零售中“场”升级的模范生。

争夺线下流量只是新零售对“场”重构的开始，零售业者需要满足消费者希望随时随地购物、娱乐和社交的综合消费诉求，不管是通过线下的店铺还是线上的店铺，又或者是其他的渠道，都需要提供一致性的购物体验与客户服务。

而这就要求零售业者不是简单地把线下和线上加在一起，而是要整合线上和线下的渠道，打通线上和线下数据链接、数据共享的“任督二脉”，实现不同渠道间的信息流、资金流、物流、现金流的充分自由流通，这样才能提供各个渠道无缝化购物体验的物质基础。从“场”的角度来说，就是打破以往线上线下画地为牢的边界，让线下有形场景与线上无形场景融为一体，实现零售业态的全渠道升级。

新零售时代已经到来。以消费者为核心进行洞察与创新，深刻理解新零售“人”“货”“场”的整体重构，将使得我们更好地去理解“人”，更好地去打造“货”，更优地去升级“场”，进而更从容地拥抱新零售时代的种种精彩。

第三节 零售的前世今生

在深入讨论新零售之前，让我们来回顾一下零售行业的发展历程。虽然历史不会简单地重复，但总是以螺旋前进的方式发展，了解历史有助于我们看清未来的发展趋势。

美国零售业发展简史

美国零售业的发展和起落是当代零售业发展最典型的标本，这个发展历程对全世界的零售业发展轨迹有着最深远的影响。下面就让我们来仔细分析一下。

1. 前现代零售业

在人类进入现代社会之前，我们现在习以为常的日用杂货铺是不存在的，因为即使是一个小小的 SKU（Stock Keeping Unit, 最小存货单位）只有 100 的日用杂货铺，背后也要有一个强大的供应链系统来支撑，才有可能经营得起来，这涉及广泛的社会合作系统。而人类的技术达到这个水平，也就是一百多年前的事情。

那么前现代社会的零售业长什么模样呢？其实这在一些偏远地区还能依稀看得到，基本都是专业的夫妻或者家族小店，买米就去米店，买肉就去肉铺，买面包就去面包房。这些商铺大多数都是私人拥有，数量也很多，经营模式的商业逻辑很简单：从中间商或者生产者那里购买商品，然后出售给附近居民，当然售价会比进货价高一些，其中的差价就是利润。顾客往往都是附近的居民，量大的话商铺还愿意送货上门并允许赊账。但这类零售店的经营范围和销售额十分有限，经营成本也很高，因为无法实现规模效应，于是商品到消费者手中的时候，价格已经不菲了。

这一时期零售业的特点有以下几个方面。

（1）零售商以小商铺的形式存在，并没有超市、百货中心、连锁店的概念。这些小店无太大的议价能力，只是从批发商或者生产者那里进货，然后出售给消费者，消费者需要支付商品中包含的高经营成本。

（2）店铺的辐射范围和经营的商品种类都非常有限，主要客户基本上都是附近的居民。这是因为那时候交通不便利，且缺乏食物保存和携带的工具（如塑料袋等），消费者很难长途前往其他地方购买。

（3）这时期的消费者几乎没有品牌概念，会由于产品口味或情感因素产生一些偏好和忠诚度，这种忠诚度算是早期的品牌萌芽，但不是今天我们所熟知的品牌效应。

2. 现代零售业的开端

零售业兴起的过程中，铁路网络的发展起到了重要作用。这是怎么样的一个过程呢？

1865 年，美国历时四年的南北战争结束，与此同时，以电力的广泛应用为标志的第二次工业革命在美国开始了，美国经济迎来了黄金发展期。在这样的大背景下，美国铁路呈现出井喷式的发展，这个过程催生了现代零售业的开端。

（1）西尔斯百货

美国零售业的第一次大变革大概发生在 19 世纪 80 年代，当时美国大部分的人口都居住在农村，农村人口占总人口的2/3，这一时期人们习惯一手交钱一手交货，当然不会相信那个远在天边素未谋面的商家。这个生意要怎么做呢？很快有人想出了邮购的点子：就是让买家给商家写信，然后商家给买家发货的这种模式。掀起这次变革并且把这个点子发扬光大的人叫西尔斯，他创办了西尔斯百货。

西尔斯有两项制度创新：一个是“不满意原款退还”的自由退换货；另一个就是“货到付款”。看上去是不是似曾相识？没错，这就是我们现在熟悉的网购，其实一百多年以前就有人开始这样做了。

西尔斯原本是个小商人，起先他收购一些因欠债而遭扣压拍卖的商品，然后登广告向农民兜售，一次货卖完了接着购入下一笔货物。慢慢地，他发现这个办法太累，赚钱效率太低，就开始琢磨如何把生意规模化。他想到了邮购，于是开始撰写商品的邮购目录，凭借着他对农村用户消费心理的熟悉和了解，他在目录上面写下“世界上最便宜的商品，我们的贸易遍布全球”这样的销售标语来打消农民们的疑虑。此外，他收录的商品和对商品的描述也非常贴合农村消费者的需求和痒点。一开始，西尔斯的商品目录就是一页纸，两年后已经累积到 72 页。到了后来，邮购的品种和规格越来越齐全，因为销售规模上去了，对供应商有了足够的议价权，价格也就能定得很便宜。四五年之后，商品的邮购目录已经是厚厚的 500 页了。

不过真正使西尔斯百货做大的，是他的继任者米利斯·洛森沃尔德。1895 ～ 1925 年，米利斯·洛森沃尔德服务于西尔斯，“薄利多销”的经营理念在那个年代就被他发挥到了极致，他采取了一系列创造性的促销手段，比如，实行“货到付款”“不满意可全款退货”等，到今天仍然是流行的营销手法。1900 年，西尔斯的营业额是 110 万美元左右，10 年后增长了 50 多倍，达到了 6 000 万美元。又过了 10 年，也就是 1920 年左右，西尔斯的年营业额已经是惊人的 2.5 亿美元左右了（100 年前的 2.5

亿美元折合到现在大概是 70 亿美元），成为当时美国零售业的第一巨头。然而，“时势造英雄”，这种商业模式的成功并不完全是西尔斯企业的功劳，这背后还有那个时代的一个新科技——铁路的助力。

从 19 世纪 30 年代开始，美国人修建了 36 万公里的铁路，横跨美国大陆。铁路网刚开始成型的时候，大家以为那只是提高了旅行和运货的效率。从 1869 年太平洋铁路全线通车，到 1884 年西尔斯发出第一个邮购包裹，这中间有整整 15 年的时间。这段时间里，铁路公司只会拿着“金饭碗去讨饭”，虽然有当时最先进的科技，他们却只是以为火车只是跑得更快的马车而已，没想到这个科技革新里还蕴藏着庞大的商机，还诞生了新的商业模式。时代永远属于那些商业嗅觉灵敏的人。

（2）A&P 小型连锁店

在那个时代，A&P（大西洋和太平洋食品公司，创始人是吉尔曼），也是一个不得不提的零售巨头。

A&P 于 19 世纪中叶靠茶叶邮购起家，初期公司也是传统街边小店的经营模式，唯一特别的是，A&P 的小店都是连锁的，使用的是统一的标志，只是供货商并未实现共享，这是美国历史上第一家连锁店。

当时茶叶的市场价格很高，A&P 是通过大量的方法来拉低成本，再利用广告攻势来推销，以此维持薄利多销。然而，好景不长，在 1878 年前后，美国国会提高茶叶和咖啡的关税，导致这两种商品的利润大幅度下滑，在这个形势的压力下，A&P 开始进军零售业。

在乔治（创始人吉尔曼的继任者）的带领下，A&P 在 1900 年时有 196 家小店，员工数量也超过了 1 800 人，销售额是 500 万美元（西尔斯当年为 110 万美元）。到了 1912 年，A&P 在美国已经有 400 家小店，平均毛利润率是 22%，而净利润率是 2%。

1858 年到 1912 年的 A&P 完全可以称为创新型企业，就像现在的亚马逊。它是美国第一批使用收银机的零售商。1883 年，收银机在美国被发明并推广，也就在同一年，A&P 开始在部分商店使用收银机来提高效率。另外，A&P 也是最早使用折扣券的公司之一。1888 年，可口可乐公司发行了全世界第一张折扣券，A&P 也是在当年就发行了自己的折扣券，从这些可以看出 A&P 也是当时创新浪尖上的公司。

A&P 第三任继承人是乔治的儿子约翰，他同样具有敏锐的商业嗅觉和洞察力。约翰在 1912 年提出了一个改变零售业进程的概念——经济店(Economic Store)，就是现在折扣店的老祖宗，你看，折扣商场的鼻祖在一百多年前就有了。

经济店有以下几个特征：一是商品销售价格低廉，最高毛利率定为 12%；二是现金交易，自买自提（过去允许赊账，外加送货上门），这样的要求大大提升了资金利用率，降低了运营成本；三是统一店铺大小，精简商品种类（SKU），常规性收集销售数据，以此作为调整经营策略的根据。

如此一来，A&P 相较于其他零售商会形成两大优势：一是价格便宜，这一点对于当时的美国人是极其有吸引力的，在 20 世纪头十年里，美国通货膨胀严重，食品等必需品价格大幅上涨，而 A&P 的低价策略吸引了大量中低收入的顾客；二是标准化经营，商业模式具备可复制性，开新店很容易，可以极大地增强边际效应。

到了 1930 年，A&P 的店铺数达到了 15 671 家，是 1912 年的 33 倍。同年，A&P 的销售额达到了 15 亿美元，占到了全美零售行业总销售额的 14%，净利润达到 1 500 万美元，超过行业第二位至第八位的总和。

1934 年，约翰再次带领公司转型，转向超市（超市是 1930 年克罗格公司创新的业态，后文会涉及）。截至 1945 年，A&P 拥有 4 000 家中型超市、500 家小店，成为美国当时第四大市值的公司，一家公司占到美国零售业销售额的 25%。

但这之后 A&P 继任的 CEO 在管理能力和战略能力上远远不如前几

任。这位继任者一方面将公司的利润大量分红给股东，导致公司资本支出不足，造血能力下降，新开店铺速度大幅减缓，店内装修以及设施建设也远不及竞争对手。更严重的是，这个时候汽车和电视开始普及，整个社会的生活方式发生了翻天覆地的变化，冲击了 A&P 旗下的中型超市。汽车的普及，使得顾客不再局限在家门口购物了，他们甚至可以开车到几十公里远的地方购物。超大型的超市开始出现，A&P 旗下的那种中型超市不再是市场的主角。而电视广告的出现，使得品牌意识越来越能影响消费者的消费决定，当时 A&P 的超市里出售的主要还是没有品牌的牛奶、饼干等。

1962 年，A&P 还在犹豫是否关掉小型超市和零售店而向大型超市转型时，零售行业又诞生了一个新型的商业模式——折扣商场，使 A&P 的经营雪上加霜。就这样，“一步错，步步错”，A&P 一任 CEO 的失职，便再难有力挽狂澜的机会。曾经的零售巨人 A&P 2010 年正式申请破产。

3. 零售业态里程碑式的创造——超级市场、大型购物中心与折扣商场

伴随着技术的进步，人类社会向着越来越大规模的方向发展和演化，零售业业态开始出现了我们现在所熟悉的日用杂货店，就是各种各样的商品，如日用品、咖啡、零食，甚至家具厨具也一起出售，这些店铺大多是连锁经营的，顾客不用东奔西走，在一个地方就能买齐所有东西。这种演化的背后有着当时最先进的关键技术的支持，那就是汽车和公路运输技术。

（1）超级市场

从 1920 年到 1935 年，美国的公路里程增长了 3 倍。公路运输不仅运能大而且速度快，运输成本大幅度地降低。零售公司可以组建自己的车队，车队往返于各个仓库，有效地摆脱了中间商对货源的控制。跳过中间商直接与制造商或者供应商交易，不仅提高了供应链的效率，也极大减少了中间环节的费用和周转时间。

在连锁店之后，新零售业态终于演化出我们今天所熟悉的形态——超市。而这背后有着三个关键技术的大规模应用——汽车、冰箱和电视。

先说汽车。20 世纪 20 年代正是美国的黄金发展时期，1920 年登记的汽车数量有 2 300 万辆，每个家庭平均拥有 0.7 辆汽车，中产阶级以上的家庭基本都有了汽车。郊区的租金便宜，超市的规模就可以比原来的连锁店大上 10 倍。规模越大，超市对供应商的议价能力就越强，进而售价压得更低了。而在城市里的居民，也就不介意开二三十分钟车去郊区的超市买东西。顾客越多，超市的规模也就能越大。

接下来的技术革新是冰箱。虽然世界上第一台人工制冷的家用冰箱是德国人发明的，但冰箱大规模的生产和普及却是在美国。到了 20 世纪 30 ～ 40 年代，冰箱在美国的年销量增长到 2 000 万台，平均每个家庭拥有 1 台。冰箱的普及使得食物可以保存更长的时间，顾客一次性就能买入更多的东西，超市的优势就更加充分地发挥出来了。现在大家在超市里常用的购物推车，就是在那时候发明出来的，设计的初衷就是方便顾客大量采购商品。

第三个关键的高科技就是电视机。也差不多在同一时期，电视开始走进美国的每个家庭，1941 年出现了历史上第一个电视广告。有了电视这种媒介，品牌的大规模迅速传播就成了可能，大量像可口可乐这样的知名品牌就是那个时期出现的。

电视机的普及催生了超大品牌的出现，但为什么这会有助于超市发展呢？美国幅员辽阔，消费者的背景、文化大相径庭，消费习惯更是千差万别，商品需求种类非常多，不利于大规模的生产。但是有了电视之后，每种商品顾客就只认得那几个大品牌，商品品类一下减少了很多，超市的维护和扩展就变得更加容易，成本也更容易控制了。

（2）大型购物中心

超市之后，零售业态演化出它的终极形态——大型购物中心，而信用卡的大规模普及是这波浪潮的重要技术推手。

1958 年，美国运通公司发行了第一张现代意义上的信用卡，这是另一个零售行业里程碑意义的事件。有了信用卡以后，大大简化了支付过程，零售业者的营业成本进一步被降低。原本零售业者承担的资金周转的部分风险被转移给了信用卡公司，更重要的是，消费者可以非常容易地预支开销，单个消费者的消费金额大大增加了。还有一个额外的红利，就是零售业者通过分析信用卡的交易数据，更加了解消费者，因而能有针对性地开展各种促销活动，进一步促进了消费。

（3）大型折扣商场

零售业态的进一步演化，出现了大型折扣商场，如今天零售业的巨头沃尔玛、家乐福等。直到今天，沃尔玛依然是全世界年销售总收入最高的 10 家公司之一。

20 世纪 60 年代，部分零售商已经开始探索运营成本更低的经营模式，其中的先驱者包括沃尔玛（Wal-Mart）、塔吉特（Target）、凯马特（Kmart）等。凯马特是第一家“折扣营销模式”的公司；而塔吉特是提出“打折”概念的鼻祖，并且把自己定位成“高端折扣店”。

这几个零售商不约而同地采用了超级市场的经营理念，在城郊以廉价的租金和简单的装饰建立集装箱型大卖场，销售的商品包括食品杂货，也有电器、服饰、家用工具等。最初的想法也很简单：消费者喜欢传统百货商场一年一次或者一季度一次的清仓甩卖，如果每天都有折扣是不是更能吸引消费者？这种以廉价的销售形式吸引顾客的百货商品经营模式，也被称为“折扣商场”。1962 年，当时的美国零售业新秀沃尔玛、塔吉特、凯马特都开设了自己的第一家折扣门店。

当潮流开始，包括西尔斯在内的百货商场以加大打折力度对抗折扣商场，但后来发现自己的运作模式决定了无法在价格上与折扣商场竞争，而且盲目地打折会使顾客将其与当时折扣商场的廉价形象挂钩。当时的实际情况是，折扣商场和百货商场的顾客确实有很大的阶层差距，西尔斯的顾客很少会去沃尔玛，这关系到个人的社会地位（消费者会通过购买商品，来加强自己的身份属性）。所以在20世纪60年代，折扣商场更多的是以廉价、低端的形象出现，虽然发展很快却没有占据零售市场太大的份额。

20世纪70年代，美国经济开始走向衰退，“滞胀”终结了“二战”后其国内长达20多年的繁荣，高失业率伴随高通货膨胀，家庭财富大量蒸发。1974～1977年，美国零售业销售额整体下滑，但是对于走低价路线的折扣商场来说，反而迎来了机会。家庭可支配收入普遍减少，此时，相对于商场所提供的优质服务，消费者更看重价格上的优惠，并愿意前往距离更远的折扣商场购物。大型折扣商场迅速抢占了日用品消费市场并扩张了自己的地盘。在与供应商的博弈上，折扣商场拥有了更多资本，并开始控制整个供应链。在成长过程中，折扣商场逐渐摆脱了低端的标签，对店铺进行统一的规划和管理，以整洁有序的新形象出现在消费者面前。从此，折扣商场在消费者眼中代表了轻松、简单的购物体验。

20世纪70年代，折扣商场中发展最快的是凯马特。虽说第一家凯马特折扣商店是在1962年开办的，但实际上创始人萨巴斯蒂安在1899年便开始了零售业务，起初公司名为克瑞斯吉，经营的是连锁店。第一次世界大战后，克瑞斯吉公司已经拥有673家商店，但随着连锁行业的竞争加剧与时代的变革，公司的增速有所放缓。也就是在这时，新任CEO哈里决定进入折扣经营领域，并引领了一个新的零售业态。

在沃尔玛、塔吉特等折扣商纷纷扩张折扣商城业态、行业竞争最激烈的时候，凯马特似乎希望通过再次找到一个方向，就如之前发现折扣领域一样去发展，于是将大量资金和精力投入多元化。凯马特开始大肆收购书店、体育用品店、办公用品店和家用商品店，希望通过向8个不同领域的拓展再走出一条差异化路线，结果是：1984年，凯马特收购家装连锁店 Builders Square，1997 年又将其售出；1989 年、1990 年、1991 年，凯马特在这 3 年里分别收购了 PACE 会员制仓储超市、拥有 10 家店铺的体育用品连锁超市 Sports Authority，以及办公文仪器零售商 OfficeMax，这 3 家公司均于 1995 年售出；1992 年，凯马特进军欧洲，收购了捷克和斯洛伐克的 13 家店铺，后于 1996 年悉数卖掉；同年，凯马特收购了 Borders 图书连锁超市企业，3 年后又将其售出。

1994 年，凯马特在墨西哥和新加坡建立了合资零售企业，后于 1996 年解散了新加坡公司，1997 年卖掉了墨西哥公司；进入 20 世纪 90 年代后凯马特迅速被沃尔玛超越，而讽刺的是，凯马特在其鼎盛时期从来都没有把沃尔玛当作自己最大的竞争对手。

那么沃尔玛是如何超越不可一世的凯马特的？除了凯马特自身犯的错误之外，沃尔玛做了哪些对的事？零售行业又发生了哪些变革呢？

第一，零售商将自己的定位从单纯的销售者转化为市场营销者。零售商之间拼的不单是规模和供应链，还有如何在消费者心中树立自己的品牌形象，比如，Dayton Hudson（塔吉特的前身）将自己定位为上层折扣商，除了低价外更看重消费品位；而沃尔玛一直强调自己永远提供最优惠的价格。零售商们开始在电视上进行激烈的广告战，直接向消费者传达品牌理念。消费者对商品的忠诚度逐渐转移到零售商身上，从前品牌生产商考虑的只是如何打造自身品牌，而现在更注重的是如何进入这些大型商场，因为消费者越来越少地关心出现在货架上的商品，越来越多地关心去哪家商场购物。

第二，20 世纪 70 年代后期，部分店铺开始引入后台操作系统，其中最重要的发明是 UPS 条形码和扫描读取器。第一个条形码扫描装置出现在 1974 年；至 1986 年，这项技术被超过半数的零售商采用；而到了 20 世纪 90 年代初，几乎找不到不用条形码的店铺了。应用条形码技术最直接的好处是缩减人力成本和加快顾客付款速度，条码更重要的作用是使商场可以将库存信息和销售数据数字化。

库存信息和销售数据数字化带来了三条重要影响：一是通过对销售数据的分析，商场可以更加准确地预测商品未来的销售情况，这不仅有助于提高采购效率，而且成为与生产商谈判最重要的筹码，从此，零售商掌握了比生产商更多的商品信息；二是管理手段提高促使零售商进一步扩大店铺规模，并增加商品的种类和数量，所以拥有庞大供应链的零售商有更大的优势，自20世纪70年代后期以来，零售业的天平再次向大型连锁商场倾斜，美国零售业集中化程度再次快速上升；三是拥有获得信息的渠道并不意味着拥有处理信息的能力，如何将销售信息进行分析处理，并与上层供应商通过信息交换开展合作，成为零售商成败的关键，而沃尔玛的兴起与率先采用新技术不无关系。

残酷竞争在20世纪90年代初稍稍平息，争霸的结果是沃尔玛坐上美国零售业第一宝座，曾经的巨头凯马特和西尔斯分列二、三位。在2005年，西尔斯和凯马特合并了！而到了2018年，西尔斯向法院申请了破产保护。

沃尔玛的强大以及能以超乎想象的低价格出售商品，背后其实也是新技术——信息技术。

沃尔玛的创始人山姆·沃尔顿是个非常节俭的人，不买豪宅、不开新车。但是在1983年，沃尔玛居然花了几亿美元建起了一套电脑和卫星系统。有了这套系统，沃尔玛上千家店之间可以快速沟通，可以了解每天任何商店里任何商品的销售情况。要知道，那可是20世纪80年代，互联网还没有普及，这套系统在当时是非常先进的。沃尔玛的低价优势，就是靠这项新技术确立的。

4. 电子商务的兴起

20世纪90年代后期，网络零售崛起，诞生了两家颠覆美国整个零售行业的公司——1995年的eBay（易贝）和1996年的amazon（亚马逊）。

这两家公司，我们在此不过多地展开，因为这些案例离我们生活比较近，大家对它们的发展史相对熟悉。

但在这个历史阶段，有一个质变的趋势是需要我们关注的，即科技对零售业的影响较之前任何一个时代都更加深远。在过去 100 多年里，也有很多新技术、新发明的运用对提升零售业的体验和效率作出了贡献，如前文提到的汽车、电视机、收银机、电子扫描机、手推车等，但这些技术对零售业的改造是相对缓慢渐进的，从少数逐步拓展到全行业。当时一个新技术没有及时运用，可能会有 1 ～ 3 年的容错时间，而自 20 世纪 90 年代以来，包括互联网在内的与零售业相关的技术，对零售行业的影响却是颠覆性的，容错的时间可能只有 1 ～ 3 个月。

5. 美国零售历史的总结

通过这样的梳理和归纳，可以总结出美国零售业 100 多年来演变的规律。

（1）社会发展和时代推动行业的演变，这种演变是一种螺旋式的上升形态。

（2）消费者的消费心理、消费诉求、消费观以及心智都可能随着社会变迁而改变演化，谁能把握这样的趋势，谁就能站在“浪尖”。

（3）新技术和消费诉求相互塑造。新技术推动新的消费诉求，新的消费诉求也催生新技术的诞生。对于零售业者而言，掌握运用新技术能构筑竞争的护城河。

在美国零售业 100 多年的历史当中，“城头变幻大王旗”，巨头翻船、后进逆袭的故事不断地上演，这些故事对于我们观察零售业业态转换、模式更替有着莫大的启发，这里面有两大内在原因：

第一，在技术和需求的变化潮流中，老牌巨头做错了某些事，而新进者做对了一些事，找出这些事情是分析的关键；

第二，对于挑战，老牌巨头一般先是无视挑战者，态度傲慢，任其壮大，或者老牌巨头公司文化固化，又或者对新技术、新趋势失去敏感度，当发现落后以后，只会按照过往成功模式去寻找办法，结果陷入恶性循环中不能自拔。

以下是美国几个零售企业的市值对照表。

美国零售业巨头 2009 年与 2019 年市值比较

公　　司	成立年份（年）	2009 市值（亿美元）	2019 市值（亿美元）	变　　动
Sears（西尔斯）	1893	100.00	0.17	−99.83%
JCPenny（杰西潘尼）	1902	90.00	3.50	−96.11%
Target（塔吉特百货）	1902	370.00	640.00	72.97%
KOHL'S（柯尔百货）	1962	160.00	70.00	−56.25%
Walmart（沃尔玛）	1962	206.00	3 360.00	1 531.07%
BestBuy（百思买）	1966	160.00	230.00	43.75%
Costco（开市客）	1983	250.00	1 340.00	436.00%
TJX	1987	160.00	740.00	362.50%
amazon（亚马逊）	1994	590.00	9 200.00	1 459.32%

上表非常有意思，这一节中所提到的几家零售业公司市值在近十年的表现与“出场”顺序对照，可以看到大致的规律是：公司市值和成立时间成反比，即成立时间越晚，市值增长越快。从这组数据可以看出，零售行业激烈的竞争和不进则退大浪淘沙的走向。

前面有提到，包括西尔斯、A&P 等几家公司，在发展初期的几十年间，有非常好的成长，这和他们能够踩准时代演变的步伐、响应消费诉求变革密切相关。然而，市场总在变化，消费诉求也在变化，某一个时段里，它们会慢慢地跟不上节拍，于是在某一节点上就被甩下行业前进的列车了。究其原因，最重要的往往是领导团队的接任者无法胜任。要解决这一点，不能只寄希望于每次都选对 CEO，而是要致力于建立有强烈进取基因的公司文化，即公司的每个人都要主动洞察社会发展、洞察消费者，同时匹配以良好的公司治理机制。消费者的细微变化，往往是一线员工最先感知，不要让"让听到炮声的人呼唤炮火"沦为一句口号。

动态创新和实时转型。零售业虽然是传统行业，但我们可以看到美国历史上的零售巨头，无论现在是否存在或发展好坏，在它们的发展过程中多多少少都经历过创新和转型。为什么？因为消费行业服务的是独立的个体，而人的心智又会随着内外部环境变化而变化。零售行业的演变、新业态的萌发与时代背景、社会背景高度相关，但这种相关往往有一定的时滞，通常是 5 ～ 10 年。

在复盘美国零售史的过程中，我会时常想起马化腾说的一句话，"你可能什么错都没有犯，只是错在太老了"。零售行业正是如此，你可能没犯什么错，只是突然有一天，门店外面的世界和人都变了。

中国零售业发展简史

接下来，我们把目光转回中国，看看零售业在中国是如何发展的。

2019 年 6 月 23 日晚间，零售业界出了一则爆炸性的新闻：苏宁易购出资 48 亿元收购家乐福中国 80% 的股份，苏宁易购将成为家乐福中国控股股东，家乐福集团持股比例降至 20%。1995 年，作为欧洲最大零售商、世界第二大零售连锁集团、大卖场业态的开创者，鼎鼎大名的"家乐福"大幅进军中国市场，而那时的苏宁只是南京市一家经营空调专营店的小公司。大概没有人能想到，25 年以后，"家乐福"会以这样的一种方式被昔日的那个"小不点"吞并。作为与沃尔玛并列的全球商超巨头家乐福，凭借着较早进入中国市场的先机，开创了外资商超先河，并一度雄踞中国市场占有率冠军多年。

在21世纪头10年，在门店规模的快速扩张与销售业绩的持续增长之后，零售业大巨头诸如家乐福、沃尔玛等开始触到瓶颈，并遭遇到国内零售业者前所未有的挑战，那些昔日的“学生”，以永辉、物美等为代表的国内超市，后发先至，超过了“老师们”。

2007年，中国连锁超市十强榜单中，外资超市占据半壁江山；10年以后，2017年的十强榜单中，只剩下沃尔玛、家乐福和麦德龙（见下表）。

2007年与2017年零售排名

2007年排名	销售规模（亿元）	门店数量（家）	2017年排名	销售规模（亿元）	门店数量（家）
华润万家	503	2 539	华润万家	1 036.46	3 162
联华超市	462.46	3 774	大润发	954	383
家乐福	296	112	沃尔玛	802.78	441
物美超市	279.41	718	永辉超市	654	806
大润发	256.75	85	联华超市	564	3 451
农工商超市	220.96	3 226	中石化易捷	519.5	25 775
沃尔玛	213.15	102	家乐福	497.96	321
新一佳	167.54	100	物美商业	474.52	978
好又多	140	101	麦德龙	213	92
乐购	125	55	中石油昆仑好客	190	19 000

（数据来源：中国连锁经营协会）

苏宁成为家乐福中国的大股东，背后折射出的是大型外资商超在中国的变化，从20多年前开始布局到部分逐步被挤出中国市场，后来只剩下沃尔玛、家乐福两家，到了今天，家乐福也交出了控制权。

在过去的20多年间，中国零售企业弯道超车，不仅在中国市场全部超越国外同行，而且让中国的零售业态成了全球商业的亮点之一，站到了全球零售业创新浪潮的浪尖上。

为了更好地理解中国零售业发展的脉络，我们把中国零售业态的发展分为四个阶段：1.0 是传统零售时代，2.0 是现代零售时代，3.0 是电商零售时代，4.0 是正在演化的“新零售”时代。

另一个方面，我们也需要从商业逻辑上去理解零售时代变迁的内在机理。下面的“零售三角”视图能帮助我们形象化这个逻辑。

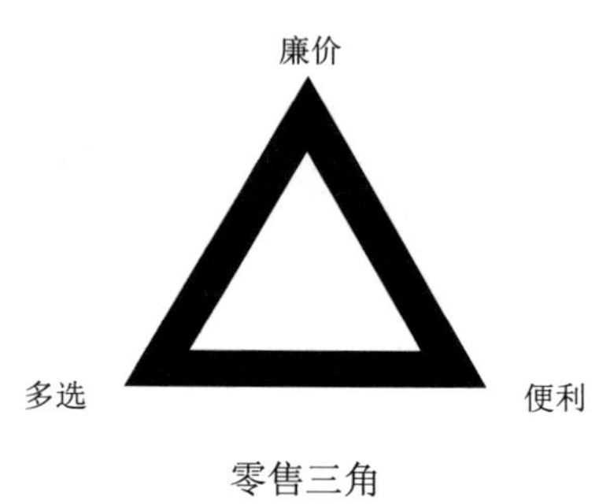

零售三角

一个消费者要购买商品，无非三个基本的诉求：第一个诉求是价格要便宜，就是“廉价”；第二个诉求是地点或者交易要方便，就是“便利”；第三个诉求是尽可能多的品类选择，就是“多选”。而零售业的发展史，就是零售业态对消费者这三个诉求的回应，这就是理解零售业发展脉络最重要的抓手。

1. 传统零售 1.0 时代（20 世纪 50 年代到 80 年代初）

在这个阶段，规模和效率的制约是个难以逾越的天花板，零售业态的设计无法满足所有的消费诉求，只能对这些诉求进行取舍，所以那时候的零售业只能大致在这三个诉求里满足其中的一个。这个时代主要的业态形式是杂货店、批发市场以及百货商店。

这个阶段的杂货店，满足的是便利的诉求。小区门口、弄堂里的小卖部，很多都是街坊邻里开的，这样的小卖部是小本生意，进货和经营的成本都比较高，所以价格也不会便宜，但大多数顾客并不会去计较价格，毕竟就在左邻右舍，也就是图个方便。

批发市场主要满足的是价格便宜的诉求。批发市场进货量比较大，因此价格可以被平摊压低。

百货商店满足的是品类选择的诉求，想要更多的选择，价格也许会贵一些，距离也许要远一些，如果不介意这些的话，那么去百货商店就是一个很好的选择。

在1.0传统零售时代，信息化水平停留在比较低的层次，手工记账，信息无法分享，都是一个个的信息孤岛。供应链基本上是以产定销，然后层层分销，需要设立各种省级代理、市级代理、区级代理，还有一大堆批发商，形成代理权垄断，这样的运作成本很高，库存风险大，物流很慢，整个库存周转率很低。

第一次让国人感受到超市魅力的是1981年开业的广州友谊商店，那时的超市还叫自选超级商场。开张当日，广州人蜂拥而至，商品刚刚上架一会儿就缺货。那时候，在人们眼里，来这种商店购物是和看电影、郊游一样的潮流活动。但是那会儿，人们还未养成在超市购物的习惯，拆开包装直接试用、未付款直接品尝等现象屡禁不止，最终这家超市因物品损耗过高而被迫停业。

1984年，北京首家超市——四季青蔬菜自选市场在海淀中关村开业，这是全国首家蔬菜超市，主要经营蔬菜、副食品等。因为这家自选商场照搬国外模式，开业不久就暴露出许多问题，比如，对蔬菜、副食品等进行包装销售，这样一来就失去了价格优势，虽然蔬菜、副食品进行包装以后顾客处理和保存食物更容易、更方便了，但那时的人们还不太习惯这样的生活方式，因此不愿意为这样的方便买单。当然，最主要的原因还是当时中国的供应链的运营水平较低，自选方式的成本很高，而相应的消费人群却不足，亏损就不可避免了。不到一年的时间，超市亏损额就高达 23 万元。

虽然早期自选商场遭遇水土不服，但这种模式对那时的中国人来说，是一种全新的购物体验，没有拒人三尺的柜台，即使不是真的购买，也可以亲自从货架上取货查看，而出门前统一付款结账更是方便。伴随着经济的发展，全国各地超市如雨后春笋一般相继涌现。

2. 现代零售 2.0 时代 (20 世纪 80 年代初到 2005 年前后)

在这个时期，零售商开始了业态的第一次升级，这是电商时代的前夕。原有的一些小卖部、批发市场、百货商店，开始升级到了品类店、连锁折扣店和电视销售，商品化、信息化和供应链也开始进入成长阶段。

这些新形态的零售商，试图占住“零售三角”的一条边，也就是占住“零售三角”中的两个诉求点。什么叫占住两个诉求点？前面说了，一个顾客对于零售商的希望是，满足廉价、便利和多选三个基本诉求。

品类店，就是像大型超市沃尔玛、卖衣服类的优衣库、卖家电的苏宁、卖家具的宜家，这些能满足零售三角中的两个。

折扣连锁，满足的是便利和廉价的诉求，类似名创优品的 10 元店。

电视购物时，可以不停地换台，这是满足多选的诉求；打个电话，可以直接送货到家，这是满足了便利的诉求。电视购物到现在都很火爆，是现在 45 ～ 65 岁中老年人比较偏爱的购物方式。

（1）杂货店向便利店迭代

当年的杂货店逐渐向便利店迭代。如果你是在一线城市，那么很少能看到以前弄堂门口的杂货店，现在都是全家、7-11 等便利店。便利店是在原来杂货店的基础上拓展品类而来的。以前杂货店满足的是便利的诉求，而现在的便利店在满足便利的诉求上还满足了多选的诉求。以前小区门口的杂货店里大概只有 200 ～ 300 个 SKU，现在一家便利店有 2 000 ～ 3 000 个 SKU，而且不同地区的便利店还有不同的商品。

据统计，全家的每家店铺里 80% 的商品是一样的，还有 20% 会根据不同的城市、不同的地段，投放不同的商品。如果是外国人比较密集的区域，就会投放较多进口商品；如果小区附近整体消费水平比较低，就会投放相对比较便宜的商品。

（2）批发市场向奥特莱斯迭代

1.0 传统零售的批发市场正在向奥特莱斯迭代。批发市场满足的是廉价诉求，但是品类并不多，而且有拿货量的门槛；奥特莱斯则不同，既满足了廉价诉求，又满足了多选诉求。

（3）零售的百货商店向 Shopping Mall（购物广场）迭代

1.0 传统零售的百货商店开始向 Shopping Mall 迭代。Shopping Mall 品类丰富，而且商品并不贵，所以，从百货商店的多选开始向廉价迭代。

2.0 现代零售时代的信息化水平很高，零售商、供应商管理性的盘点，都体现了很高的信息化水平；供应链水平也很高，产销制衡；高速公路发展得很好，商品能快速运转。

3. 电商零售 3.0 时代（2005 年至今）

2005 年前后，零售业快速进入了 3.0 电商零售时代。这是零售业的第二次飞跃，业态有淘宝、京东等电商平台，有唯品会、聚美优品、蘑菇街等垂直电商平台，还有微商平台等。这一代的电商，从架构上就是为占住“零售三角”的三个点而准备的，而与之相配套的供应链的商品化、信息化也为占住三个点准备了技术和物质条件。

电商零售模式同时满足了多选、廉价和便利的三个消费者诉求，不管是淘宝、京东、拼多多还是亚马逊都满足了这三个诉求。京东有一句很接地气的广告语解释了这种新的业态，就是“多快好省，购物上京东”。

目前，商品化已经达到了一个很高的水平，信息化水平也不低，已经进入爆品时代，中国制造业的产能远大于市场需求，产品类别极其丰富。现在的制造业生产已经能做到实时数据的连接，动态库存全网全天候调度，公司的采购系统或者资源调度系统能直接接入电商平台，实现了以销定产的营运模式。比如，广东的一些小型服装出口公司现在只有十几个人（以前有上百人甚至上千人），他们的经营模式是：设计团队先设计好款式，然后找电商销售，等接到订单以后，马上找外包工厂生产，他们再做一些包装工作就出货了。在这个新的销售模式中，传统的层级几乎没了，整体的货运流转速度非常快，基本实现了零库存。

那么，我们可否问一句，现在的电商零售时代是否已经到了零售发展的泰山之巅？

当然不是。任何时代我们都不要以为自己到达了顶峰，因为人类社会是不断进步的，一百年后的“后浪”看我们就如我们看一百年前的“前浪”。电商还是有很多问题要解决的：第一，现在电商的获客成本大大增加了，已经快接近实体门店的租金成本了；第二，商品和服务未实现标准化，比如，一些厂家因为没有数据接口而难以接入电商平台；第三，缺少场景体验，虽然近年 VR（虚拟现实）科技在不断地突破，但是线上场景体验还是和线下环境差别很大。

马云在 2016 年提出了“新零售”概念，“新零售”与其说是对整个零售业的重新定义，不如说是对零售业态重构的试错努力。从商业逻辑看，“新零售”概念并没有从底层推倒之前我们所说的“零售三角”的论述，而是试图把这三点更加锐化升级，使之在新的消费浪潮中达到一个新的高度。

为什么这么说呢？先说“便利”。现在，京东的订单最快已经能在 4 分钟内送达，在盒马鲜生下单到送到家里只需要 30 分钟，这就把便利提高到了极致。曾经的便利是距离近，是“人”找“货”的模式。现在的模式是“到家”，也就是“货”找“人”。在消费者“到店”体验上，能否让他们有一种感官的愉悦和精神的消遣成了“新零售”的另一个切入点。

再说“廉价”。背靠中国制造业强大的规模效应，成本的压缩是别的国家难以想象的。以钢卷尺为例，我们上淘宝查一下就会发现，花三四元钱就能买到 5 米长的钢卷尺，去除其他环节的成本和利润之后，这个钢卷尺的生产成本不会超过 2 元！钢卷尺的技术含量肯定不高，但要用 2 元的成本生产出 5 米长的钢卷尺，这不是“技术含量不高”能解释的。这种极强的成本控制能力背后是一整套的供应链体系的支撑。当然廉价不是无穷无尽的，当消费者不再到处比价，或者面对价格信息的“海洋”望洋兴叹的时候，廉价就需要通过优惠来实现，即通过优惠来产生流量红利。再者就是增加新消费品牌的商品，以内容驱动，让新消费品牌重建消费者的购买理由，实现重新定价。

最后是“多选”。淘宝上有几十亿的 SKU，够不够？盒马鲜生大致有 6 000 个 SKU，一般的商超都有 2 万个 SKU，所以现在多选对于消费者而言不再是一种诉求而成了一种“痛苦”。因此，帮助消费者节省选择的时间成本，成了消费者购物体验的一个组成部分，这也是新零售的一个新的着力点。

你看，新“零售三角”只是利用现有生产和供应链的发展红利，将原来的多选、廉价、便利发挥到了极致，当然这个极致是必须把线下的体验囊括进来的。

现在淘宝也在经历 2.0 零售时代。淘宝的模式和沃尔玛的模式是类似的。在沃尔玛，商品上架需要上架费、促销费等费用，货架位置就是流量，位置越好越显眼流量就越高，相应的，费用也就越高。通过商家之间的竞价机制，最终，位置就会变成那些大品牌的游戏。

在电商体系里有 1 000 多万个商家，80% 的交易额被头部的 20 万个商家瓜分，剩下的 20% 才是中小商家的“菜”。所以，在电商的世界里，基本是强者更强的格局。如果是大品牌，可以去烧钱做天猫、京东；而对于中小商家，注定是无法负担那些高昂的获客成本，只单纯地依靠流量是无法生存的。

那是不是就没有办法了呢？当然不是。办法是：升级打造流量池，获取终身客户。如果一个客户的获客成本是 100 元，而只卖他一次东西，这样的成本当然非常高昂。可是如果卖他 10 次呢？那每次交易的获客成本就是 10 元了。如果卖他 100 次呢？又或者能卖他一辈子呢？通过获得终身用户，依靠边际效用的助力，可以实现良好发展。

这就是现在零售业所处的时代。

通过回顾美国和中国的零售简史，我们会发现两个规律。

第一，消费者的诉求是不变的，永远是用更低的价格买到更丰富的商品。

第二，新技术一直不断地推动着零售模式的演变，谁能够把新技术、新工具的潜力发掘出来，谁就能拿到时代的红利。所谓的商业模式，不是什么巧妙构思的结果，而是对新工具的敏锐洞察。

我们可以看到，每一次变革都是一个时代的缩影，零售业不仅改变了自己，也影响着整个时代，而时代的变迁又潜移默化地塑造着零售模式。

我们需要不断地打破前定思维，要站在消费者的立场上思考问题。消费者诉求的形式会随着时代的改变而改变，抓住了他们，等同于把握住了时代的变迁。

第四节 到底什么是新零售

> 「 长期以来，在中国市场做生意存在两件最难的事：一个是得把货发出去，另一个则是把钱收回来。企业大部分的利润消耗，就在这两者之间。而新零售，是希望能够把这个消耗降到最低，当你把消耗降到最低时，效率就提高了。
>
> ——吴晓波」

所谓新零售，它的本质还是零售，它与传统零售的区别就在于，它利用大数据、人工智能等先进技术手段，对商品的生产、流通与销售过程进行升级改造，更加精准、更加高效地服务消费者。

零售行业的发展源于时代的变迁、人类居住环境的变化以及技术的发展。在这些因素的综合作用下，产生了城市中心的大型超市、社区周边的连锁零售店、电商以及无人商店。

探讨新零售发展趋势，就要研究随着科技发展，未来人们的生活中会出现的新场景，如无人驾驶、语音交互平台等。而云计算、大数据、人工智能、物联网等技术助推了新零售行业的发展。

新零售到底新在哪里

2016年10月，马云首先提出“新零售”这个概念，差不多在同一天，雷军在一个论坛上也讲到了“新零售”。为什么在同一天，两位互联网大佬都提出了“新零售”？为什么“新零售”突然变成热词？小米、阿里、京东、苏宁为什么都要抢夺这块高地？零售真的有“新”和“旧”之分吗？

新零售有广义和狭义两个层面的定义。从广义上说，在传统零售服务上的创新都可以叫新零售；而狭义上的新零售，是指通过新技术驱动效率提升，降低经营或者物流成本，促进双向流量的一种服务性零售。

新零售的定义可以从三方面理解。

（1）新零售也许有一千种面孔，但它在本质上依然是零售，而所谓的零售，就是在平台售卖大量不同种类商品的商业活动。这个平台可以是实体店，也可以是一个手机的App。

（2）所谓双向流量其实就是线上和线下的融合，线上要到线下去，线下也要到线上来，不论是线上还是线下，都是对原来的商业逻辑更精致的改进或者更深度的挖掘，从而实现线上和线下一体化。

（3）服务性零售，就是把不同的业态融合在一起。比如，当流量达到了瓶颈的时候，可以通过增加服务性流量，把购物体验、娱乐教育和零售都拧合在一起。

经过这几年的探索，业界逐渐形成对新零售的普遍看法，认为新零售的“新”体现在以下四个方面。

首先，是对会员体系的重建。把会员变成“可以运营的资产”是新零售最重要的理念之一。以往商家所拥有的会员，多数是存在于数据库里的一堆数据，商家能做的最多就是发个广告邮件或者寄个产品目录，对于经营品牌并不起作用。而在新零售会员体系下，所有的数据都会被在线分析利用。也就是说，消费者在任何一家实体店出现，商家的店员或者销售服务人员都能直接了解到有关该会员的消费数据。这些数据通过大数据库甚至人工智能的比对分析，会帮助商家针对会员提供差异化的服务，从而让会员有更好的购物体验。

其次，是对实体店消费体验的改造。在传统零售中，消费者到实体店是卖家接触到消费者的唯一方式。而在新零售中，运用数字化能力和移动互联网，可以让消费者根据自身需求，在“到家”和“到店”的场景之间进行选择。同时，不同的新品、爆款商品会根据不同的客户的个性需求，进行差异化地在线演示或者播放，从而使在线服务更加个性化。

再次，是对导购作用的重塑。以往的导购其实只是推销，消费者每消费一单，他们便得到相应的提成。而在新零售的场景下，导购变成了引领消费者到商家会员系统的媒介，他的主要作用是把消费者发展成为会员，以及为消费者营造更好的消费体验。

最后，是对门店运营体系和组织架构的重构。在新零售中，商家的组织不再是单纯地从总部到区域，再到店长，最后到导购这样从上而下的层层下达的架构。我们知道，在层层下达的过程中，一定伴随着原意的走样以及效率的损失。商家的整个组织架构要随着新运营思路进行升级。十年前刚有电商的时候，很多商家把它挂到 IT 部门下，这样肯定就做不好。同样的道理，如果今天你有一套全方位接触消费者的新工具，却还是刻舟求剑地用原来的组织、原来的方法去运作，能行得通吗？

流量成本的提高是新零售产生的根本原因。B2C（Business to Customer，企业对消费者）的 C 端流量增长减缓，旧的业态模型逐渐被后来者学习和掌握，电商流量红利也随之逐渐消退，这些都是流量成本不断提升的原因。于是，新零售便运用新技术进一步挖掘流量，从而打通线上和线下渠道。所以，在新零售里，流量是关键。

从流量思维的角度思考，我认为想真正获取流量，要突破的核心就是对商品品类做出区分和判断。要把高频消费品和低频消费品区分开，高频品类才是新零售平台的主打项目。高频品类因为流量高，如果能再加持新零售自带的业态融合，会对流量吸引产生叠加效应。比如，近一段时间大家拼命投资生鲜，就是因为生鲜是高频消费产品。线下超市对生鲜产品越来越关注，也是因为这类商品可以吸引消费者，保证流量。而低频消费品类流量低，很难让新零售的平台发挥作用。

新零售的目标群体

在目前的经济环境中，到底什么样的人群会是“新零售”的主要消费群体，这是进军新零售的业者很关心的一个问题。红杉资本中国基金 2017 年曾经对新零售趋势中的新消费群体进行了调研分析，他们把有消费潜力的新消费群体分为几类，并且概括了各自的特点。

首先是“90 后”和“00 后”群体。这一群体与“80 后”“70 后”等不只是年龄和代际属性不同。每个时代都有年轻一代，但“90 后”和“00 后”是第一批数字时代的“原住民”。此前，红杉资本曾对国内“95 后”与“00 后”群体做过大量调研。他们颇为意外地发现，“00 后”群体零用钱每月在 500 元以上的超过一半，一二三线城市都基本如此，没有太大的差别。这一群体甚至还有存款，不少人的存款余额超过 3 000 元，余额的主要来源是收了红包存在微信和支付宝里。因为这个群体没有其他生活开销的压力，所以他们可以被视为消费力极强的人群。更重要的是，再过 5 ～ 10 年，这个群体便开始有工作、有自己的收入，那时就更是消费市场的主力军了。“90 后”和“00 后”不是“货比三家”，而是鼻子能闻到“巷子深的酒香”的识货王。价格已经不是他们最在意的因素，商品的品牌和品质、服务和体验，甚至别人的评论才是决定他们购买的主要推动力。商品品质服务好，他们乐于在朋友圈分享炫耀；如果不满意，也会在留言区给差评。他们对新的消费思维有比较高的接受度，也乐于学习新的购物方式。

其次是有独立经济能力的女性白领群体。根据 2017 年波士顿咨询公司的调研，中国月收入在 3 400 美元以上高收入群体迅速增加，这个群体有更大的消费能力，对新事物接受能力也高，是新零售重点关注的群体。

第三是在农村的广大人口。在通常的印象中，似乎消费升级只会在北上广深这样的一线城市，其实，非城镇的消费增长率一直高于城镇的消费增长率。生活在县、乡、镇的人没有像城市人那样有高房贷和孩子教育额外支出的经济压力，虽然绝对收入比城市人口低，但是可支配消费额不低，这个群体也有相对多的时间去消费，当然消费意愿也很强。虽然在消费观念上可能还处在初级阶段，接受新事物的能力也不算高，但是人口基数巨大，这也是一个不容忽视的群体。这个群体的消费升级特征很突出：更大的冰箱、更节能的洗衣机、更智能的手机、更好的空调……电器大厂家和手机制造厂家都是这个群体消费升级的受益者。

不管是什么形态的零售，都是为消费者服务的。不同类型的消费者、不同需求的消费者，需要不同层次的服务，所以会有多元化的零售业态。有人把新零售定义为随时随地满足消费者个性化的需求，指出新零售的三个基本特征是任何时间、任何地方、任何需求。从中可以看得出新零售业态的主力消费群体有不同于以往消费群体的特征。

（1）互联网下出生的一代，是互联网的“原住民”。每天上网 4 个小时以上，生活、思考、习惯等都依赖网络。查看网络“原住民”的特征，也是研究消费者消费行为的基本出发点。如碎片化、虚拟社交、随时待命的服务、灵活便利的支付、虚拟参与认同等。

（2）这一群体在淘宝、天猫、京东等互联网购物中建立起了自己的

购物习惯。所以，互联网的这些促销模式、购物方式对他们影响很深，任何零售场所都必须跟随这些方式来满足不同消费者的消费习惯，这也从消费者内在需求的角度提出线上和线下促销一体化。如定向折扣、方便支付、场景融合等都是网络购物推动的结果。

（3）**商品诉求不再只是功能诉求，更多的是体验诉求**。体验本身是种感觉、感受，体验要用到五官的五感，再加上精神，就六感了，体验才是能实现销售花样的地方。如更在乎产品颜值——视觉感受、香味——嗅觉等。小个性独一无二的特色，满足了消费者自我特殊性的认同感。

（4）**网络社交化需求：Show（秀）、分享、朋友圈**。先认同商品代表的品牌文化、价值，然后积极参与，晒遍朋友圈。通过社交内容创作赋能产品的社交属性，有时比产品本身更重要，江小白、喜茶等社交圈爆品无不如此。产品如此，服务、促销活动也如此，赋予服务、活动的网络社交属性，才是新零售的最大特征。

（5）**数字化特征：数字化是新零售的基础**。新零售业者可以不知道消费者的长相，但不能不了解消费者画像。因为消费能力、消费习惯、阅读习惯、朋友圈、平时的行动轨迹等基本透明化，所以消费者画像成为电商推广的基础就不奇怪了。如果再加上面部识别，就全部透明化了。数字化描述的个体可能比本人更知道自己的消费习惯。

从轮廓化的目标消费群体描述到全清晰化的个体画像，就是新零售与旧零售的消费者群体的最大区别。以数字化消费者为基础，用数据打通消费者的认知、兴趣、购买、忠诚、分享、反馈的全链条，这就是我所认为的新零售。

第五节 特殊时期线上和线下加速融合

> 动荡时代最大的危险不是动荡，而是延续过去的逻辑。
>
> ——管理学大师德鲁克

2020年年初，一场突如其来的新冠疫情，却成了整个新零售行业发展的强力催化剂。在这样百年不遇的特殊情况下，线下经济遭受重创，线上零售却是“风光这边独好”：盒马鲜生全国200多家会员店的数据显示，在这样一个特殊时期，线上流量是2019年同期的2.8倍，线上订单比重从50%猛增到80%。本已经模糊的线上和线下的边界进一步被打破，一场新零售行业的变革浪潮正滚滚而来。

新零售巨头们的布局

我们先来看看新零售业的两大巨头阿里巴巴和腾讯在新零售上的布局。

进入2020年，阿里巴巴的动作频频加速：3月首次发布C2M（Customer to Manufacturer，用户直接制造）战略，推出淘宝特价版，引发了一波A股相关公司的涨停潮；为解决复工后商家的售后处理问题，阿里巴巴推出一站式的“新零售服务工作台”方案，将线上或线下的退款、取货、审核等所有售后环节全面数字化，全部流程均可在触屏上解决，堪称是售后问题的终极方案；在“五五购物节”中，阿里巴巴提出发挥线上和线下融合的新零售优势，促进“报复式”消费潜能的释放，多家参与活动的线下商超都迎来了几十倍的订单增长量，盒马卖出了 600 万只小龙虾，大润发“8424”西瓜销售增长 50 倍。对于阿里巴巴而言，新零售早已不只是一个吸睛的话题，而是一只实实在在开始变现的“金鹅”。

总而言之，阿里巴巴“新零售”的发展路线图非常清晰，先是线下由点及面进行布局，进一步打通供应链的环节而实现整个消费领域的一体化，扩张线下平台，获取线下流量以后向线上导流，同时利用线上优势资源反哺线下，形成良性循环的线上和线下融合。

众所周知，腾讯的企业基因在于社交，涉足新零售更像是“跨界”。微信和 QQ 的优势是巨大的线上流量资源，腾讯布局新零售是从投资电商开始的。2016 年，腾讯增持京东股份成为京东第一大股东，继而投资拼多多、唯品会等，几乎覆盖了除阿里巴巴之外的所有头部电商平台。

相对于阿里巴巴，腾讯真正进入新零售领域相对较晚，直到 2018 年智慧零售战略合作部成立，才提出了具有腾讯烙印的新零售概念——“智慧零售”。

毕竟腾讯的核心基因是流量，因此其对新零售的布局思维还是有别于阿里巴巴的。马化腾曾详细说明过：“我们的主要目的并非做新零售，我们看中的是微信用户与线下实体商铺的连接，这里面就有很多商机。包括云计算未来的发展都需要大数据的支持，连接得好，还有广告收入，未来用数字化方式在社交体系里投放广告，意味着我们的广告收入也会增加，腾讯做的是连接。”因此，腾讯的新零售布局很少单独参与零售产业的具体环节，而把焦点放到了提供服务上，为合作伙伴引流赋能的方向。

由此我们可以看到，两大巨头的新零售战略焦点都在于线上和线下的融合，这个布局在2020年显得越发清晰。

时代的新趋势

2020年初期，线下实体经济遭受重创，大量线下商家几乎是一夜之间转到了线上，一些没能及时转变的商家后悔不迭。特别是教育、餐饮、生鲜以及医疗等行业，在这一特殊时期发生了结构性变化。突然变化的环境犹如6 500万年前的彗星撞击地球引发的环境变化，对于商家来说，不能适应这个新的环境，就会像恐龙那样消失在历史的河流中。

那么，2020年新零售又有什么样的发展趋势呢？

1. 直播与短视频带货火爆

在这一特殊时期，大多数人居家尽量减少外出，节日期间原本应是人潮涌动、客来客往的零售实体店，很多都不得不关门，即使有开门营业的，也是门可罗雀，生意大受影响。形势倒逼一些实体商场开始想办法做直播卖货，或者以云逛街模式来带动市场，希望开拓线上的客源，从而把线上的生意带到线下来。

教育部门提倡“停课不停学”，鼓励各地各校因地制宜积极组织开展线上教学，于是每天就有了350万教师和1.2亿学生用钉钉直播上课。新东方几十万学生已经接入新东方线上直播系统“云课堂”，上万老师也从线下转到线上，即使在家也能教学，不耽误课程进度。以淘宝、快手、抖音直播为代表的电商直播平台，依托平台支撑和庞大的流量优势，正在成为企业新零售的一种异军突起的模式，直播也成了传统企业转型与自救的“救心丹”。

直播带货威力有多大？看看直播的头部主播李佳琦和薇娅就知道了。

2019年，李佳琦的盈利能力，超过了A股1 000家上市公司；2019年“双11”，薇娅一天带货的销量就是3.3亿元（如下图所示）。

薇娅直播间（图片来源：淘宝 App）

这就是新零售的一种新的表现形式，比起传统线上商城，线上直播商城由网红大 V 的推介，让消费者能更直观地感受到商品的品质，能更多维度地了解商品，从而打消购买的一些疑虑，又通过裂变效应，刺激出更多的消费。线上直播不再是线上电商的专有，线下实体也可以实现！

当然，直播带货的门槛相对较高，因为这样的带货模式对于主播的要求很高，颜值、表现力、感染力、控场能力等，都是很需要天赋和培养的。用头部主播带货，商家需要支付的出场费也是很高的。对于普通人，短视频有更强的普遍适用性。

直播具有非常强的时效性，粉丝必须在固定的时间观看，不能自由选择。但是短视频不同，根据短视频的推荐机制，一个爆款视频的播放量可以达到数千万，而且可以多个视频带同一款商品，增加商品的曝光率。

短视频带货的转化率虽然比不上直播，但可以依靠流量优势提升销量。短视频更多的是依靠内容编创，而这方面的能力是可以通过学习和训练来提升的。

2. 社群营销持续发展

社群营销也成为线下门店重要的自救手段，很多零售企业快速切换，用社群卖货的方式，应对到店人流减少等情况。一些品牌商也快速推出了合伙人模式，虽然各个企业推出的合伙人模式五花八门，但是大多企业推出合伙人模式的初衷也是用社群卖货。

一些品牌商包括完美日记、阿迪达斯、纪梵希、卡姿兰等在2020年之前已经推动了社群营销，现在更进一步加大社群营销的力度；京东在2019年就成立了社区团购联盟，发力社群零售渠道，2020年之后京东的社群渠道也非常活跃。

商家通过微信群、朋友圈、直播、短视频、小程序等渠道开展营销，拓展获客渠道，并通过门店自有程序完成线上交易，由本地门店配送，形成社群交易闭环。

3. 无人化场景将扩大规模

现在的消费者对于人际接触十分敏感，“无接触”服务在很多场景中成为刚需。这也是形势逼人强，在这种情况下，消费者对无人化服务的接受程度大大提高了，毕竟机器不会传染病毒，这就为无人化场景的推广提供了有利条件。

对于商家来说，无人化场景将会是一个很好的发展方向。比如，2020年6月，苏宁无人送货车“卧龙一号”投入使用，这是国内首个投入实景化常态运营的无人快递车。投入运营后，“卧龙一号”能承担苏宁小店周边社区3公里范围内、线上订单1小时生活圈的即时配送服务，生鲜果蔬、米面粮油、冷藏食品，均可及时送达。恶劣天气以及夜晚的24小时配送对于“卧龙一号”也是小菜一碟，真正做到了全天候的服务。

Chapter 02

第二章

人工智能不是风口，而是气候

人工智能不是风口，而是气候。未来人工智能很可能是第四次生产力革命的底层要素和长久动力。如同煤炭、石油、电力、信息技术推动了前几次生产力革命一样。石油从未被称为风口（或趋势 / 机会），但曾经的石油勘探、石油运输、石油化工、石油货币金融……都是风口。人工智能亦然。生产力跃升的基本要素，是气候；如何迭代、提效、开发和利用要素，才会出现风口。并不是一切符合大气候的，都是风口，也有可能是冰雹。

——阅懒 App 创始人余腾

不少人认为“人工智能”是一个风口，但我的观点与阅懒App创始人余腾的观点近似，人工智能的出现可能意味着“第四次技术革命”的到来，而这次变革能够给人们带来全新的生活方式。未来几年内，人工智能技术将高歌猛进，带领着零售行业走进新的变革时代。

近两年来，我一直关注人工智能和新零售领域，并投入了大量的资金。因为我认为通过人工智能去寻找并解决新零售行业的痛点，能够给业内人士带来巨大的商机，也有可能形成新的“气候”。

互联网下一代的母体技术体系，毫无疑问将是AI（人工智能）、IOT（物联网），而且AI和IOT还有快速融合的趋势。现有的网络，包括移动互联、大数据、云计算等，将作为基础互联网部分，成为技术长期演进迭代的基础。

如果说传统互联网是通过硬件来为软件算法和应用提供技术支撑，那么或许，人工智能就是其相反概念——用软件算法来驱动硬件的应用。

另外，需要强调的是，人工智能实际上是人类智能的延伸。因此，人工智能可细分为很多不同的领域，比如，智能机器人、语音识别、图形识别等，而人们最常接触到的人工智能工具就是智能手机。

第一节　人工智能：人人都必须学会的“降龙十八掌”

降龙十八掌是金庸武侠小说里的一门绝顶武功，一旦使出来便是天下无敌。如果突然有一天，降龙十八掌的秘籍被公之于世，那么武林中人会如何反应？是不是人人都会修炼这套降龙十八掌？虽然未必能用它来打倒对手，但是至少能保证不被对手用这套掌法所打败。这就是今天我们的企业面对人工智能技术发展的处境。如果你不学这招，你的对手就有可能用这招打败你。

什么是人工智能

什么是人工智能？通俗讲，人工智能是指由人创造出来的，通过计算机模拟出人的各种活动的智能，如让机器能听、能看等。人工智能机器有一定的感知能力，可以对周围环境做出基本的判断，行为也有明确的目的性。

严格来说，人工智能其实是计算机科学的分支之一，能够通过自主学习模仿、执行人的命令，能够感知不同的外界环境，并做出相应反应，帮助人们完成不同的工作。

为了让大家更好地区分普通计算机程序和人工智能，我们通过“感知判断”“逻辑推理”“目标实现”这三个方面来对比分析，见下表。

普通的计算机程序和人工智能的比较

项目	普通程序	人工智能
感知判断	普通程序只能识别这是图片还是视频，而无法识别内容	人工智能既能识别这是图片还是视频，也能“读懂”内容或声音
逻辑推理	普通程序是提前写好的，只能是很多固定的规则组合，也只能按照编定的规则运行和推算	人工智能可以主动优化规则和算法，也就是模拟人类的“学习”能力，虽然目前还不能完全达到人类的学习水平
目标实现	普通程序只有结果没有目标，只会根据规则自动运行	人工智能可以通过优化程序培养目标感，通过训练能有人类的“目标感”

通过以上的对比，我们能够看到，相对于普通计算机，人工智能更“智能化”，可操作性更强。不过，目前还未达到强人工智能阶段，它仍然存在着一定的缺陷。

1. 人工智能不是万能的，它也会犯错

目前，人工智能虽然说已经能够对图片、视频或者语音等进行识别，不过它并不是万能的，在识别的过程中，它也会犯错。请看下图的这个案例。

左：由于受到秋千的影响，AI误认为坐在秋千上的猩猩是人类，同时把右上角的小鸟误判为木头；
中：由于受到近似颜色和近似形状的影响，AI误认为右下角的花朵是切开了的橙子；
右：由于受到海龟的阻挡，AI误认为潜水员是另一只海龟。

人工智能犯的低级错误

左：秋千作为人类物品，出现在与人类外形高度相似的猩猩身后，导致人工智能误将猩猩识别为人类，并把右上角的小鸟识别成木头。

中：橙子和橙色太阳菊出现在同一场景，也干扰了人工智能的判断，花被识别成切开的橙子。

右：背着潜水设备的人与海龟在海里，人工智能把人误判为海龟。

为什么会出现这些错误呢？这是因为人工智能在识别图片的过程中，只有常规的判断力，秋千是人类物品，因此，坐在秋千上的一定是人；而在海里，海龟比人出现的概率更大。

2. 人工智能离开大数据就像鱼离开了水

如果说空气是人类生存所必需的自然资源，那么大数据就是人工智能发展的重要支撑。大数据和人工智能是鱼和水的关系，没有了数据的人工智能，和普通计算机没有任何区别，就像没有了水的鱼。有专家预测，未来几年，深度学习将引爆人工智能的大变革。而深度学习的前提正需要海量的数据来做支撑。没有这些数据，就意味着人工智能将面临止步不前的困境。

我举一个简单的例子，老虎和狗的力量悬殊，因为二者需要吸收的能量不同。老虎需要吃大量的食物来保持它的战斗力，而狗只需要吃老虎食物的一半，就能发挥出它所有的能量。

如果把深度学习比作老虎，就需要给它“投食”足够多和质量高的数据，数据不够或者质量不达标，都不能让它发挥出价值（如下图所示）。

相对于狗而言，老虎对食物的要求更高，深度学习亦然。

数据就是深度学习的“食物”，吃进去的“食物”要新鲜、干净，只有高质量的数据才能使人工智能得到好的发展。我认为，未来的人工智能将代表着一个新的时代，而不单单是一个“风口”，因为它的出现意味着第四次生产力革命的序幕悄然拉开。就好比煤炭、石油、电力以及信息技术等，作为前几次生产力革命的驱动力，代表着不同的时代。而在不同时代下，与其驱动力紧密相关的产业，才是它们的“风口”，比如，石油时代下的石油勘探、石油运输、石油化工、石油货币金融等才是风口。因此，我们以那些能给社会带来巨大变革的技术成就作为时代划分，而把紧跟这些技术成就产生的行业突破口，称之为风口。在人工智能时代，我们需要提前预测到真正的风口，如预测能够带来 AI 迭代、提效以及开发的关联产业，才能更好地拥抱新时代，成为时代的赢家。

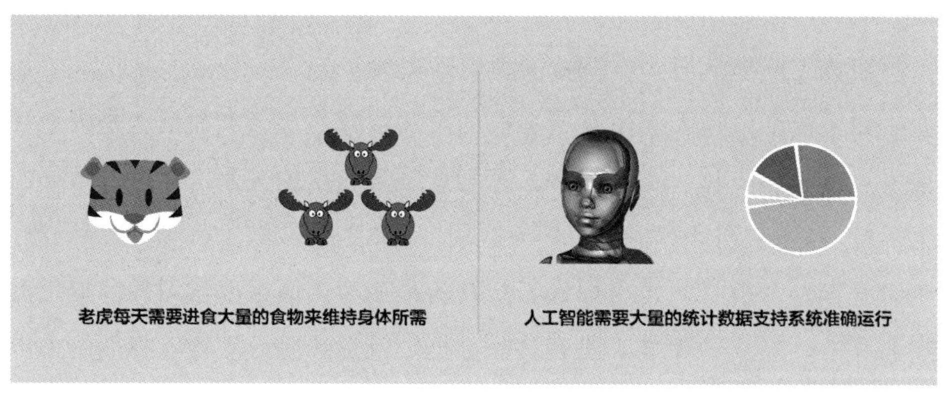

人工智能需要大量数据来训练

人工智能是企业的标配

在过去，人们对于人工智能及其发展众说纷纭，既有正面的评论，认为人工智能将带领人类走进新时代；也有负面的担忧，认为人工智能会给人类带来毁灭。但不管如何，人们对人工智能的热烈讨论，都反映了它将会进一步影响我们的生活。

就目前来看，担忧人工智能取代人类还言之过早。因为人工智能还处于初步发展阶段，还无法像人一样思考、推理，也远远没有达到我们人类的智力水平。但不可否认的是，人工智能已经在各行各业逐步落地应用，如语音识别、图像识别等。无论你是否承认，人工智能时代已然来临。

因此，每一个人都要开始重视人工智能，学习应用人工智能，只有最先、最快紧跟时代的人，才能谋得长远的发展，才能立于不败之地。如果你没有足够的重视，就会被竞争对手迎头赶上。

美国知名思想家，技术创新和战略研究专家，《浅薄》《玻璃笼子》的作者尼古拉斯·卡尔，曾在《哈佛商业评论》上发表过一篇名为《IT不再重要》的文章，引发了世界范围内关于 IT 重要性的激烈争论。在文中，他阐述了一个见解：

当某项科学技术发展到一定的阶段，它的传播和应用就会越来越普及，最终成为一种公共服务事业。好比自来水，当只有几家安装上自来水管道的时候，这几家人对比那些还在用井水的人更有优越感；但当自来水管普及之后，自来水就成了一种普遍性的事物，人人拥有了，便不再是奢侈品，科学技术也是一样的道理。

当 IT 技术普遍应用时，它就会变得廉价。即使你的企业用的是最新版的 IT 系统也是一样，因为 IT 技术已经随处可见了。

这个理论在互联网发展过程中尤为明显：如果你比别人先用上互联网，无疑比他人有优势，但当人人都能用互联网的时候，这个优势便不存在了。

20 世纪 90 年代末，互联网刚刚兴起的时候，通用的论坛系统没有被开发出来以前，你要做一个论坛，就必须自己开发。当时还是大二学生的戴志康开发了一个叫“Discuz ！”的通用型论坛系统，人们可以利用这个系统模板来建立论坛，版主只需要做一些简单的设置就能架起一个论坛。

这种系统软件的出现有两方面的结果：一方面，因为门槛大大降低，大量的论坛出现；另一方面，原先那些原创的论坛系统一下子丧失了优势。但就行业发展来看，我认为是利大于弊的。这些系统的应用，为早期的一大批网民提供了丰富的交流环境，大大推进了互联网的发展。

不过，随着论坛系统大量出现，戴志康开发的“Discuz !”系统在激烈的竞争下，只能免费开放。最后戴志康的公司被腾讯以 6 000 万美元收购，他虽然实现了财务自由，但当初更远大的理想也就止步于此了。

虽然有点无奈，但这就是市场。好比作为微信的创始人之一的张小龙，即便拥有着别人无法比拟的行业资源，也不得不向现实低头。直到今天，我都认为他当初开发的 FoxMail 是最好用的邮件接发系统，但因为其他的邮件都是免费供人们使用的，如果 FoxMail 收费，即使它再好用，也没有多少人会去用，毕竟邮件的基本功能就那些，只要能实现通信功能，人们觉得用哪一个差别并不大，所以也不会为这细微的差别，去选择需要付费的邮件系统。

这就说明了，当某项技术在为我们带来便利、提高生产率的同时，也就意味着这项技术的行业优势已经不存在了。因为它已经成了人们唾手可得的、普及性的东西，技术门槛已经消失了。

因此，为了不被竞争对手迎头赶上，我们就要抢先占领市场，掌握资源。当人工智能的优势一过，市场就会属于那些优先占领山头的人。虽然说前人栽树后人乘凉，走别人走过的路更轻松，也更容易。但在商界，没有人会做赔本的买卖，即便你想借助大树来乘凉，恐怕也要付出一定的代价，最大的获益者还是栽树人。所以说，越快进入市场的人，才越能掌握行业话语权。

第二节 人工智能革命为什么会爆发

为什么现在很多文章一说起新零售一定要提到人工智能？这是因为现在人工智能已经脱离实验室实验阶段开始大规模进入应用领域，得益于持续增长的用户数据、日益提升的算力和不断优化的算法，人工智能技术的识别能力也趋向精准，并能够被应用到不同的场景中。

人工智能的追根溯源

作为新技术，人工智能这一领域，实际上早在13世纪就已经有人涉足。13世纪，西班牙哲学家与逻辑学家拉曼鲁尔，是学术界的第一个有制作一台机器来执行有用推理想法的人。17世纪，德国著名的数学家莱布尼茨首次提出要寻求一种世界通用语言和一种普遍算法，不仅能计算数值，还能计算概念，这便是数学史上著名的“莱布尼茨之梦”。此后，学术界围绕着人工智能展开了漫长的探索。

总的来说，从1950年开始到今天，人工智能的发展可以简单地分为以下三个阶段。

第一阶段：人工智能的逻辑和推理浪潮

1950年10月，计算科学奠基人图灵，首次提出“人工智能”的概念。

图灵对于人工智能的发展有诸多贡献，提出了一种用于判定机器是否具有智能的试验方法，即图灵试验。如今，为纪念图灵而设立的“A.M. 图灵奖”，是计算机领域最崇高的奖项。

1966 年，能够进行自然语言处理的心理治疗机器人 ELIZA 诞生。ELIZA 能模拟心理治疗师，重复病人问题的同时用已经输入的固定句式回复病人，在对话上模拟心理治疗师。它能实现与病人对话回答的逻辑其实很简单，就是提前把一些固定的句式输入机器，然后转化成问句，以此保持对话的顺利进行。

在这一阶段，虽然看上去人工智能有了新的突破，实际上不过是借助一些技巧来模拟人的行为，与“智能”关系不大。

第二阶段：人工智能的语音识别浪潮

在这个阶段，语音识别技术有了突破性的发展。最突出的成就是从以符号学派为主转变为以统计学派为主。以往的符号学派只是通过模仿数理学上的一些理论，把知识整理起来，这种方式很容易出错，而统计学就能很好地解决语音识别中的这些问题。

第三阶段：人工智能的深度学习和大数据浪潮

2006 年，美国科学家杰夫 · 辛顿教授及其合作者发表了深度学习领域极具里程碑意义的文章《一种深度置信网络的快速学习算法》，随后，各种有关联的学术性论文也陆续被发表出来，宣告了深度学习时代的来临。

大数据是深度学习的技术支撑，此次浪潮得益于 2000 年前后快速发展的互联网技术带来的网络变革，如巨海深渊的互联网似乎有着取之不尽用之不竭的数据，不仅易得而且成本低廉。此外，GPU（Graphics Processing Unit，图形处理单元）技术的成熟，也为深度学习提供了低成本的算力支撑。

得益于以上这些成熟的技术，深度学习在语音识别、图像识别、

NLP（Natural Language Processing，自然语言处理）等方面发挥出了巨大作用，不仅大大降低了语音识别的错误、提升了人脸识别的能力，而且在自然语言处理方面表现出比人类还要优秀的潜质。这些领域技术的发展，让人工智能真正实现了落地应用。

可以这么说，第三个阶段是建立在大数据以及成熟算力基础上的，它们是深度学习赖以发展的基础，也是使人工智能从理论到落地应用的必要条件。

深度学习是人工智能发展的主流方向

前面提到，杰夫·辛顿教授是深度学习浪潮的开创者，同时，他也被视为神经网络的先驱，他对深度学习和神经网络中的算法和构造领域的发展，作出了基础性的贡献。

1．深度学习的初创

在大学里，杰夫·辛顿已经开始了对神经科学的研究，也正是从那个时候起，他走上了人工智能的研究之路。

早在 20 世纪 80 年代，他就参与过使用计算机软硬件模拟人脑的课题研究，这便是我们现在所说的“深度学习”。在当时，他的研究成果并没有得到业界的重视。

为什么在当时人们普遍都不看好深度学习呢？

第一，深度学习的首要难题是解决分层优化，这是当时学术界很久都没有突破的瓶颈。直到 2007 年前后，随着杰夫·辛顿教授在《认知科学趋势》上一篇相关论文的发表，分层优化的难题才被宣告解决。可以这么说，如果没有这个学术界上的重大突破，就没有这一轮人工智能产业的大爆发。

第二，即便在杰夫·辛顿发表成熟理论的几年内，业界也并不认同算法上没有明显优势的深度学习系统。

以上这两点，便是深度学习被“冷落”多年的原因。但不管如何，如今深度学习已然成为人工智能领域的主流技术。

在此，我要强调一句，不能因为深度学习的重要性，就忽略了人工智能的其他可行之路。虽然目前来讲，深度学习是最好走的一条路，但还是有无数条路值得人们去探索的。

2. 深度学习的发展

提起深度学习，就不得不提对深度学习发展至关重要的两位名人。

其一是谷歌大脑的创始人，曾任斯坦福大学人工智能实验室主任的吴恩达教授。他发现深度学习需要有更强的计算能力，在和英伟达的合作中开发了一种使用大规模 GPU 计算系统训练网络的方法，英伟达的 GPU 广泛批量使用使得计算能力提升了上百倍。英伟达公司也因此一举成为人工智能芯片的巨头。

其二是斯坦福的李飞飞，她也是谷歌云首席科学家。李飞飞建立了一个程序学习的图像识别资料库，通过这个资料库，人工智能可以“自我学习”，自己来找出问题的答案。也就是说，先利用视觉识别技术来给数据库中的各种物体按标签、属性、关系分类，通过这种分类，提高数据库和信息的精准性。比如，图库里山的图像会标注为山，树也会标注为树；之后就可以通过这些图像来训练人工智能，就好比用图片识别卡来教育一个牙牙学语的儿童一样，通过不断地加深知识，让人工智能进行深度学习。李飞飞通过这个图像库成功地训练出了在视觉上比人类识别能力更强的人工智能，证明了深度学习算法的优越性。

2012 年，在斯坦福举办的 ImageNet 视觉识别挑战赛上，杰夫 · 辛顿教授与其合作者共同创造的名为 AlexNet 的深度学习系统一举拔得头筹。自此，深度学习才开始获得业界的重视。从 20 世纪 80 年代到 2012 年，已经过了 30 多年。

不过，直到2016年，普通大众才逐渐了解并认可有深度学习能力的人工智能。那一年谷歌的人工智能机器人AlphaGo接连战胜了韩国国手李世石、围棋世界冠军柯洁。人机大战，在业界如一石击起千层浪，杰夫·辛顿及其合作者、学生的努力终于得到了世人的肯定。

深度学习的学术之路或许能启发后来者。每一个伟大的科技，都必然要经过艰苦的钻研，才能得到不断的完善并有所突破。没有哪一项技术的问世是一蹴而就的，只有用“匠心”精神埋头苦干，才能得到想要的成果。如果没有长远的钻研，即使你是第一个“吃螃蟹”的人，也可能被历史遗忘，毕竟历史只会记住那些开拓者而非发现者。

好比说，一提到蒸汽机人们就会想到瓦特，但实际上瓦特并非蒸汽机的最初发明者，他只是在前人的基础上不断改进，把蒸汽机推广开来。在学术界，人们常把这种关系比喻为坦克和闪电战。坦克是什么人发明的，大多数人并不太清楚，但使用了坦克闪电战打法的德国人，却让人记忆深刻，人们常常会误以为，坦克就是德国人发明的。

这一理论，放在科技领域同样适用。人们常常会忽略发明某样工具的人，而只记得那些把该样工具推广开来，使其发挥真正价值的人。其实也很好理解，你发明了一样工具放在那里，不去完善和推广它，它就不能产生任何价值。只有当这样工具能给人们的生活带来改变的时候，它才是个有意义、有价值的物品。因此，任何科学技术只有发挥出其价值，才能推动社会进步，才会被历史铭记。

3. 深度学习不是人工智能的独木桥

虽然深度学习如今已经发展到了一定程度，还是有可以完善的空间的，比如，深度学习的过程还无法进行描述。

因此，深度学习注定不会是人工智能发展的全部，还有其他系统与其互补。美国最早移动计算系统PALM发明者杰夫·霍金斯，就开发了一套记忆预测模型，这个模型比深度学习更符合人类大脑的思考路径。

不过就目前来看，杰夫·霍金斯发明的这套系统表现并没有比深度学习好。至于未来，能否取代深度学习还是个未知数。

不管未来如何，我们都应该先把眼前的事做好，专注当下，才能赋能未来。

上面的讲述，其实就是想告诉大家，科学技术如果脱离了社会价值，就会重蹈“坦克和闪电战”的覆辙。要想把科技的优势发挥出来，除了不断在科技领域深耕以外，还要赋予它一定的商业地位，吸引资本把它推广开来。也就是说，一项技术最好是具有盈利能力、有一定的市场价值，毕竟利益能够驱使人们去开发它、推广它。

从商业的角度来看，先是科技的初步发展为产业发展提供了新的商机，科技与产业结合后，再通过不断的优化得到推广，被广泛普及后就意味着该项科技的红利即将消失。目前，各项创新技术为人工智能领域提供了新的商机，虽然其市场红利才刚刚起步，但机会稍纵即逝，我们要学会快速找到行业的风口，并迅速占领市场。此外，也可以从与其相关联的产业中寻找到新商机。

第三节 人工智能会抢走你的工作吗

> 21 世纪，全球将有上百亿的人变得“毫无价值”,成为“无用阶层”。随着大数据和AI的高度发展，工作和决策都交由机器人和算法来完成，他们是被技术发展抛弃的人，只用毒品和虚拟来度日。
>
> ——《未来简史》作者赫拉利

关于人工智能的未来，众说纷纭。在发展初期，一些名人对人工智能的看法，以负面言论居多，霍金、比尔·盖茨都明确提出过他们对于人工智能未来发展的担忧。

总体来说，人们对于人工智能的恐惧无非来自两个层面：一是人工智能对人类本身的威胁，害怕拥有高智商的机器人取代人类成为地球的主人；二是来自生计的担忧，害怕在技术变革后，大部分职业被人工智能替代，人工有被社会分工淘汰的风险。

而媒体对于这两个层面的夸大渲染，更是加大了人们对于人工智能发展的恐惧。但人类的发展离不开技术的进步，任何问题都要辩证看待。随着人工智能在医疗等行业的发展，人们的思考逐渐回归理性。

下面，我们就来讲解一下人工智能的过去与未来。相信大家看过之后，对于发展它的利弊，就会有自己的判断。

我们为什么对人工智能感到恐惧

2016 年，人工智能大战围棋冠军并非人工智能与人类棋手的第一次对战。早在 20 世纪末，IBM 研发的深蓝计算机就与国际象棋棋王卡斯帕罗夫对战过两局，深蓝计算机先输后赢。尽管如此，人们还是自信地认为，人工智能只能应付较为简单的棋赛，无法在玩法复杂的棋类上赢过人类，比如，围棋。

但世界就是充满着无限可能。随着谷歌研发的 AlphaGo 问世，人工智能已经发展到了一个全新的阶段。事实上，近年来，人工智能已经在各类赛事中打败过人类无数次。比如，在美国综艺节目《危险边缘》中，智能机器 Watson 完胜人类选手詹宁斯和鲁特；再如，在国内综艺节目《一站到底》中，机器人选手汪仔面世至今，只输给过一名人类选手。

如今，人工智能的发展态势，已经让人类由盲目自信到充满恐惧。就连霍金、比尔·盖茨、马斯克等都发表了让人类警惕人工智能的言论。他们担心，人工智能会给人类生存带来毁灭性威胁，担心它将替代人类成为世界永久的独裁者。

而对于普通人来说，人工智能到底意味着什么？除了这些名人的导向以外，普通人对人工智能的认知更多的是来自电影、小说、漫画等流行文化。尤其是年轻人，他们在认知上，更容易受舆论以及流行文化的影响。

近年来的科幻小说和电影大部分对人工智能的应用都在放大负面影响、渲染恐慌上，这就导致了大部分人对于人工智能是抗拒的。因为，那些火爆的科幻电影，无一例外都在讲述：人工智能是一个在外形上和智慧上与自然人无异并具有威胁性的存在。比如，1969 年的《2001：太空漫游》、1982 年的《银翼杀手》、1999 年的《黑客帝国》等。不过，所有事物都有两面性，人们不能因噎废食。电影中虚构的担忧尚未发生，而人工智能技术已经开始在各行各业崭露头角。

或许你会说，像电影中描述的一样，与人类长相相似的机器人已经出现了，比如，在《彭博商业周刊》中介绍的人工智能宝宝。这些和人类长相并无二致的智能机器人，不仔细看，你很难从外表上看出它是机器人还是人类。如果人工智能再发展下去，是否意味着这些机器人将会拥有电影中所说的自我意识？

我们都知道，人类与机器人最本质的区别就在于，我们人类能自主思考，拥有自主意识。如果人工智能拥有自主意识成为现实，是不是意味着人类将面临巨大的威胁？到那个时候，我们又将拿什么与之抗衡？

人类与人工智能的未来

科幻小说家霍华德·菲利普·洛夫克拉夫特说过，人的恐惧来源于未知。人类除了需要面对生活给予我们的考验以外，还要面对自身对未知的恐惧或者担忧。

对于人类而言，面对人工智能有着太多的恐惧和担忧。其中最大的担忧就是，当人类的工作被人工智能取代了之后，人类的生计何以为继？关于这一点，不少的报纸、杂志都刊登过相关的文章。比如，经济界权威刊物《财富》就讲过，当机器人取代了人类的工作之后，政府应该每个月都给没有工作的人发钱；世界名刊《万古》甚至还建议，在人类的工作被机器人取代之后，人类要去发展软性技能。

随着人工智能的广泛应用，更加深了人们的恐惧感。比如，无人交通、无人货架、无人仓储等。整个社会的舆论都以人工智能必将取代人类为主导，人们都沉浸在失业的恐惧当中。

但是最近几年，技术的进步逐渐革新了信息生产和传播的方式，也重塑了舆论环境。美国科技杂志《连线》在 2017 年最后一期的封面文章是组文，组文的主题是为人工智能正名，肯定了人工智能对人类发展的正面作用；美国时政杂志《新闻周刊》在 2018 年 1 月末，也刊登了一篇讲述人工智能将为人类创造新职业的文章。

整个社会对人工智能的看法正在从负面走向正面，这一转变无论是对人类还是对人工智能，都透露出了好的讯息。因为这意味着，在一定程度上，人类对于人工智能的认知越来越清晰——人工智能不再是一个捉摸不透的新事物，而是可以被人类掌控的，并能为人类所用的工具。

如今，人类对于人工智能的认识已经趋向理性。事实上，不少有先见之明的企业，在大多数人的存疑中快速前行，已经取得了一定的成绩。接下来，我们就来学习一下这些企业的做法。

第四节　人工智能领域的成功企业

在下面的章节里，我们把镜头从广角镜转换到微距镜，聚焦一家人工智能领域里的成功企业是如何诞生、成长，并最终成为人工智能领域的一个标杆的——这家公司就是 DeepMind。

前面提到，在 2016 年，谷歌开发的 AlphaGo 机器人接连打败了两名世界冠军棋手。而 AlphaGo 正是由谷歌旗下一家名为 Google DeepMind 的公司研发的。2014 年，被谷歌公司收购的 DeepMind，还只是一家创业公司。2016 年的“人机大战”，不仅开启了人工智能的新元年，更是打响了 DeepMind 在业界的名气。

“用人工智能解决一切问题”

“用人工智能解决一切问题”，这是 DeepMind 公司的口号。

DeepMind 的创始人戴密斯·哈萨比斯，被称为 AlphaGo 之父，可以说，DeepMind 的成功与他的个人经历有着紧密的关联。哈萨比斯是有着希腊和华人血统的混血儿，从小便开始展现出与众不同的高智商，曾连续五次获得“脑力奥林匹克运动会全能脑力王”称号。他从 4 岁开始学象棋，并取得了优异成绩，8 岁开始学编程，11 岁开发了一个黑白棋游戏的程序，14 岁自主开发了引入人工智能的电子游戏，17 岁在剑桥大学攻读计算机科学，在剑桥期间，他曾参与开发 AI 游戏《主题公园》《黑或白》等，并创建了游戏工作室。

我想，哈萨比斯之所以能获得普通人无法企及的成功，除了高智商以外，还因为他对梦想不懈的追求。29 岁，在常人寻求安稳的年纪里，他也没有停止追求的脚步，他放弃了在游戏领域取得的成绩，把所有的游戏版权卖了，到伦敦大学继续攻读神经科学博士学位。他继续深造正是为了更一进了解大脑运作的原理，助力人工智能的进步和发展。34 岁，他创办了前沿科技企业 DeepMind。

哈萨比斯曾表示，他们研发 AlphaGo，不是为了赢得围棋比赛，而是为了通过研究世界上玩法最复杂的棋类，来解决智能问题，再用智能解决人类所有的难题。选择围棋是因为围棋向来被看成是一个计算机无法攻克的游戏。无论是棋子位置的组合，还是棋盘局势的评估、赢棋的策略等，对计算机来说都是不小的挑战。而 DeepMind 成功了，回顾他们解决智能问题的道路，辛苦中带着有趣。

常言道，“玩物丧志”，但 DeepMind 偏偏不走寻常路。他们认为，对于人工智能而言，游戏是一种很好的锻炼方式，更何况创始人哈萨比斯就是通过游戏起家的，DeepMind 本身就有游戏基因。

那么，怎么让人工智能“玩游戏”呢？ DeepMind 公司研发的是被称为“深度学习”的一种自主学习算法，能够让机器在一定的数据范围内实现自主学习、完成指定的任务。通过计算机的自主学习，就能应付各种游戏，比如，象棋、围棋，甚至是“反恐精英”这类射击游戏。此外，DeepMind 还开发了一套被称为“神经图灵机”的系统，来赋予机器人短期的记忆能力。

要想研发出强大的人工智能，就要了解人脑的运作。对于人类来说，所谓的记忆，就是对过去事件的记录。人们在进行学习时，是先通过短期记忆来记住所学的知识，再通过复习强化这种知识，形成长期记忆。因此，想提高学习能力，先要提高的就是短期记忆力。换一个角度讲，开发短期记忆，就是在提高人工智能的复制类学习能力以及分析能力。有了强大的学习能力，人工智能就能被应用到各个行业中。

在这种复制类学习能力的应用上，DeepMind 已经开始研发医疗领域的人工智能检测机器。据称，通过训练的人工智能甚至能比人类医生能更快、更好地检测出疾病。目前，已经开发出一款名为 Streams 的软件，该软件已经进入了临床试行阶段。Streams 只需几秒钟便能查看出急性肾脏损伤的风险，同时为病人整理出最合理的治疗方案。

这一类通过训练就能实现的人工智能技术，实际上就是一种“克隆”技术。人们给机器输送什么它便能接收到什么，甚至能在这个领域做到极致。打个比方，你训练它长跑，它就可能跑得过长跑冠军。

简单来说，DeepMind 只需要开发一套系统，各行各业的人拿之即可用，而不需要重新开发。只要通过简单的训练，该系统便能被应用到各个领域中。

看到这里，你或许能发现，DeepMind 背后的商业价值是无法估计的。正是因为如此，2014 年，互联网巨头谷歌公司重砸 4 亿英镑收购了成立仅 4 年的 DeepMind。有人说，这是谷歌近年来做得最有价值的买卖。虽然被收购了，但是 DeepMind 拥有独立的自主运营权。

当时的谷歌 CEO 拉里·佩奇曾表示，当他第一次看到 DeepMind 做出来的东西时，就感到非常惊奇。这些系统能在不同的游戏中，不仅能控制、得分，还学会了所有类似的游戏。如果这些能被应用到日常生活中，将会给人们带来非常大的益处。谷歌希望能把全球的信息收集起来，为全人类提供信息上的便利。为了尽快让 DeepMind 研发的人工智能系统通过谷歌平台，应用到各个领域中，拉里·佩奇在这场收购中，可谓颇费心思，不仅是为了履行谷歌的使命，更是因为自己也非常看好这一领域的发展前景。

当时，业界内的巨头包括谷歌、亚马逊、微软等，都非常看好人工智能领域，也都厉兵秣马，寻找时机。

这些巨头从来不做亏本的买卖，他们不会盲目地把资金投入任何领域，人工智能领域亦如此。没有人能预测到人工智能的下一个风口会在哪里，所以这些公司愿意把技术研发交给专业的人来做，再通过合作或者收购，来直接获取研发成果。

资本和技术的强强联合，给各行各业带来了技术应用上的便捷。如今，即使你的企业没有雄厚的资本，没有高级的研发团队，也可以直接使用他们的成果来为企业服务。

这其实是一场人工智能的革命，前面提到的，在人工智能领域深耕30多年的、谷歌副总裁级别的工程师杰夫·辛顿就是这场革命的先行者。而哈萨比斯是这场人工智能革命的推进者，他让人们看到了人工智能对于社会进步的巨大能量。

中国在人工智能方面所处的位置

业界普遍认为，各种算法、大数据和优秀的算力是推进人工智能发展的主要支撑。算法是核心，数据用来训练算法，没有数据，再好的算法也很难进行有效的升级。

在我国，这几个支撑的发展已经到了哪个阶段？

我们得承认，中国在人工智能的基础理论和原创算法等方面，与美国还是有差距的。清华大学微电子所所长魏少军就认为，中国在重要的算法上还是落后于美国的。如今，国家已经加大这方面的投入，提高科研机构的经费，而一些有实力的企业自己也成立了研究院，有着自己的科研团队。相信未来几年，中国在人工智能的基础理论和算法方面将会迎头赶上。

2018 年年底，德勤发布了《中国人工智能产业白皮书》，主要讲述了人工智能的行业状况、商业中的各类应用以及中国人工智能产业发展状况等。

白皮书指出，中国已成为人工智能发展极为迅速的国家之一。人工智能在中国高速发展的驱动力主要来自计算力的显著提升、多方位的政策支持、大规模多频次的投资以及逐渐清晰的用户需求。同时，科技巨头生态链的博弈正在展开，他们构建的生态链已经在基础设施和技术方面占据优势；初创企业则积极发力垂直行业解决方案，深耕巨头的数据洼地，打造“护城河”。

德勤通过全方位的统计发现，在中国，人工智能应用最为深入的是金融领域，主要通过机器学习、知识图谱、自然语言处理、计算机视觉这几项技术来研发应用。其中，机器学习是实现应用的关键技术，知识图谱是应用的基础知识资源，自然语言处理是提升客服、投研效率的支撑。此外，人工智能在医疗、零售等方面也取得了不俗的成绩。遗憾的是，人工智能在制造业领域涉足较浅。

通过白皮书，我们可以看出，中国的人工智能还有着广阔的发展前景。我们有理由相信，未来中国将迎来人工智能蓬勃发展的阶段。

第五节　运用人工智能的正确姿势

英国人在第一次世界大战时就发明了坦克，利用坦克这种新武器创造辉煌战果的却是二十几年后在第二次世界大战中开创闪电战的德国人。因为德国人发现了正确使用这种新武器的方法：在关键点上大规模地集中使用。这说明了一个道理——拥有一样武器不等于你就能正确使用它。

人工智能与坦克的发明和使用一样，只有掌握使用人工智能的正确姿势，才能把人工智能的功用发挥到极致。

算法、计算能力与数据

人工智能的三大支撑：算法、计算能力和数据。

1. 算法——基本上都是开源的

什么是算法？简单来说，算法就是解决问题的清晰指令。你可以这么来理解：通过算法，机器能够在有限的时间内，对你输入的指令进行输出，用不同的时间、空间或效率来完成同样的任务。也就是说，算法的好坏决定了人工智能技术的高低。现在，基础的算法都是开源的（意思是指公开的、有代表性算法的基础版本，在这个版本的基础上，各个公司根据自己的需求来更新迭代），这有利于推动技术的发展。不过，部分人工智能学习系统却降低了算法的难度，比如，谷歌的 TensorFlow。

TensorFlow 是谷歌开发的开源软件库，提供给开发者一套机器学习的开源框架。通过把开源软件库的代码公开，给全世界的相关企业、计算机爱好者的学习和研究产品提供了便利。

如今，随着算法的迅猛发展，懂编程的人越来越多。这其中的原因，除了各项基础设施的完善以及人工智能系统的支持以外，还离不开社会各界提供的免费资源和培训机会。2017 年，谷歌就免费为 7 万人提供了一次关于 TensorFlow 的培训机会。现在，开发者不用再辛辛苦苦地写代码和编程，只需要利用各大公司开发的开源软件，简单调整一下，就可以轻轻松松地做出一个网页。

这也是人工智能的特点之一，能够为开发者提供庞大的基础工具，不断降低入行的门槛。

提到人工智能算法，需要给大家介绍一位名人——乔治·吉尔德。他是美国著名的未来学家、经济学家，是高科技领域“预言家之王”，被称为投资者的“教主”。其代表作品有《后谷歌时代：大数据的没落及区块链经济的崛起》《后电视时代》《财富与贫穷》等。作为著名的经济学预言家，吉尔德对未来的技术发展有怎样的看法呢？

大家都知道，当今世界最主要的科技支撑是人工智能技术、大数据和云计算等。这几大技术也是各大主流公司争相布局的，国外的谷歌、微软、脸书，国内的百度、腾讯等，都花了重金来打造这些技术。

大多数人认为，这些技术将成为未来人类社会发展的主要引擎，随着这些技术算法的完善，未来人类将会被这些技术牵着走。但是，吉尔德却有着其他看法，他认为，人们对这几大技术的执念和认知，其实是中了谷歌的“圈套”。

吉尔德提出，过去的互联网世界体系是由谷歌建立的，它在悄悄地塑造这个体系——通过大数据、云计算、人工智能等为社会公众提供了免费的服务和免费的商品。但谷歌模式已经不适用于如今人工智能的发展，互联网世界体系将要重塑，而现在正处于新体系的边缘。

无论是谷歌的商业模式，还是模仿它的商业模式，都将成为过去。因为在现在的模式当中，技术人员的设想有一个漏洞，那就是认为计算速度可以创造出智能，只要数据足够多而且计算速度足够快，我们就能给机器赋予意识和创造力。

在这样的逻辑下，计算机和算法可以不需要去了解某个具体的公司，不需要知道这些公司都在做什么，就能根据海量的数据去做投资；计算机也不需要去了解一种语言文字表达的意思是什么，就能够精准地识别和翻译。

但是，人工智能目前还无法拥有自主意识，没有思考能力，它只能通过人类输入的指令来执行任务。吉尔德觉得，要想发展人工智能，就要给它赋予意识，否则人工智能只是一个会执行命令的机器而已。

而人工智能、大数据和云计算，只是科学演变过程中的基础支撑，未必能成为驱动人类前进的力量。但这几大技术给资本带来了无法估量的利益，因此有不少大公司在开发这些领域。

吉尔德认为，在大数据时代，谷歌等大型互联网企业掌握着人们的各种信息和数据，由此带来了隐私安全、信息安全等一系列问题。

未来，随着人们对个人数据的重视，个人将更注重保护自己的隐私。而区块链技术可以让人们以极低的成本，保护他们在互联网上的数据。因此，吉尔德提出，以区块链和与之相关的衍生产品作为新框架的密算时代才是人类的未来。他甚至预言，中国是区块链发展道路上不可或缺的力量，因为他觉得中国是个创新能力非常强的国家。

此外，吉尔德还认为，以人为中心的增强现实（AR）和增强智能（AI）是另一种发展趋势。近年来，增强现实和增强智能已经改变了教育、医疗保健、娱乐、游戏和培训的行业，例如，可能是下一个科技风口的脑机接口技术。脑机接口是指大脑与计算机结合，让人们的意念绕过脊髓、外周神经控制外部设备，能够实现神经系统、外部设备间信息交互与功能整合的技术，被誉为目前世界上最前沿、最为科幻的技术。目前该项技术已被应用在医疗康复、日常生活应用等领域。

对于未来技术的发展，吉尔德认为，并不是只有人工智能、云技术、大数据这几条路，还有区块链、增强现实等方向。我们不能只一味地以大公司的投资方向来分析，毕竟这其中还牵扯到利益问题。

2. 计算能力 —— 云计算平台

目前，人工智能技术需要在识别度、准确度等方面有所提高。而要想提高准确度，就需要先把模型的规模和精细度提升、线下训练的频次提高，这就意味着需要进一步加强计算能力。以往，搭建一个计算平台往往要耗费不少人力与财力，但现在各大企业都把研发的计算平台开放给公众使用，人们不需要像过去那样，自己花大价钱来研发平台。

这种计算平台，被称为云计算平台，它能为企业提供基础性的、平台化的、软件类的框架。在云计算平台，人们可以租用场外服务器、存储和网络硬件、虚拟服务器和操作系统以及各类软件等。

云计算的意义，就是辅助人们通过互联网发展新的业务，以更新迭代的产品作为企业生存之本。通过云计算平台，你甚至可以用到谷歌、脸书这样的大公司的技术支撑。不过，这也意味着，即使你拥有先进的计算能力，竞争力也不如从前了。

3. 数据——这才是硬通货

通过以上对算法和云计算的分析，或许你会发现，如今这两大技术的进入门槛都被大大地拉低了，那么，拥有什么才最具有竞争力呢？答案很简单：数据。

没错，只有拥有数据才能让你在行业竞争中脱颖而出。未来，很有可能，拥有数据的企业是人工智能领域的最大受益者。

人工智能的使用方法

随着各大平台的开放，人工智能的使用将越来越便捷，但它还没有智能到能自主识别使用者的需求和自动制定方案的地步。人工智能就像一个小孩，虽然需要你去培养、教导，但是有着无限的潜能。

那么，怎么来使用人工智能呢？前面说到，把人工智能比喻为一个孩子，现在我们就以教孩子绘画为例来说明一下。

在传统的教育中，教授孩子们绘画技巧时，有着一套固定的理论和方法，孩子们照本宣科来学习。这种教育方法培养出来的是绘画者，而不是具有自己思想的画家。在人工智能上也是如此，需要在培养过程中，不断给机器输入分析，让机器学习如何识别，这样，培养出来的人工智能才有“思想”，才有创造性。

此外，在培养的过程中，耐心也很重要。使用者需要反复的实验，才能找到最佳的培养方案，最大限度地开发人工智能的潜能。

在此，用一个著名的理论——范式转移说明一下。范式转移是美国科学哲学家托马斯·库恩率先提出的一个概念，简单来说，就是某一指定的科学共同体在从事某类科学活动时要遵循的公式，这种公式，涵盖了基本的理论、范例、标准等，而当某个范式无法为某个问题提供解决方法时，其稳定性就会下降，从而发生范式转移。通过这个理论，我们就能知道在技术演变过程中，必然会有两种不同的范式。

过去，人工智能范式充其量就是一种模仿行为，套用固定的公式，就能复制出一模一样的技术，它不会比之前的差，也不会比之前的好。但现在，这种人工智能范式已经不能解决如今社会的需求了，于是，便有了新一代范式。

人工智能范式，本质上来说是一种培养行为。通过学习和培养，它就有可能做得比过去更好。但前提是，你需要为其提供足够多的数据，以及通过反复的实验“劳动”来培养它。有了这些前提，就能最大限度地发挥出人工智能的潜力。

综上所述，人工智能其实是一种特别好用的工具，只要你找到使用它的关键。

目前，人工智能在各个领域已经取得了不少的突破，比如，人工智能作曲家、人工智能画家等应用。为了让大家看到人工智能的潜力，在此，给大家介绍一款有趣的应用——Ostagram。Ostagram 是俄罗斯人工智能专家设计的一款小程序，是基于人工神经网络技术和人工智能技术的程序。这款小程序能够将两张照片毫无违和感地合成在一起，只需要上传喜欢的两张图片即可轻松地将图片进行重构。简单来说，这个小程序能够在一秒之内，把你的图片变为世界著名艺术家的绘画风格。即便是如凡·高笔下的《星空》那样用非常规手法表现的世界名画，也能轻松地成为你的图片风格。

由此可以预见，未来人工智能将成为人类工作的好帮手，不仅可以让人类从烦琐的工作中解放出来，还可以从事创意型的工作。可见，谁能正确使用人工智能，谁就能赢得未来。

人工智能的未来

那么，人工智能的未来是什么呢？美国科学院、工程院、艺术研究院院士，同时也是加州大学伯克利分校教授的迈克尔·乔丹曾做出预测，目前人工智能虽然还在初级阶段，但未来，将会给人类社会带来巨大变革。

迈克尔·乔丹教授说，人工智能其实就是放大智能的应用。虽然目前人工智能的发展还没达到一定的高度，但人工智能技术基于算法、搜索技术等方面的应用，已经给人们不小的帮助，比如，搜索引擎提高了人们的知识面、翻译机器提高了人们的语言能力。从一定意义上来讲，这些应用大大地缩短了人们在学习上的时间成本。俗话说，时间就是金钱，这难道不是人工智能为社会经济作出的贡献之一吗？

此外，迈克尔·乔丹教授还提出，人工智能的第二特征就是智能基础设施和智能架构，比如智能交通、智能家庭、智能城市等物联网应用场景，这些智能应用辅助人类完成了不少人类无法做到的事情。

同时，迈克尔·乔丹教授非常赞同人工智能算法其实就是让计算机自己来写算法的算法、写程序的程序这一说法。所谓的人工智能，可以用一个公式来比喻：AI（人工智能）＝ IA（智能增强）＋ II（智能架构）＋ AA（自动算法）。

提到人工智能，有人误以为它已经发展到和人类一样，拥有自主思考能力了。迈克尔·乔丹教授表示，这种想法就是一个误解，毕竟人工智能说简单点，在现阶段还只处于理性智能，它们只能处理大部分数学逻辑能判断的事物。比如，在处理交通问题上，它需要通过大量的数据和计算来得出处理方案。人的智能与人工智能最大的区别是，只有人才有相对独特的分析能力和处理问题的方法。人工智能与人的智能各有利弊，相对来说，人工智能更为理性，而人的智能更具有灵活性。

通过上面的讲述，你就能发现，人工智能目前还不能和人类一样，有预测能力和危机处理能力。它只能按预先输入好的程序进行活动，比如，无法意识到悬崖边的危险，也无法处理在各类活动中出现的突发事件。

对于人工智能的发展，迈克尔·乔丹教授进行了预测，他认为未来数年内，人工智能将实现无人驾驶、智能客服以及智能诊断和疾病治疗等领域的落地应用。但至少30年以内，人工智能无法拥有自主创造性，也无法完成自主发明，更无法有处理临时事件的灵活性以及创造新知识的能力。

不过，科技的发展是循序渐进的，人们不应该操之过急。未来数年内，只要能够完成以下这几方面即可。

（1）**系统的稳定性**。不仅要保证系统的质量，还要保证其稳定性。而这些都需要交由专业的技术人员来解决，这也是目前大部分人工智能应用所欠缺的。

（2）**系统攻击**。在人工智能领域，对手攻击系统是一个棘手的问题，数据如果应用在正确的方向会给人类生活带来好的改变，但如果被用来犯罪，将会给社会带来灾难，要有自己的一套防范方案。

（3）**建立社会保障制度**。人工智能的发展必然会给社会构造带来一定的改变，首先它会取代一部分人的工作，其次人们获取财富更为容易。物欲的满足，虽然会让人们从工作中解放出来，但人的道德水平参差不齐，缺少了一定的约束，很有可能会增加社会的犯罪率。

（4）**系统设计**。在人工智能领域，要从炒概念走向实用性，系统设计要以实用为主。

（5）**隐私保护**。这也是人工智能发展过程中亟须解决的难题之一，如果这个问题得不到解决，将会大大限制人工智能的发展。

（6）**数据共享**。数据量的大小、数据的优劣决定着人工智能的发展速度。只有个人和机构之间互通有无、共享数据，才能共同推进人工智能的发展。

迈克尔·乔丹教授认为，人工智能的确能够解决某些问题，不过就目前来看，人工智能技术还没有强大到能够解决所有问题，也远没有成为一个理论全备的学科。人们还是要立足当下，先把无人驾驶、智能客服、智能健康跟踪系统等做好。

人工智能领域的革命不是短时间内完成的，人们应该先把能做的做好，才能在进入下一个阶段的时候，更好地完成革命任务。

在人工智能领域，从业者们不仅是竞争者关系，更是并肩前行的伙伴。特别是大部分的行业研究成果，都已经通过各种平台分享给公众了，所以，同行发展得好，对每一个从业者而言，利大于弊，你能够借助别人的研究成果，发展自己的优势，当然了，前提是能保护好自己的数据。

人工智能应用的四点思考

关于人工智能的发展，我们有以下几点建议。

1.“深度”重于“广度”

这个世界上，没有人能样样出色，人工智能也是如此。你要知道，虽然通用型人工智能的应用领域比较广泛，但是它无法在行业内做到极致。只有在你自己最擅长的领域里做到极致，才能研发出该领域最强的人工智能。

从这个角度来讲，谷歌的 DeepMind 其实是一种弱人工智能。表面上看，它能被应用到各个领域；但从功能的实现上来看，它是一种狭义的人工智能。因为广度“降低”了它在各个领域里的深度。目前，它在每一个领域，只能根据某项特定指令来完成任务和解决特定的问题。

弱人工智能是人工智能的初级阶段，它只能根据你输入的指令来行动，并没有实现真正意义上的推理，也不能为解决问题提出更合理的方案。

在此，奉劝大家，不要把时间浪费在研发弱人工智能上。找到自己的优势，在该领域内深耕，才能在行业内做到极致。

2. 发展领域宜“冷”不宜“热”

那么，怎样才知道哪个领域值得深耕呢？首先，你要看看自己是否掌握着该领域内的重要数据，这些数据能否应用到人工智能的研发上；其次，市场的需求也很重要，如果研发的人工智能不实用，也是在做无用功。此外，你要避开那些竞争过于激烈的领域，最好能另辟蹊径，发展别人做不到的领域。

特别是要避开大企业在做的领域，毕竟，大部分人都会倾向于选择有大企业背书的系统。这是可以理解的，因为人工智能涉及不少数据和隐私，大企业更容易让人产生信任感。所以，在确定发展领域的时候，要挖掘冷门领域，不要去做竞争激烈的热门领域。

3. 训练能力有差异，专家助力更靠谱

在对人工智能进行训练的时候，需要大量的数据，而数据需要仔细加工，去掉干扰的数据，增加不足的数据，保证训练资料的纯净和平衡。因此，建议邀请行业专家或者人才来专门负责此项工作，才能做到事半功倍。

4. 能提高行业门槛的是数据

因为在算法上大部分企业都比不过谷歌、脸书等大企业，只有数据，更进一步来讲是在行业内积累多年的数据，才是你的核心竞争力。这就要求你在涉足某个领域前，最好对该领域有深入的了解，做全面的市场调研。

如今，人工智能已经开始逐渐进入应用阶段，这些应用大部分会先在大城市落地，科技的发展还将吸引更多的人在大城市发展。第一批5G网络应用城市，大部分都是一线城市，而5G网络的应用，将会为无人驾驶、交互系统等应用提供技术支持。

这就意味着，未来数年内，各类资源还将向大城市集中，大企业的资本也会优先投入大城市，小城镇或可成为中小企业发展的沃土。此外，大企业较为薄弱的细分市场，也可以作为中小企业发展的突破口。可见，即使是竞争激烈的领域，只要找对了发展的方向，中小企业还是能有所作为的。

Chapter 03

第三章

数据赋能的“场”——线上线下的整合

新零售是更高效率的零售，我们要从线上回到线下，但不是原路返回，而要用互联网的工具和方法，提升传统零售的效率，实现融合。

——小米科技创始人雷军

2016 年出现了新零售这一概念，2017 年进入新零售元年，这意味着新零售属于朝阳行业。据权威机构预计，2022 年，新零售的整个市场规模有望突破 18 000 亿元。目前，国内的大部分新零售市场份额都集中在线上，如淘宝、京东等主流购物网站，其他中小型电商企业在线上还会有一定的生长空间，像近年来发展迅猛的拼多多，就是由小做大的。但发展空间更大的，恐怕会在线下，毕竟随着大数据、人工智能等新技术的发展，为人们重塑线下购物场景提供了无限的可能。著名的风投平台红杉资本的合伙人刘星表示，未来几年，线下零售将会快速崛起，但前提是要将线上电商与线下门店融合，整合两者的资源和优势。此外，还要应用创新技术来辅助消费升级。

我们有理由相信，随着新零售的快速发展，整合线上线下资源和优势，聚集成新的发展动能，将会成为业界的常态。特别是在云计算、大数据以及人工智能等技术的加持下，可以为企业精准定位消费者的需求，“个性化”服务也将会是新零售的发展趋势之一。

新零售之新在于，能够预测和引导消费者需求，满足消费者的各种新需求。要实现这些离不开大数据的支持，只有打通线上和线下的数据，才能更好地从中挖掘客户的需求。

第一节 零售的“本质”

在第一章的第二节里我们总结了零售的定义，在这一节里，我们再通过一些具体的案例和场景来深入探究一下零售的本质。理解这个本质，对于我们理解现今传统零售业的挑战和新零售的发展方向有莫大的帮助。

简单来说，零售的本质就是提供一个“人”“货”联系起来的“场”，而新零售是对“人”“场”“货”三要素的重塑和演绎。对消费者进行数据画像是对“人”这个要素的新诠释；对供应链组织关系和品牌关系的重新构造是对“货”这个要素的新演绎；对商场表现形式的规划则是对“场”这个要素的重新定义。“场”是新零售前台的表现形式，“人”和“货”则是新零售后台的实质变化。数据化是新零售的核心驱动力，这个数据化包含了从生产开始，到供应链、渠道、门店、用户、营销，最后到物流的整个流程的数据化，新零售的“新”就主要新在这里。

传统零售业面临的挑战

过去数年里，电商的崛起，传统零售行业遭受到了前所未有的挑战。以互联网巨头淘宝为例，一年在线上发起的购物活动多达数百场，包括各种拼团、折扣、满减、优惠券等，其中比较典型的是 2015 年推出的一场名为“38 扫码半价购物”的活动。消费者通过淘宝客户端，扫描活动商品条形码，即可进入该商品详情页面用半价直接购买，每个消费者最高每日能享受 100 元的折扣。

折扣高达 50%，简直就是半卖半送！这次活动涉及的商品近千万件，如纸品、消毒液、洗衣液、洗发水、粮油米面、南北干货、调味品、纸尿裤等。消费者不仅把家里的物品都扫了一遍，还挤到商场的货架旁扫描自己想要购买的商品，所扫描出来的价格的确如活动宣传得那样，比在商场买便宜一半以上。

据淘宝官方统计数据显示，活动刚开始，全国就有 38 万人开始扫码抢购，平均每分钟扫走 1 个一线城市大型商场一日的销量，半小时扫走 30 万卷纸巾、3 万桶食用油。

仅一日之内，这场扫码购活动就售出了近千家如家乐福、沃尔玛等大型单店的销售额。其中，销量比较高的是 ×× 纸尿裤、×× 非转基因调和油等日常消耗品。而在所有参与活动的人群中，“90 后”占比最大，达到了 47.25%，这意味着，在新零售时代，“90 后”等新生力量已经成了新的消费主力，他们的购物习惯更多的是在线上。

“38 扫码半价购物”活动为什么会取得成功？除了得益于主力消费群体的改变以外，主要得益于信息流、资金流、物流等方面的重组，这正是它打败传统大型商场的原因之一。

我们先来看看传统商场的信息流、资金流以及物流是怎么互相协调的。

先来说什么是“信息流”。当消费者在商场里，对品类繁多的商品进行对比、筛选时，能接收到的所有帮助消费者筛选商品的信息和行为就是“信息流”。比如，品牌、产地、成分、生产时间等信息；再比如，试穿商品、触摸商品等行为。

通过“信息流”的帮助，消费者最终决定了购买哪些商品，付款的过程，便被称为“资金流”，通过这场交易，消费者手中的资金“流动”到了商场。

而“物流”就是，消费者把所购买的商品带回家的过程。从商场到家，“物流”就是这场购物活动的最后一步。

传统商场通过信息流、资金流、物流促进了一场交易，那么，消费者在此过程中，除了付出商品本身的价值以外，付出的其他成本主要在哪个部分产生呢？没错，是“信息流”。这是因为商场对消费者提供的服务，大部分花在了为消费者提供“信息流”上。商场在刺激消费者消费之前，已经花“重金”打造了“信息流”，涉及商场的租金（商品展示给消费者所占的物理空间）、库存成本（把各种商品汇聚到一起给消费者挑选做储备）、人力成本（为消费者摆放、管理商品等）、运输成本（把商品运到消费者面前）等，这些都是消费者需要在“资金流”支付的成本，这部分的费用和商品本身的价值加到一起，就是你购买这件商品的基础价格。

毕竟，没有一个商家会做赔本的买卖。而表面上看，商场花了成本为你免费打造了“信息流”，没有向你收取一分钱。就好比你看了一场展览，展览馆却不问你要门票一样不可思议。

实际上，每一个商场的“信息流”都不是随随便便设置的，是有科学系统的排列的，这些“信息流”只有一个目的，那就是用来刺激消费。比如，在货架上，利润高的、销售量高的商品摆放在最显眼的位置；再比如，会把两个有关联的商品摆放到一起，让你产生更多的购物欲望。通过这些具有导向性的“信息流”，能大大刺激消费者的购物欲望，从而完成“资金流”“物流”，最终把商场花在“信息流”上的部分成本赚回来，这就是传统商场的“套路”。

不过，随着互联网电商的发展，信息流、资金流以及物流已经开始重组。

以前面提到的“38 扫码半价购物”活动为例，我们来看看这场活动是怎么重组这几个方面的。

在这场活动中，淘宝借助传统商场的场地，用别人的“信息流”为自己服务，省下了打造“信息流”的成本，这就是为什么在它的客户端，消费者购买和商场一样的商品，能享受到 5 折优惠。

说到底，“38 扫码半价购物”活动就是利用线下商场的“信息流”，来降低企业的运营成本以及消费者的交易成本。更有趣、更便捷的购物方式与更低价的商品，不仅大大抢占了传统商场的市场份额，还无形中改变了人们的消费习惯，突破了传统的购物场景。除了那些本身就做社区生意的商场以外，地理位置较为偏远的商场大部分都面临着倒闭的困境。

重组信息流、资金流以及物流，就是互联网电商打败传统商场的条件之一，也是传统商场转型的关键。

新零售“万有引力”法则

既然线上电商发展如此迅猛，其购物方式也能被大多数人所接受，那是不是意味着，线下门店已经没有市场了呢？前面我们讲过，未来的新零售业态势必是整合线上和线下的优势资源，因此，线上和线下不应该是竞争关系，而应该是相辅相成的关系。

为什么这么说呢？下面我们通过大卫·贝尔教授的《不可消失的门店》一书来具体讲讲。大卫·贝尔教授执教于顶级商学院——沃顿商学院，是著名天使投资人、营销咨询顾问，曾对苹果公司、英特尔公司知名企业给予极大的帮助和支持。他在零售领域的教学和研究颇深，在该领域获奖无数。

贝尔教授的这本《不可消失的门店》，是全面深度阐释新零售时代电商与实体门店如何可持续发展的著作，通过对中小型企业的研究与自己多年的实践经验，率先提出了新零售“万有引力”法则。他认为，定位消费者的位置对零售业的发展至关重要。

那么，贝尔教授提倡的新零售“万有引力”法则是什么呢？

万有引力的英文为GRAVITY，把它拆分开，就是这个法则的七大方面。

G代表地理（Geography）：在商界，任何线下门店都会受到地理环境的牵制，即便是相邻的两条街的门店，面向的消费者人群都可能有所差别。比如，这条街道是写字楼，那条街道是普通居民区，那么消费者的购物偏好肯定存在差异。所以说，地理位置决定了消费者的选择，也决定了门店的定位。

R代表阻力（Resistance）：简单来说，就是消费者为了购买到更有意向的商品，而承担的位置成本。比如，在家附近的商场买不到的商品，需要走更远的路才能找到。而互联网在一定程度上能移除地理位置的部分阻力。

A代表相邻（Adjacency）：每一个社区的消费者都有其特性，社区可以说是把某类拥有共同特性的人群聚集在了一起。普通的居民小区几乎都是普通市民，邻里走动比较频繁，这里的消费者选择商品时，更注重邻里口碑；而高档小区大部分是中高收入人群，邻里走动较少，但相互之间有不同的社交圈，在商品的选择上，更注重社交圈里的品牌效应。商家要针对不同社区的特性，来打造社区效应。

V代表近区（Vicinity）：所谓的近区，就是除地理位置以外的物理空间。比如，虚拟社区里拥有相同兴趣的人群。在同一兴趣的社群里，信息传播的效果比海量撒网式传播要好得多，这也被称为空间长尾效应。

I代表隔离（Isolation）：在追求个性化消费的今日，消费者对于小众商品的需求日益增大，而通过定制来满足这部分人群的消费需求，把他们的需求与大众化消费区分开来，就是隔离。

T 代表地形（Topography）：地区的距离，得到的消费分配也不同。它受当地购物环境、买卖双方动机等方面的制约。消费者是选择去这个店还是去那个店购物，取决于这两家店的规模和它们与消费者的相对位置，这个店越大，它对消费者的吸引力就越大，因为它提供的商品可选择的空间大；它与消费者的距离越远，吸引力就越弱。

Y 代表你（You）：这个你就是指代商家，商家要通过以上几点，打通线上和线下，让消费者更好地体验到产品和服务，满足消费者的需求，才能创造出更高的盈利空间。

介绍了新零售“万有引力”法则的七大方面后，我们举例说明一下。

1.“万有引力”法则应用——购物方式差异

两个拥有相同家庭背景的年轻妈妈，就连孩子年龄、性别都一样。但她们一个习惯在线下购物，一个习惯在线上购物。

是什么造成了生活环境如同复制粘贴的两个人，在购物方式的选择上存在差异呢？

——地理位置。一位妈妈偏好在线上购物，是因为家附近没有线下购物门店；而另外一位妈妈，就是因为家附近有一家大型商场，这家商场能够很好地满足她的购物需求。

通过这个案例，我们或许能得到一个启示，在现阶段，那就是线上购物其实是线下门店的补充和替代。当消费者的购物需求，无法在线下门店得到满足时，线上购物就是一个补充；当消费者居住附近没有线下门店时，线上购物就是一个替代。“万有引力”法则在其中充当的角色是：线下门店与消费者的距离越远，对消费者的吸引力就越低，同时，线上购物的吸引力就越大。

因此，通过以上案例我们可以知道，地理位置在人们的购物选择上至关重要，即使是各方面都很相似的两个人。那么，有没有数据可以说明一下购物距离与购物意向之间的作用呢？根据权威人士研究的数据：线下门店与消费者的距离每增加 4 公里，线上消费的吸引力就会提升约 3%。

除了地址以外，地理环境还包含不同地区的人的消费习惯，以及对当地商品的偏好等。比如，在啤酒品牌的选择上，苏州人更偏好百威啤酒，青岛人更倾向于买青岛啤酒。再比如，在零食方面，北方人从小就吃辣条，而南方人从小爱喝柠檬茶。表面上看，这些喜好是与这些品牌和产品在不同地区的营销力度有关，但实际上，是当地文化在决定的消费意向。那么是什么形成了这些“文化”呢？打入市场的时间是原因之一。这些品牌或产品通过长年植入人们生活的方方面面，让当地人回忆起各种宴席就想起某个品牌的酒，一想起童年就想起某种零食，这就是他们在当地打造的“文化”。

换句话说，进入越早，越有利于占领当地的市场，越能融入当地的文化生活。当然，这是建立在充分研究当地的消费习惯以及口味，打造出高品质商品的基础之上的。不过，地区是固定的，人是流动的。即使从小接受了某一消费文化，当人实现了迁移，那么消费意向也会随之改变。

举一个例子，你家附近密集地开了几家同一品牌的咖啡店，你只能选择这个品牌，而当你搬家之后，你家附近只有另外一家品牌的咖啡店，那么你的选择自然也只能换了。

这意味着，大环境决定了你的消费选择。换句话说，是商家在打造不同地理环境的消费文化。这其实是充分利用人的惰性，通过固定的消费文化，让人们不用在品牌的选择上耗费更多的时间和精力，选择购买更便捷易得、有一定口碑的商品好处多多。比如，同学聚会选择口碑不错的老品牌出错的概率比尝试新品牌要低得多。

随着环境的改变，人们的消费意向可能也随之改变，但人们的消费习惯仍然存在，并不会轻易发生变化。

虽然人们的居住环境对购物意向起着决定性的作用，但要形成这种购物意向并不容易。因此，无论是铺设线上购物，还是开设线下门店，都需要通过数据来了解这个社区居民以及周边的商业特征，如收入层次、教育程度以及同行竞争者等。

不要以为那些没有同行竞争的社区生意就好做，你可以先思考一下，为什么这里没有人做这方面的生意？是不是因为这个社区的人在这方面的需求没有这么大？也不要认为同行多的地方竞争就一定大。在商业上，有一个聚集特性，你常常会见到一条街都是餐馆或者都是服装店，这是为什么呢？这就是所谓的“商业聚集”。这些同类的商家聚集在一起，就形成了一种消费导向，你想吃饭或者想买衣服，是会去选择多的那条街，还是去零星铺设在不同街道的小店？肯定是一整条街更能满足你的需求。因此，一个地方是否有需求，并不能单纯地以同行数量来衡量。而当你通过有效的调研后发现，这个区域的需求不高的时候，就可以考虑做电商，从一定程度上来讲，电商能够有效地解决地理环境带来的限制。

对于线下门店来说，地理位置主导了所有的消费行为；而对于线上店铺而言，满足顾客的需求才是王道。

2.“万有引力”法则应用——亚马逊

在此，我想通过亚马逊网站来讨论一下线上零售的模式。只要在亚马逊上购过物，就会知道，它上面的品类非常多，消费群体也很庞大。但不是所有品类都能给卖家带来不错的收益。而亚马逊也一直根据各种消费数据来不断调整它的经营策略。比如，1994 年，亚马逊销售额排行第一的品类是服装，但其创始人贝佐斯并没有被短暂的利益模糊了眼睛，因为他知道服装并不适合做亚马逊的主打商品。

虽然现在淘宝等电商网站的服装店铺也经营得不错，但在当时的背景下，人们买衣服前都习惯先试穿。最终，贝佐斯决定以图书作为其主力产品，毕竟消费者购买图书，大多只注重价格、作者或者出版社等。于是，作为少有的以图书为主力产品的电商网站，亚马逊取得了前所未有的成功。

任何商业模式，都要适用当时的时代。20 世纪 90 年代，在亚马逊决定以图书这类无须“购前体验”的商品为主力时，另外一家美国连锁企业，选择以销售家具家饰产品为主，这无疑是与当时的消费者习惯相悖的。老一辈人购买大件的家具产品，更习惯通过亲身的体验来做决定。因此，即使该网站的浏览量还不错，但成交量还是不理想，人们只是通过网站来了解商品的价格，大部分人还是选择在线下门店购买。

因此，各大电商为了提高这类注重“购前体验”的产品的销售额，想尽各种办法。比如，眼镜产品，免费给消费者邮寄眼镜以及提供免费试戴服务，消费者不满意可以退回，满意再购买。

通过案例，我们可以知道，无论是线上店铺还是线下门店，都有着自己的优势，两者之间不能被完全取代，但可以共同发展。

先来说说门店的不可取代性。还是以亚马逊为例，贝尔教授在《不可消失的门店》里打了个比方，像亚马逊这类不受空间限制的电商，确实能够弥补线下门店的不足，即使你家附近有一家书店，里面图书种类有限，比不上互联网的海量产品，而且大多数实体书店往往只销售一些畅销的书籍，而你要买小众的书籍只能通过互联网来购买。

看到这里，你是否恍然大悟，在与线下门店竞争之时，小众产品似乎是一个不错的突破口，不仅能够的满足部分消费者的需求，也能成为线上店铺的综合竞争力之一。

因此，我们有理由相信，线上和线下店铺彼此之间是相互补充、相互依存的关系。

3.“万有引力”法则应用——星巴克

我们再看看新零售的“万有引力”法则在星巴克是怎么发挥它的作用的。1999 年，星巴克第一次进军中国市场，选择在北京当时最繁华的地段——国贸开设第一家门店。自此以后，星巴克带来的咖啡热潮居高不下。同时，随着我国中产阶层可支配的收入的提高，也为星巴克带来了极为广阔的市场空间。经过短短的 20 年，它已经改变了中国中产阶层的生活习惯，无论是商业洽谈、朋友聚会还是休息闲聊，星巴克俨然成了中产阶层的第一选择。

自 1999 年首次进驻后，星巴克在中国的经营业绩蒸蒸日上，已经成了中国咖啡市场的领军者。现在，星巴克在中国已经拥有 2 800 家以上的门店，其中，上海门店数量最多的，高达 600 家。为什么星巴克能成功打开中国市场？在此，我们不得不提一位贡献颇大的人物——星巴克的 CEO 霍华德·舒尔茨

（1）灵魂人物霍华德·舒尔茨

出生在穷苦家庭的霍华德·舒尔茨，父亲是蓝领工人和母亲是全职家庭的主妇。高中时，他因为足球特长，获得北密歇根大学的体育奖学金，成为家里的第一个大学生。

大学毕业后，霍华德·舒尔茨做了 5 年的销售，在这份工作里积累了丰富的销售经验。他第一次接触到与咖啡相关的工作，是在一家以出售滴滤咖啡壶等家居用品为主的公司。在那里，他被提升为副总裁兼总经理，他与星巴克的第一次邂逅就是在这里。当时，星巴克只是西雅图的一家小公司，某次星巴克从他工作的公司定了大量滴滤咖啡壶，通过与星巴克当时的几位创始人交谈，他看到了星巴克与众不同的经营手段和理念，非常看好星巴克的发展前景。

在美国，星巴克是第一家专注于深度烘焙咖啡豆的咖啡店。这种咖

啡豆成了星巴克与其他咖啡店竞争的利器，它代表着上乘的品质和欧式的风味。此外，星巴克为了提高用户黏性和互动性，还开展了手工研磨、过滤、冲煮等体验活动，通过这种高曝光的活动，提高消费者对品牌的认知和认可度。

别看当时星巴克在西雅图只有 4 家门店，要知道在 20 世纪 70 年代，西雅图正在经历经济危机，就连西雅图最大的公司波音公司，也不得不靠接连裁员来缩减成本（当时西雅图有近一半的人口都靠波音公司生活）。在这样的经济背景下，星巴克还能生意不错，实属不易。

这背后的原因是什么呢？

因为星巴克的定位精准，看中了西雅图的中高收入人群对于品质的追求。相对于其他咖啡店，星巴克的手磨咖啡更能满足中高收入人群的需求。为此，即使减少工资，霍华德·舒尔茨也要加入星巴克。于是，他花了整整一年的时间才说服创始人雇佣他为营销总监。

（2）成功收购星巴克

在成功进入星巴克工作后，霍华德·舒尔茨发现了新的商机。

他在米兰发现了一个有趣的咖啡店，这家咖啡店不仅卖咖啡，还通过播放歌剧来营造一种轻松的氛围，吸引顾客停驻。这时，咖啡店就不是只有喝咖啡这一个功能了，还成了朋友间聚会、交流的场所。

对于当时的美国来说，这是一种新兴的模式。霍华德·舒尔茨想把这种模式引入美国，让星巴克不只是卖咖啡，而是围绕着人的需求展开多元化经营。

由于他的经营理念没有得到合伙人的认同，他离开了星巴克。次年，他成立了自己的咖啡公司——每日咖啡。在每日咖啡，他实现了自己之前的经营理念，模仿在米兰看到的咖啡店的商业模式，以为人们打造社交圈为主，卖咖啡为辅，成了美国当时最具创新的咖啡店之一。

而与此同时，星巴克的创始人要把星巴克的所有门店和商标卖掉。

星巴克经营得一直不错，创始人和经营者为什么舍得卖掉呢？

这是因为他们在此前收购了 Peet’s Coffee（皮爷咖啡）连锁店。相对而言，他们更看好 Peet’s Coffee 在小众咖啡市场的发展前景。

为了更好地打造咖啡社交文化，霍华德 · 舒尔茨干脆以 380 万美元买下星巴克（包括商标、烘焙厂和所有门店）。对于霍华德·舒尔茨来说，星巴克可以为每日咖啡提供优质的咖啡豆，为每日咖啡打造优质的咖啡社交文化作辅助。

（3）打造咖啡商业帝国

收购了星巴克之后，霍华德 · 舒尔茨开始施展他的商业才华，短短 20 年内，他就把星巴克打造成世界最顶尖的咖啡品牌之一。根据星巴克 2019 年财报显示，2019 年星巴克在全球门店数量首次突破 3 万家，注册会员也同比增长 13%，至 1 680 万人。如今，星巴克已不仅仅是一家咖啡店的名称，而成了一种咖啡文化的代表。

（4）星巴克成功的商业秘密

星巴克成功的商业秘密是什么呢？我们分析出了四点原因。

第一，走高端路线。收购星巴克之后，霍华德 · 舒尔茨亲力亲为，把关每一家新店的选址，把目标客户群体精准定位在中产阶层以上。大部分新店选在高级写字楼以及高档小区。为这部分人群，重塑社交场景，深度融入他们的工作、生活中。

此外，他还把目光瞄准一线城市，大多数门店都开在一线城市最繁华的地带。当年，星巴克在洛杉矶的第一门店开业的时候，就得到了当地权威报社——《洛杉矶时报》的高度认可，并为此写了报道。通过媒体的宣传，到星巴克咖啡消费很快就成了一种潮流，这也为星巴克开拓其他地区的市场打下了坚实的品牌和民众基础。

第二，优选合作伙伴。要成为星巴克的合作伙伴，首先在声誉上不能有污点，其次要认同星巴克的理念和文化。此外，合作诚意也很重要。

星巴克合作伙伴之一的美联航，为了让乘客在航班上也能喝到优质的咖啡，甚至要求每一位乘务员都要接受星巴克的业务培训，学习如何制作咖啡饮品。

第三，店内布置注重品味。门店的装修也是商家为消费者提供的服务体验之一，舒适的环境能提高消费者的消费频率。星巴克的门店布置注重营造一种舒适的氛围，店内全面禁烟，也不会销售有异味的食品。

此外，店内的家具摆设、款式、高度、距离都是经过精准的测量，符合人体力学。还有店内音乐的音量也设置得当，没有其他餐饮店那种过于喧噪的声音。

第四，应用新科技提高消费体验。在无线网络刚普及的年代，星巴克率先在店内为顾客提供免费 Wi-Fi。在 App 支付刚推出之时，星巴克又迅速为顾客提供了移动支付。

随着各大城市咖啡店的精致程度和数量直线上升，星巴克为了保住市场份额，又做了创新。把旗下最高级别的门店“烘焙工坊”开到了上海，为人们提供咖啡体验活动。

在咖啡烘焙工坊，不仅有两个咖啡吧、一间主题商店，还有一个图书馆和一个透明的咖啡烘焙空间。那么，咖啡烘焙工坊是如何把咖啡制作的全过程展示在消费者面前的呢？我带你来一场“云”体验吧。

首先，你会看到工人们将咖啡豆从麻布袋内倾倒到搅拌池里，经过焙烤后会进入一个铜制铸造炉，这个庞大的铜罐主要用于发酵咖啡豆。当咖啡豆发酵好之后，会通过上方的管道系统从铜管仓库运送到制作咖啡的吧台。

这个铜管仓库其实就是在店内随处可见的蜿蜒至屋顶的咖啡管道，通过这些管道，咖啡豆被运送到吧台，工作人员就可以为顾客现场研磨、冲煮咖啡了。你可能要问，铜管里的过程怎么才能看到呢？这时候，新技术开始登场，通过手机扫描，你就能借助 AR 技术看到被用动画还原的咖啡制作的整个过程。

通过对星巴克发展历史的了解，我们能看到，霍华德·舒尔茨通过不断借鉴同行或创新来为星巴克注入新的活力和生机，借助别人的优势，来打造属于自己领域的创新。可以说，星巴克之所以能获得成功，霍华德·舒尔茨的这种发展理念功不可没。

霍华德·舒尔茨自己也有着一套独创的运营理念，比如，上面提到的选址策略、对合作伙伴的严格把控、对店内布置的重视等，这些都是星巴克能成为世界顶尖品牌的原因。可以说，星巴克是把人们的生活方式融入经营理念中，步步紧跟时代的消费需求。

信息流免费，可谁来买单

前面提到，线下门店都有信息流成本，那么，这部分费用最终从哪里赚回来呢？如果线下门店不复存在了，电商又靠什么来为其提供信息流呢？

这就是线上和线下亟须深度融合的意义，线下门店提供信息流，消费者通过线上完成资金流部分。古往今来，世界上最稳定、最长久的生意，都是能够实现双赢的。线下门店为线上提供信息流，眼看着是吃亏了，但实际上通过某种合作，就能够借助线上的力量盘活线下销售，线上和线下的关系亦应如是。而新零售，就是通过不断的升级优化，让行业内的所有人都能分一杯羹。

以前，因为消费者的消费习惯不同，购买服装注重购前体验，要通过试穿来决定衣服是否合身，是否能满足自己的需求。因此，网络电商在服装方面的销路不是太理想。但现在，不少服装品牌的网店销量不断上升，这又是为什么呢？主要是因为其线下门店为网店解决了信息流问题。比如，一些爆款、明星同款，消费者会先在线下门店试穿后再线上购买。

为消费者提供信息流，这就是线下门店不可取代的优势之一。不仅是服装门类，其他注重购前体验的商品也是如此，线下门店已经成了他们体验商品的场所。

同时，线上门店更为优惠的价格又弥补了门店的价格劣势。因此，如今的消费者更习惯于在线下体验、线上购买。那么，消费者为什么不能在线下试穿后，直接以线上的价格成交呢？

举个例子，在商场一件衣服进价为150元，售价为300元，但商家需要支付给商场30%的提成，需要支付人工成本、场地租金等费用，因此同一件衣服在商场的售价一定会比网店高不少。如果消费者不在这个门店购买已经试穿过的衣服，就意味着在这场服务中，门店不仅付出了时间成本，还没有任何收益，只是充当网络店铺的免费引流工具。

如今，随着电商的兴盛，越来越多的消费者只是利用商场来享受信息流，而到网上购买商品。这种状态，对于线下门店来说，无疑是一种冲击和挑战。这也是近年来，一些服装品牌纷纷关闭线下门店的原因。随着这些门店的关闭，消费者也少了体验信息流的渠道，无论是对商家，还是消费者来说，这都是弊大于利的。

在新零售时代，商家该怎么做才能扭转这一局面，重新盘活线下门店呢？先思考一下，线下门店最大的优势在哪里？没错，信息流。过去，为消费者提供信息流的实际上品牌代理加盟商，加盟店就是销售店，它的业绩取决于商品的销售量。未来，这种模式需要进一步的优化，例如，可以用线下体验店来取代加盟店。

毕竟，加盟店不可能永远免费的“为他人作嫁衣”。如果把加盟店变为线下体验店，信息流的成本该由谁来承担呢？

承担了信息流的成本，自然是为了更好的获益。这其中的最大获益者，就是信息流成本的承担者。没错，信息流的成本该由品牌商承担。

因此，市面上出现了不少“品牌体验店”。“品牌体验店”顾名思义，就是在这家店里体验商品，了解这个品牌的种种优势。在这种模式下，场地的租金等成本就直接由品牌商来承担。

即便顾客通过体验后，想在体验店里以网店的价格成交，工作人员也不会有任何的不爽，毕竟，无论是在线上购买还是在线下购买，钱最终都会落入品牌商的口袋里。而品牌体验店，更注重为消费者提供体验服务，而不承担销售业绩的压力，销量也不再是衡量门店业绩的标准。

对于品牌商来说，线下体验店就是一个引流的工具。在其中产生的人力成本、场地成本等，其实就是一种广告费用，是品牌营销方面的费用。那么，代理商又该怎么办呢？他们可以转型为服务商，为品牌商提供与品牌体验店有关联的服务。

在品牌体验店，用户满意度就是其 KPI（Key Performance Indicator，关键绩效指标）的考核重点。当代理商转型为服务商，把加盟店改造成体验店后，传统商场和商家之间的联营模式也会随之发生改变，商场不再向商家收取提成，而只收取租金。表面上看，商场里依然是品牌门店，但实际上，这些门店只是品牌体验店；商场，也不再是以出售商品为主的购物场所，而是提供各种消费体验的体验场地。

如今，某些品牌已经实践起了这种创新的商业模式。我们举几个案例：2017 年，耐克公司与 2 万多家零售商停止合作，通过精挑细选，只保存 40 个有独立运营能力的合作商。因为耐克未来的发展策略是，把官网和 App 作为主要销售渠道，官网和 App 承担大部分的销售业绩。而这 40 个加盟店，就作为品牌体验店来打造，为消费者提供试穿、款式对比等服务体验，为线上店铺引流。

2016 年，荷兰的内衣名牌 Lincherie 率先开设了一家只提供试穿体验，而不提供购买服务的体验店。消费者通过门店的高科技设备试衣之后，如果觉得满意，就可以在网络上购买，由商家在 48 小时内送货上门。

这种模式最大的优势是，大大降低了库存成本。

紧随其后，美国的一家高端百货公司 Nordstorm（诺德斯特龙）也开了一家不卖商品的体验店。除了不卖商品，它什么服务都做，比如，个人造型、修改衣物、取货、退换货等，俨然成了线上网店的一个延伸，或者说，是售前和售后服务店。

H&M（海恩斯莫里斯）在广州也开设了一家新零售体验店。用高科技手段打造了一个 24 小时互动橱窗，提高与消费者的互动性。在店外，消费者就可以浏览该品牌的当季新品，甚至还可以完成预定或交易。在店内，消费者可以通过各种高科技工具来浏览商品、接收时尚搭配建议、扫码购物等。这种模式，不仅大大提高了消费者的购物体验，还进一步融合线上和线下的资源。

以上这些案例，正是在新零售背景下，线上和线下数据、资源整合的成果，也信息流、资金流、物流实现重组的体现。

由此，我们可以预见，在新零售时代，商家更加注重产品和服务的对接，更加注重极致的用户体验，这是大势所趋。未来的线下门店将“无货可卖”，线下门店将不再卖商品而是卖服务。作为商家，要如何才能提前做好准备呢？

新零售的生存关键是流量

在新零售时代，什么最重要？你或许能猜对，没错，就是流量。大家都知道，近几年随着电商的过度发展，电商越来越难做，原因就是流量的流失，这就是意味着以新科技为驱动的新零售，要获取更多的流量，就必须付出更大的成本，来打通和挖掘线上和线下的流量。

从本质上来讲，零售业的两个端口分别是满足消费者的新需求（即场景端）以及优化和升级供应链。企业需要在场景端，通过各种手段来吸引流量，在有了足够的流量之后，才能优化和升级整个供应链，提高企业的利润。

对新零售来说，要想获得流量，首先要区别商品的品类。这是因为商品的品类特质能够决定品牌的流量，是一个品牌能否长远发展的关键。

怎样才能做好商品品类的区分呢？首先，可以把所有商品的品类分为两类：高频和低频。高频和低频，指的是商品的“消费频率”，包括了日频、周频、月频、季频和年频。比如，早餐商品就是高频品类，每日都要吃，也属于日频品类；奢侈品就属于低频商品，普通消费者可能一年只买一次，可以算作年频品类。要以高频品类为引流主力，重点来优化这部分。一般而言，只有高频品类才需要不断优化价格以及升级供应链，高频品类才是新零售的市场所在。因此，商家要想获得大批次的流量，就需要从高频品类的商品着手。

而低频品类的商品，主要是借助新零售平台来提高曝光率，缺少作为单独平台的价值。这也是近年来生鲜电商发展迅猛的原因，作为高频消费，生鲜产品有着充足的流量可以满足这些平台的盈利需求。不过，如果你能让低频品类商品找到高频品类商品的需求，也能够把低频品类的商品做好。一个方法，可以把多个低频产品聚集在一起，形成高频产品。类似 58 同城的“中介网站”，就是把多个低频品类汇集在一起，什么类型的服务都有、什么商品都能找到，人们只要想找服务和商品，就会想起这类网站，网站的流量高了，就也成了高频品类。此外，还可以通过汇聚多个品牌来提高流量，从而把低频变为高频。

若一味聚集在高频品类中，会不会降低了消费者的购物体验？当然不会，毕竟满足大部分人的消费需求，其实也是在满足他们的购物体验，这背后是流量，只有快速占领市场，才能最大限度地截取流量。要知道在零售业，时间就是金钱，效率就是生命。

流量的竞争，其实就是时间的竞争。只有抢先一步找到消费者的新需求，才能占领流量的山头。有了流量之后，再谈服务和体验。打个比方，谁能最快发现口渴的人，及时把饮料卖给他们，谁就赢得了这笔生意。简单来说，就是尽快满足消费者的需求，提高后来者的入行门槛。当然了，有了流量之后，商家必须要把服务体验做上来，才能保持住这些流量。

如今，各种新媒体已经成为截取流量最有力的工具。比如，在 2018 年后兴起的各种直播、小视频等引流模式，表面上看和零售行业没什么关系，但通过这些新模式，你能够预见线上引流的无限可能性。

再比如，百度、阿里巴巴、腾讯、小米等互联网企业开始尝试用直播答题的形式来做推广，并且取得了一定的成效。

从消费者的角度看，这是商家在换着法儿和用户互动，来赢取关注；而从商家角度看，这些关注就是流量。在新媒体时代，只有不断创新引流方式，才能赢得人们的更多关注。之前非常火爆的“冲顶大会”“百万英雄”等直播答题，用户获得的奖金其实相当于它的获客成本，即使花了 200 万元来做奖金，但一场直播能带来 175 万元的流量，就意味着只需花 0.35 元就能获得一位有价值的用户，怎么看都不算是赔本的买卖。在营销界，这个获客成本是极低的，就算你找人刷流量，单价也比这个要高。

总的来说，在以往的互联网广告中，是商家直接把广告费支付给平台来打广告，而这种直播的广告模式，则是通过奖金的形式把钱分给用户。相对而言，这种形式带来的用户更有价值，因为偏好答题的用户所受的教育程度较高，其背后的广告价值也较大。

线上与线下流量最大的区别在于，线上流量较为分散，线下流量易于集中。前面提到过的商业聚集，通过聚集同一类型的店铺来集中需求，获取流量。而线上不受时间和空间的限制，获取流量成本相对来说更高。因此，如何寻找到低成本、有价值的引流方式，是每一位企业家都需要思考的问题。

在全民触网的时代，线上引流的形式更为多样化，手段也更丰富。商家不仅要抓住直播和短视频的风口，也要铺设全平台营销。毕竟，通过互联网引来的流量更为碎片化，只有运用全方位的引流策略，才能在互联网上让品牌效应得到大爆发。

无论是线上还是线下，引流的方式都不要拘泥于单一形式，也不要固守某种方式。即使你的店铺开在社区，自带一定的流量，也要未雨绸缪，开拓更多的流量来源。

新零售时代才刚刚开启，企业家要不断尝试各种创新的引流方法，即使是错误和失败的尝试，也会成为你在优化调整引流策略过程中的助力。

新零售的模范生：天猫小店

提起童年，你或许能想起一种叫小卖部的店铺形式。在过去，小卖部几乎遍布全国各地，属于连锁社区店铺的前身。这种店铺一般由私人运营，主要以销售日常快消品为主，是社区居民烟酒糖茶油盐酱醋的补给站。但是近年来，随着各种商场、连锁便利店的快速发展，这种小卖部几乎销声匿迹了。为了谋生，小卖部甚至只能靠在牌匾上打广告来维持。

小卖部的第一批客源是仓储型商场抢走的，无论是传统的沃尔玛，还是刚兴起的盒马鲜生，都是小卖部无法抵抗的强劲对手。这类大型商超，通过优化供应链等形式，大大拉低了商品的价格，这使得只能依靠传统供应商进货的小卖部失去了价格上的优势。随着电商的崛起和消费习惯的转变，这些大型商场的生意又被电商抢走了一部分，人们也越来越习惯于能够一次性大量囤货，并且送货上门的购物方式。

因此，供应链的效率低下，是小卖部的致命缺陷。在价格上，它比不上超市；在品质的把控上，也没有商场专业。在消费者看来，除了能够购买一些急需品以外，小卖部几乎没有存在的价值。

随着连锁便利店在各大社区落地生根，小卖部仅有的距离优势也被取代了。特别是类似 7-11 这类密集型铺设的店铺，在某些地区，几乎达到了每 500 米半径就有一家，更别提还有其他的类似好邻居、全家等便利店的补充了。这类连锁便利店，不仅在价格上比传统的小卖部有优势，品质把控也做得很好。此外，统一设计和规划的店内环境，也能给消费者带来不错的购物体验。

连锁便利店还通过优化供应链，来严控 SKU 数量，为消费者筛选出较为优质的产品，还能根据店面所处的商业环境，挑选出最适宜在这个地区或者街道售卖的产品。同时，外资便利店的自主研发产品也是其优势之一，这类产品的毛利甚至能达到 40% 以上。比如，7-11 的关东煮、全家的饭团等。

据《2019 年中国便利店发展》数据显示，2018 年中国连锁品牌便利店行业增速同比达 19%，市场规模已经达到 2 260 亿元以上，开店数及同店销售实现双增长。这类连锁便利店与大型商场的组合能够覆盖原有的小卖部客户群，小卖部作为小规模的单店，受限于资本和进货渠道，是无法与之抗衡的。可以说，传统的小卖部的经营模式已经完成了它的历史使命，退出历史舞台也是商业发展中的必然。或许，只有靠转型，才能找到小卖部的生机。

我们处在互联网高速发展的时代，现在是传统商业向新零售过渡的关键阶段，线上的电商红利将尽，线下的门店流量枯竭，整个零售行业，都不太好过。

在这种行业背景下，传统的小卖部该怎么走下去呢？俗话说，背靠大树好乘凉，2017 年，阿里终于有了以“天猫”命名的线下门店，阿里旗下的零售通宣布，首家服务于社区用户的天猫小店在杭州正式落地运营，这种天猫小店专注于服务门店周边500米半径内的社区用户。通过加盟的形式，把社区原有的小卖部改造成天猫小店。通过改造，每家门店至少有一排专属的天猫货架，货架上的商品包括天猫上的国际大牌、聚优惠的货架商品等。那么，阿里是怎么改造这些传统的小卖部呢？

首先，通过阿里庞大的数据群提升店铺的运营效率，为小卖部重组人、货、场；除了数据和商品的赋能外，获得品牌授权的便利店还会接入整个阿里系的生态力量。此外，拓宽了店铺的进货渠道，以零售通与传统经销商组合的方式来进货。更重要的是，阿里会通过线上渠道来为店铺引流，保证店铺的流量。

还记得我们前面说到的“万有引力”法则吗？在天猫小店，阿里把这个法则运用得淋漓尽致。

为什么这么说呢？天猫小店就是借助原有小卖部的地理优势，来售卖日常刚需品。大多数小卖部都开在社区，有一定的社区基础和资源，在解决了“地理”这一主要问题后，通过优化进货渠道、商品品类就能事半功倍。

不仅如此，天猫小店还解决了消费者体验的阻力问题。

具体表现在，每一家天猫小店都至少有一个天猫专属货柜，用来销售天猫商城的产品，为消费者体验天猫商城的爆款商品提供了线下信息流，打破了消费者以往在天猫商城无法体验商品的限制，这也是阿里花重金改造小卖部的初衷之一。天猫小店的落地，不仅使小卖部重获新生，更重要的是，建立了阿里信息流的渠道。看似双赢的局面，实际上，阿里才是最大的赢家。

此外，天猫小店通过社区来发挥出“相邻”这一词语的作用。

前面也说过，同一社区、社群的人，购物品味和购物习惯类似。不同的居住空间，也聚集了不同的客户群。因此，开在社区的天猫小店，可以根据不同的社区，售卖符合该社区人群需求的商品。一旦有消费者购买了满意的商品后，就会在社区的社交圈内口口相传，把商品推荐给其他人。

同时，天猫小店通过搭建店群关系，来实现空间上的长尾效应。

即使天猫小店的SKU无法与大型商场相比，但各个天猫小店的销售额加起来，就能够发挥出长尾效应，获取巨大的流量。

最后，天猫小店“千店千面”，突破“隔离”的限制。与传统便利店加盟打造统一品牌的模式不同，天猫小店利用大数据打造“千店千面”，通过这种运营模式，定制店面的货品，在有效的空间创造出最大的价值。这种精准的对接消费需求的经营模式，是天猫小店与其他连锁便利店最大的区别。

除了运用零售的“万有引力”法则以外，阿里巴巴还通过零售通等形式，为店铺拓宽以及升级进货渠道，优化店铺的供应链体系，降低商品的价格，提高店铺的利润。

此外，阿里巴巴还利用淘宝、天猫上的用户数据，为天猫小店提供线下数据支撑。比如，提供这个社区的居民在淘宝和天猫上的主要购买行径，包括购买的产品类型、购买的次数等。用这些数据为店铺售卖什么类型的产品作指导。

与7-11这种连锁便利店相比，天猫小店最大的优势就是阿里巴巴平台的数据。纵然7-11已经打入中国市场多年，累积了一定的用户数据和经营经验，但目前，还没有哪一个互联网平台的用户数据比得过阿里巴巴。利用阿里巴巴的大数据，天猫小店就能最大限度地定位消费者需求，制定品类经营策略。

举一个例子，通过阿里巴巴的数据发现，某个社区的居民最常购买的商品中有狗粮，那么就可以推测该社区养宠物的人比较多，就可以为该社区的天猫小店个性化定制出售的商品，如狗粮、宠物用品等。同样的，如果居民通过淘宝、天猫买儿童用品比较多，就会推荐店铺出售纸尿裤、儿童玩具等商品。

有了阿里巴巴平台的数据作支撑，商品的精准性是目前任何一家连锁品牌都望尘莫及的。在选品模式上，7-11 是在自有的供应链里筛选商品，而天猫小店是通过中国最大的电商平台阿里巴巴来选品。其他任何连锁便利店都无法拿到比它更为精准的数据，这也是天猫小店战胜连锁便利店的关键。

通过淘宝、天猫商场等平台的数据，阿里巴巴掌握了不同类型人群的购物倾向以及购买能力的数据和信息。通过大数据算法，对这些信息进行统计和分类后，就能为线下门店提供精准有效的经营策略，这也正是天猫小店之所以能做到“千店千面”的主要数据支撑。

前面说的都是阿里巴巴给店铺提供的好处，那么反过来，店铺能给阿里巴巴带来什么呢？

我们知道，在新零售时代，消费者更注重消费体验。天猫小店不仅有助于打造阿里的品牌效应，最主要的价值还在于，为消费者提供线下的购物体验。天猫小店作为阿里巴巴的信息流，可以提高消费者的互动性和体验感，让线上和线下资源互相引流，这或许是阿里巴巴在打通线上和线下资源作的战略部署之一。

那么，让阿里选择以社区为突破口，打造新的线下流量的原因是什么呢？

大家都知道，互联网最大的优势在于不受地理空间限制，但随着它的过度发展，线上红利已经所剩无几。那么，这就意味着，那些拥有地理优势的线下门店迎来了新的商机。因此，阿里巴巴看中的，就是传统社区小卖部的地理优势。

权威数据显示，全国传统的小卖部数量至少有 600 万家，这些小卖部无论开在哪个社区，只要通过转型升级，都能成为阿里巴巴的引流利器，因为社区本身就自带流量。这一点，阿里巴巴集团副总裁、零售通事业部总经理林小海也曾肯定地说过，天猫小店最值钱的就是它所处的地理位置。

林小海指出，天猫小店主要做的是社区人群的生意，以一家店一个月有 1 000 个消费者为例，一日之内至少能为 30 多位消费者提供服务，在这些消费者中，肯定又会产生二次回购的“回头客”，或者是介绍更多的邻居来店铺消费，通过全国 600 多万家这样的店铺，就能获得至少 6 亿的流量。不管零售业态如何发展，就目前来讲，这算是非常庞大的市场份额。

这对阿里巴巴来讲，天猫小店无疑也是一个引流利器。为了能让店铺为其带来更多的流量，阿里巴巴将通过提高店铺的坪效和人效，以及优化供应链，来提高店铺的周转率、降低库存量。比如，阿里巴巴在成都改造的一间小门店，改造之后销售额增长了 45%。

以上的案例，正是互联网巨头为适应新的零售环境，在打通线上和线下的资源方面所做的尝试。通过线上的数据来为线下店铺提供经营指导，线下门店也成为线上引流工具，两者相辅相成。看到这里，你或许就能理解到，线下门店存在的意义以及它的不可替代性。我们有理由相信，随着新零售的发展，整合线上和线下的资源与优势，成为发展的新动能。

第二节　新零售的内核：线下体验和高效信息

在这一节里，我们将讨论信息流、资金流和物流在线上和线下分别有什么独特性，借由对这些独特性的讨论和洞察，我们可以勾画出新零售的内在商业逻辑。

互联网：信息流尽在弹指间

我们先从传统零售的信息流说起，比如，我们是怎么“货比三家”的。

不管什么文化背景，“货比三家，择优而选”自古以来就是人们的购物准则。小时候我妈妈会派我去买葱，菜市场卖葱的摊子很多，我就从头走到尾，挑挑看看，问问价钱，一圈走完才决定买哪一摊位的葱。我想大家平时买日用品、服装、电子产品等，也差不多是这样的一个形式。下面的例子你一定似曾相识。

一天，小美去上海的第六百货买鞋子，溜达了一圈看中一双，售价 500 元；然后她跑到对面的美罗大厦，看看同款鞋子的价格，发现这里卖 550 元；她还不死心，接着又跑到附近的港汇恒隆广场，结果同一品牌的同款鞋子卖 580 元。于是小美折回第六百货用 500 元购买了这双鞋子。虽然过程有点儿折腾，但用最少的钱买到了心仪的东西，一下午也算没有白跑，小美还是很满意的。

这种购物经历几乎每个人都有过。为什么要货比三家？主要原因是信息不对称，小美去第六百货购物时，并不知道另外三家商场里同款鞋子的价格，不得已只能一个个去看。如果徐家汇路口有个人工智能导购，在小美刚到第六百货的时候，就告诉她这双鞋子在第六百货卖500元，美罗大厦卖550元，港汇恒隆广场卖580元，那她还会“货比三家”吗？当然不会，她会直接跑去第六百货。

为什么以前会货比三家，而徐家汇路口有了电子价格显示屏后，就不再货比三家了？货比三家这种行为之所以存在，是因为传统零售的信息流效率很低。

“人工智能导购”这种设想，在传统的线下购物场景中不容易实现，但是在互联网线上购物中就很容易达成。你想买鞋子，在淘宝或者京东搜索一下，最多几秒钟，就能知道这双鞋子在不同专卖店的具体价格、有没有打折活动等。

此外，只要是你想买的东西，淘宝几乎都能让你买到。比如，你有一套《红楼梦》的邮票，不小心遗失了最后一张，去邮票市场也不一定能找到，可是在淘宝上一搜，全国所有出售这张邮票的商家都在你的手机或者电脑屏幕上了。所以，很多人惊呼“万能的淘宝”。

为什么淘宝可以“万能”？因为它提供信息流的效率大大提升了，快、全、便宜，容易比较，还包罗万象，让淘宝成为中国最大的“百货商场”。2019年“双十一”购物节当日，仅天猫就创造2 684亿元的销售神话。2 684亿是个什么概念？比尼泊尔整个国家一年的国民生产总值还要高了。

由此我们看到，互联网提供的信息流，相对于线下，具有非常明显的独特性，那就是高效率——快、全、便宜。

那么，因为信息流的高效性，互联网就可以干掉传统零售吗？并没有。

商务部在 2020 年 1 月 21 日公布了一组数据：2019 年中国社会消费品零售总额为 41.2 万亿元，其中线上零售额为 8.5 万亿元，占比 20.6%。虽然互联网电商看上去非常红火，但是依然有 79.4% 的消费发生在线下。

为什么？因为互联网电商相对于传统零售，是提升效率的典范；但在提升效率的同时，也损失了体验性。

线下：无法取代的体验

一直以来，体验一直是互联网购物的痛点。

我们就说买床垫吧。在网上，你只能看到床垫的尺寸、规格，这个床垫有 500 个还是 1 000 个弹簧、表面是不是羊绒面料、中间有没有用天然乳胶等。但是，就算照片拍得再多、再精美，你还是无法感受到床垫的不同，而这种不同也只有躺下去才能体验得到，天然乳胶的香味也只有你躺下去才能闻得到。

网上卖 5 000 元一张的床垫，到底要不要买？买回来会不会真的舒服？有的人会“赌”上一把，但更多的人还是会选择线下实体店，在商场的床垫上躺一下，真切地感受床垫给后背和脊柱带来的支撑。如果感觉很棒，很快就能做出购买决策。

在美国，有一家专门卖床垫的电商 Casper，公司创始人认为，传统购买床垫的方式又贵又不方便，所以他们想通过网上出售一种记忆海绵床垫。Casper 床垫将乳胶海绵叠加在记忆海绵上，充分结合两种材料的优点，让床垫既可以被轻松压缩、复原，又保持了较好的睡眠舒适度。这样无论多大的床垫都可以被压缩到一个高尔夫球具包装箱的大小，轻松配送到用户家中。

Casper 销售的床垫只有一个品种，但有六种尺寸，售价在 550 美元到1 150美元之间。由于采用“没有实体店、抛开中间商、100天免费试睡、用户体验至上”等打法，在产品推出最初28天内，其销售额就已超过100万美元；2015年全年Casper在美国本土的销售额已达1亿美元，2017年更突破了2亿美元。

然而，销售额野蛮增长了三年后，Casper逐渐发现床垫销售根本不能完全避开实体店。2017年，美国零售巨头Target在收购Casper不果后，索性融资1.7亿美元给Casper，由此Casper通过Target在美国的1 200个店面来销售它的产品。进入零售商场后，Casper发现广告价格和市场预算减少了，更重要的是，退货也减少了。

这就是线下零售无法被取代的体验性。互联网擅长信息流的“高效维度”，更快、更全、更便宜；线下擅长信息流的“体验维度”，更复杂、更多感、更立体。“复杂、多感、立体”的信息流，很难通过数据和图片传递，我们称之为“体验性”。所谓体验性，就是复杂信息，这是互联网目前无法替代的。电商们也试图用技术手段解决线上体验性较差的难题，但目前并未找到完美的解决方案。

2016年被称为“VR元年”，VR是被电商寄予厚望的技术，它能够让零售商和消费者得以一窥未来购物应有的模样。与AR一样，VR有望改变消费者对购物的认知，进而转变消费者与各类商品接触的方式，影响消费者在购物时对零售商的选择。

VR体验有望逐步渗透到零售消费的各个领域。比如，在汽车4S店就可以用VR“试驾”新车；利用VR头盔设备就可以虚拟设计、布置想要的客厅等。只要有消费者信任和参与，VR技术就可以实现无须到实体店即可以试用、体验想要的产品。当然，这项技术也能够帮助零售商将即时推荐、即时部署自己的线上渠道。

阿里巴巴也是这项技术的积极推动者之一。2016年11月1日，经过几轮造势后，阿里巴巴推出虚拟购物产品Buy+（买+）。这是阿里巴巴 VR 实验室的一项业务，这也是其首次公开的 VR 战略项目。简单来说，就是戴上 VR 眼镜，还原真实的购物场景，足不出户体验购物的快感。阿里巴巴的 Buy+ 服务，选择从海淘业务“天猫国际”入手，消费者打开 Buy+，戴上 VR 眼镜，就像进入一个日常的房间，点击照片墙上的图片，即可进入对应的虚拟场景，浏览、选购商品。

2017 年 7 月，马云又宣布升级 Buy+ 服务，改为 AR Buy+。AR 是一种增强现实技术，在体验期间，你只需在手机淘宝中打开 AR Buy+ 中的扫一扫功能，扫描商品，即可进入 AR 购物世界，无须佩戴 VR 眼镜。

但是，这两项技术目前都还不够成熟，VR 眼镜长久佩戴会产生眩晕感，AR 也依然不如线下体验来得真切。戴上眼镜，更像是在看动画片，而不是真人电影。因此，有些零售商仍然对 VR 技术能鼓励消费者成功购买一双鞋或一支新的口红持怀疑态度。有人认为，一些商品仍然需要消费者真实地感觉、触摸；行业人士认为，VR 可能会用于在消费者心目中建立全新的品牌形象，但不会对销售、营销产生独特的影响。用虚拟现实改善互联网的“体验性”，方向正确，但路途还很遥远。

新零售：让数据为体验赋能

熊掌和鱼翅能不能兼得呢？线上和线下的好处我们都想要，能不能把线上的效率和线下的体验结合起来呢？融合线上信息流的“高效”和线下信息流的“体验”就是新零售的“新”风向。

谁能把新方案、新技术做出来落地，谁就是新零售浪潮上的弄潮儿。

亚马逊线下书店 amazon books（亚马逊书店）就是“互联网的效率回归线下”的一个最好的注释。

线上电商经营的网上购书有着线下无可比拟的优势：一键下单的在线图书销售、方便携带操作简单的 Kindle 电子阅读器、快速配送的

Prime 会员免费服务等，这些都是实体书店无法实现的。在线上电商巨头的挤压下，近二十年来，实体书店的经营可谓是日渐惨淡。2007 年，纽约最负盛名的独立书店之一“竞技场书店”关门，进入破产程序之后，书店里还有大约价值 180 万美元的 6 万册图书没卖出去。2011 年，美国第二大书店 Borders 破产，该书店自 2007 年以来就未实现过盈利。2012 年，经营 30 余年令许多作家流连忘返的巴黎村声书店告别世人。

正当人们惶惶不安地讨论起纸质书是否会像竹简、羊皮纸那样逐渐消亡的时候，出乎所有人的意料，实体书店的死敌亚马逊突然开起了实体书店。2015 年 11 月，亚马逊在西雅图开出第一家“亚马逊书店”，到 2018 年，亚马逊已经开了 17 家线下实体店，还声称要在全美开 300 ～ 400 家书店。在亚马逊的规划中，amazon books 线下书店将成为 amazon.com 的实体扩展，是整个亚马逊品牌的一部分。亚马逊公司将利用超过 20 年的在线书籍销售的经验，集合线下资源和线上优势去建设这些书店。

亚马逊公司发布的 2017 年四季度财报显示，该季度线上营收 354 亿美元，而实体门店的营收出人意料地超过了 45 亿美元，环比三季度增长 250%。这就是说，亚马逊用一个季度实现了实体门店销售额 250% 的增长。虽然和线上相比还差近 9 倍，但这也是相当可观的数字了，现在亚马逊线下业务已经占到整个营收的 7%。只用了一年多时间，“amazon books”就实现了盈利。

在随后 2018 年和 2019 年亚马逊的财报里，亚马逊的线下业务也维持着大致的份额，说明亚马逊线下的业务采取的是一种持续发展的策略。

亚马逊在实体店的成功“逆袭”，对于我们诠释“新零售”有什么启示呢？“魔鬼都在细节里”，让我们看看亚马逊书店到底是怎么经营的，怎么在细节上重新定义书店的？

亚马逊并不是单纯地开间线下书店，而融入了自己线上的优势，整合出了有自己鲜明印记的业界标杆。“amazon books”无论在分类、陈列、导购、下单，还是在环境、空间、布局、体验上，都作出了一些与众不同的改变。比如，店内摆放的书籍每一本的封面都朝向读者，书下方附上黑色卡片，卡片上有读者给该书的总体评价，也精选一些读者的反馈；提供了条形码，读者一扫码就能显示亚马逊网上这本书的信息，这些信息对购书者的购买意愿起着十分关键的作用，还丰富了消费者的体验，强化了线下和线上的关系，形成相互融合互为犄角的态势。

在书籍的陈列上，amazon books 也别出心裁，打破以往按照政治、经济、社会、文学等进行分类摆放的做法，转换到以“如果你喜欢……”“你会喜欢”的分类方法，这继承了亚马逊书网上推荐购物的风格。在一些角落中，“读者最喜欢的金融投资类图书”“评分在 4.8 分以上的图书”“96% 的读者给了 5 分满分的图书”等，用户一看这些信息就觉得很亲切。这也是在传统的线下实体书店里很难获得的体验。亚马逊利用强大的线上能力获得有价值的数据，将这个信息流导向 amazon books 线下书店，用数据给线下赋能，提升线上和线下一体的用户体验，创造了线上和线下融通的新业态。

《商业设计周刊》分析说：“亚马逊实体书店的设计解决了网上购物平台的最大问题——可发现性，即如何发现及选择商品。这些已开或未开的书店是亚马逊网站的延伸，与网上购物平台共同构成亚马逊生态系统的一部分。”

亚马逊不是“网上下单，门店取货”那样简单的模式，而是形成线下卖“大众热门”和线上卖“小众冷门”的互补。在线上因为边际效益突出，平摊在每本书上的销售成本很低，因此可以销售那些小众的书籍；到了线下，亚马逊借力大数据分析，精准地掌握读者群体的阅读偏好，不再是“盲人摸象”，而是有的放矢，这解决了实体店书籍采购的一个痛点，有效筛选出各个领域的热门书籍，最大可能地提高了实体书店的坪效。

而另一个例子就是我们所熟知的苹果公司。苹果手机在中国有 2 亿多用户，不少人都有去苹果线下门店体验的经历。你在苹果体验店的时候，有没有感觉苹果门店与其他卖电子产品门店的不同？那样的装修、那样的氛围有没有感觉像是在逛 LV 或者香奈儿？这种正是苹果公司要实现的。

早在乔布斯时代，苹果公司就开始以奢侈品店的策略来进行营销策划、布置线下店面风格了。2014 年，苹果挖来了在英国奢侈品公司巴宝莉 CEO Angela Ahrendts（安吉拉·阿伦德兹），让她担任苹果零售和在线商店的主管。而安吉拉把过去经营奢侈品陈列和营造气氛的经验，都移植到了苹果的线下零售店，为苹果的用户带来奢侈品级的极致购物体验。把苹果的店内布局重新划分成 5 大区域，包括销售区、天才林、论坛区、会议室和空间广场，让消费者可以更快找到自己需要的服务。同时，也为那些需求还不明确的潜在用户提供交流的区域。

为了消除电子产品固有的高傲冷僻感，苹果门店内还会错落有致地摆放绿色植物。天津恒隆广场开业的苹果零售店，最显眼的不是摆满了手机和电脑的木头桌子，而是 18 棵货真价实的榕树，这些树栽在硕大的白色容器中。

在营销策略上，每次新品发布，苹果都会分批限量发售，全世界不同区域还有销售限额，人为地增加了产品稀缺性。黄牛的炒作，再加上各种媒体的宣传，晒抢先买到的苹果手机一时间成了朋友圈上最酷的炫耀。

为了营造全新的线下购物体验，像苹果这样，把其他行业的营销和销售模式应用到本行业适合的场景中，确实是创新方法之一。

第三节　新零售的催化剂：大数据建立的信用

我国是一个传统信用卡使用相对滞后，而网络信用工具相对发达的国家。我们国家传统信用卡的覆盖率在全世界相对来说是比较低的，平均每三个人持卡一张，这只有美国人均持卡量的 1/10。另外，过去的中国社会收入偏低，缺乏社会保障机制，因此人们的储蓄意愿远高于消费意愿。但是这近十多年来，随着社会的代际转变和互联网的飞速发展，在很多“90 后”心目中，蚂蚁花呗、京东白条、腾讯的微粒贷等网络的信用工具就是他们的信用卡。阿里巴巴的数据显示，每 4 个“90 后”中，就有 1 个人用过蚂蚁花呗。

就是这两三年里，几乎所有的中国互联网巨头都发行了网络信用工具。这些工具本质上就是信用卡，只不过是用虚拟卡片加上纯线上场景取代了以往有形的卡片而已。

不管是实体卡还是虚拟卡，信息技术的发展把整个“信用消费”的需求激发出来了，中国社会正在转型成一个信用社会，正在朝着个人信用资本化的方向发展，这成了新零售的又一大推力。

移动支付：前所未有的便捷性

从信息流的角度看，互联网和线下的零售，都有各自的优势。那么，在资金流方面，互联网和线下又有哪些不同呢？互联网的资金流，有什么优势呢？互联网资金流的优势是显而易见的，那就是“便捷性”。

过去，你在地铁站里想买一瓶可乐，需要找一台自动售货机。自动售货机的结构非常复杂，首先需要有精密的设备，识别真币、剔除假币；然后还要有硬币盒，用于找零，叮叮当当，不能数错。即便是再精密的设备，有时还是会识别错纸币，或者找错零钱。

大概在 2011 年 10 月到 11 月之间，支付宝和微信支付都推出针对手机扫二维码的支付方案，这是国内首批针对二维码应用的支付方案。2011 年 5 月，央行发放第一批第三方支付牌照，支付宝、微信支付都位列其中。2012 年，打车软件快速兴起。打车的小额高频支付场景，与二维码支付的应用互为加持，扫码支付进入了爆炸式的快速普及阶段。2014 年除夕夜，腾讯借助春晚用微信红包发动了“珍珠港偷袭”（马云语），微信官方提供的数据显示，除夕当晚微信红包收发总量达到 10.1 亿次，火爆程度甚至超过了春晚。

在阿里巴巴和腾讯的带领下，移动支付迅速占领各大支付场景，让付款变得极其简单。因为便捷性使得移动支付快速取代线下支付。如今，就算是卖红薯的小商贩都开始用微信和支付宝收款。

再看看现在的自动售货机，几乎全都变成扫二维码的支付形式。选好你喜欢的商品，拿出手机扫一下支付二维码，点击确认支付，就可以拿到商品了，非常简单，而且再也不需要识别假币，或者找回硬币。

互联网支付，尤其是移动支付，让我们的支付前所未有的便捷。

线下交易：见面还是更值得信任的方式

互联网的资金流，相对于线下，有没有一些弱点呢？当然有，那就是缺乏“可信度”。

谈到资金流，不得不谈物流。资金流和物流，一直是一对亲兄弟。在信用机制越不发达的地方，它们越亲近。比如，我们以前常说“一手交钱，一手交货”，这是什么意思？一手交钱，就是资金流；一手交货，就是物流。通常它们的流向正好相反，资金从我到你，那么货就要从你到我。但是，是先给钱，还是先给货呢？谁也不敢轻易相信对方，那就同时吧。这就是一手交钱，一手交货。

双向、同时是传统零售资金流和物流的常态。你在商场买东西，在餐厅吃饭，甚至在自动售货机上买一瓶可乐，基本上都是一手交钱，一手交货。

现在网上购物，给我们带来信息流的高效性，购物更快、更便宜了。但是，资金流和物流这对亲兄弟，却被强行分开了。买家和卖家相隔甚远，无法做到一手交钱，一手交货，因此必须做个约定，到底是我先付钱，还是你先发货。

付钱和发货，没有办法同时进行，这就带来信任的问题。一定要知道，见面带来的可信性，到今天为止都是线下零售的优势。很多老人不敢在网上买东西，就是因为对网上支付的资金安全不信任。素未谋面带来的可信性的缺失，严重限制、阻碍了互联网电商的发展。解决可信性，一直是电商的头等大事。

早在 20 世纪 90 年代的美国，电商已经诞生。但是，由于缺乏可信性，很多买方并不愿意把自己的信用卡账号等信息告诉素未谋面的卖方。不知道你是否使用过信用卡在网上付款，它需要你输入信用卡号、姓名、有效日期，甚至信用卡背面三位安全码。虽然对方说他不会留存这些信息，但是，你敢给吗？

于是在美国，电商的发展引发了一场资金流的变革；这场变革，又助推了电商的发展。引领这场变革的人叫埃隆·马斯克，是的，就是特斯拉和 SpaceX（太空探索技术公司）的创始人，被称为“钢铁侠”的埃隆·马斯克。1998 年，他与合伙人一起创办了一家公司 PayPal（贝宝）。PayPal“封装”了信用卡信息，让买家不再担心信息被滥用，并针对电商交易做了优化，在一定程度上提高了网上购物的安全性。很快 PayPal 风靡全球（2002 年 10 月，PayPal 被电商巨头 eBay15 亿美元收购）。

PayPal 是人们解决互联网购物可信性问题的一个重要工具。在中国，给互联网“增信”的工作晚了 5 年，却成就了一家市值 5 000 亿美元的公司——阿里巴巴。

阿里巴巴的淘宝在成立早期，也遇到了美国电商一样的问题：在线购物的买卖双方彼此不信任：我把钱给你了，你不给我寄货怎么办？我发货了，你不付钱怎么办？

2003 年 10 月 18 日，淘宝首次推出支付宝服务。很多人认为，发布基于“担保交易”逻辑的支付宝，是整个阿里巴巴获得成功最为重要的一项战略决策。

什么叫“担保交易”？

担保交易，是在国际贸易中解决可信性问题的一种手段。买家买东西时，先付钱，但钱并没有立刻到卖家的账户上，而是进了中间账户支付宝。支付宝收到货款后，就通知卖家，钱已经付了，你可以发货了。卖家看到钱已经汇出，就放心地发货了。买家收到货后，看到货没有质量问题，点击“确认收货”。之后，支付宝把钱打到卖家的账户。

基于担保交易的支付宝推出后，买家终于可以放心地在网上买东西了，因为他手里有权力：收到东西不满意，可以不点“确认收货”，可以不付款，也可以退货。这就对卖家提出了很高的诚信要求：不能随便寄破损的商品给买家，因为如果买家不付款或者退货，那就白忙了。支付宝的推出，极大地促进了互联网卖家诚信体系的建立。

美国的 PayPal 和中国的支付宝，这两个“宝”都让电商的“可信性”大增。即便是这样，到今天为止，用于交易（而不是转账）的互联网支付，大多数依然是小额支付。而大额支付，很多人还是会选择线下。为什么？还是有顾虑。万一对方真的是骗子，就是不发货呢？金额不大的话，就算被骗，认个倒霉，还能接受。若真是大额，那就不敢了。这就是“零钱心理”。

什么叫“零钱心理”？

在经济学中，有一个非常重要的概念，叫“心理账户”，是芝加哥大学行为科学教授理查德·塞勒提出的。塞勒是 2017 年诺贝尔经济学奖获得者。塞勒认为，除了钱包这种实际账户外，在人的头脑里还存在着另一种心理账户。人们会把在现实中客观等价的支出或收益，在心理上划分到不同的账户中。比如，我们会把工资划归到靠辛苦劳动的“勤劳致富”账户中；把年终奖或其他奖金视为一种额外的嘉奖，放到“奖励”账户中；而把买彩票中奖的钱，放到“天上掉下的馅饼”账户中。

同样类似于心理账户，还有一种“零钱账户”。你的钱包里有一张 100 元的整钞，你舍不得把它破开花掉，但只要你买了 1 元钱的东西，剩下的 99 元零钱很快就会花光。零钱账户里面的钱，花起来心理上没有压力，但是对整钱的每次花销可能都会慎重考虑。

当我们明白心理账户的概念以及零钱心理后，就很容易理解为什么大家线上和线下的购物习惯有一定的差别。线上购物因为无法获得复杂的“信息流”（体验性），而“资金流”“物流”无法双向同时发生，始终缺乏“可信性”，所以，相对来说，大家更愿意用“零钱账户”里的钱在网上“试错”。

PayPal 和支付宝的模式都是充当第三方，买家把钱转给第三方，第三方收到钱后，会通知卖家发货，买家确认收货后，第三方再把钱转给卖家。虽然它们就是为了减少买家与卖家之间的不信任感才出现的，但人们还是会觉得线上交易没有线下一手交钱，一手交货可信。很多老年人不喜欢网上购物，并不仅仅是因为他们学不会这种购物方式，更多的是他们觉得店就在那里，万一有事儿，那个店跑不掉，网上购物出了事儿，去哪里找卖方？这种心理在购买价格昂贵的物品上更明显，一块名表，在实体店要卖十几万元，网上只卖几万元，你可能就不太敢在网上买。

那到底多大额度算是零钱呢？对于大多数人来说，大概是 200 元以下。通过淘宝交易的历史数据我们发现，淘宝交易最集中的额度在 100 ～ 200 元，这一额度不是受商品质量影响，而是人们普遍能接受的零钱心理账户在这一区间。

微信红包的最高额度也是 200 元。为什么不是 2 000 元？也许对有些人来说，2 000 元以下都叫零钱，但对绝大多数人来说，200 元以下才算是零钱，再多就会有顾虑。

再举一个例子，2017 年 11 月 10 日，互联网信用贷款平台拍拍贷在美国纽交所上市。在拍拍贷上，每个借款人的首次授信额度仅为 3 000 元，用户需要依据自己的行为逐渐积累信用，才能贷到更多的钱。根据招股书，2016 年和 2017 年前 6 个月，拍拍贷平台平均贷款金额分别为 2 795 元和 2 347 元，平均贷款期限分别为 9.7 个月和 8.2 个月。可以看出，拍拍贷的单客贷款金额很小。为什么在线上各种信贷平台都以小额贷款为主，而在线下银行却敢借给用户几十万、上百万？这是因为线上信用体系还没有完全搭建。

由此可见，因为缺乏可信性，线上资金流更容易发生在小额交易上；而大额交易，可能会带来可信性的心理障碍。所以，线下零售要明白自己可信性强这个独特性，在大金额交易上寻找战略优势。

大数据征信：用数据建立的信用

那么，问题来了，我们能不能把线上的便捷性和线下的可信性结合起来？

当然可以。这就需要用数据为资金流赋能，为便捷性增加可信性背书。这也是我们一直要谈论的主题——数据赋能。

无法一手交钱，一手交货，导致交易双方互不信任，是可信性问题的根源。那能不能利用新科技，比如，大数据，让一方（比如卖方）可以更加信任另一方（比如买方）呢？如果这个信任发生在交易之前，那么卖家就可以安心发货，而不用担心买家的信用风险。

2014 年伊始，京东推出了“先消费，后给钱”的资金流模式——京东白条。

京东白条，就是用户可以选择最长 30 天的免息延期付款，或者 3 ～ 12 个月分期付款。京东白条首次公测 50 个名额，最高 1.5 万元的授信额度，很快受到消费者青睐。为什么京东敢先把东西给你用，最长 30 天后再向你要钱？因为相信你不会不给钱。京东凭什么相信你？因为根据大数据显示，你值得信赖。

首先，如果你想拿到最高 1.5 万元的“先消费，再给钱”的打白条资格，你上一年的消费总额起码要大于这个数字。另外，你以往的消费频率、总额、类别、单次最高金额等数据，都会成为你能否获得白条资格以及多大额度的标准。然后，京东用它的算法，基于数据，告诉你：我对你的信任值 2 000 元，或者 8 000 元，或者 1.2 万元。在京东开放白条业务一个月后，支付宝跟进了类似业务，推出花呗、天猫分期，苏宁易购也推出零钱贷等。其实，这些产品相当于“网络虚拟信用卡”，用户在买东西时延期支付，如果超出付款期限，则需要支付一定的利息。

白条类产品还受到大学生群体的欢迎。据说京东白条推出后，很多大学生买卷纸都用白条。京东给学生群体的白条额度为3 000～5 000元，要知道，大学生在校期间的个人信用记录目前还没有和个人征信系统接轨，就连银行都不愿意为其提供信用卡服务。但这些大学生仍然可以以消费大数据作为判断标准，成为京东白条的用户。

为什么京东敢这么做？还是因为数据。全面的数据，能够比面试更准确地刻画一个人。被数据赋能的移动支付，在便捷性的基础上，增加了可信性，推动新零售的进化。

除了消费信贷类产品，微信、支付宝还利用大数据推出现金信贷产品"微粒贷""借呗"，根据消费者的消费数据进行分析，产生信用模型，并计算出相应的借款额度。在微信的微粒贷和支付宝的借呗上借钱，为什么不需要抵押？就是基于大数据计算出来的可信性。

从2017年开始，很多民间现金贷被整治，就是因为大量没有抵押，也没有数据的民间机构，从事风险极高的现金贷业务，收不回来钱，就暴力催收，严重影响社会稳定。民间现金贷比微信、支付宝的现金信贷中缺了一个"信"字，而这个"信"字，来自数据赋能。

数据为资金流赋能，核心就是基于数据产生的信用。如何利用数据提高可信度，支付宝的"芝麻信用"提供了一个很好的范例。

芝麻信用从身份特质、履约能力、信用历史、人际关系以及行为偏好5个维度采集数据，建立了权重模型，根据这个模型，芝麻信用给出信用好坏的评级：350～550分，较差；550～600分，中等；600～650分，良好；700～950分，极好。

实际上，芝麻信用超过600分，就能做很多事，可以申请花呗、借呗，还可以在阿里旅行"信用住"的合作酒店享受"零押金"入住服务。

以往，人们入住酒店时都需要去前台办理入住手续，除了扫描身份证，还有一件重要的事就是刷信用卡，以防顾客住了几天之后，没付钱就走了，所以，刷信用卡相当于支付押金。

现在，在数据和技术的加持下，如果你的芝麻信用超过 600 分，你在网上预订一个酒店，就可能直接显示房间号，房间门上有二维码，拿手机一刷就可以入住。芝麻信用的分数足够高，就能让商家相信你不会欠钱。退房也可以通过手机操作，房费会直接从支付宝账户扣走。如果需要发票，还能直接开具电子发票。整个过程都不需要去前台办理。

在 2017 年的共享单车大战中，关于押金，一直争议不断。你担心我骑车不还？那就交押金啊。但是，我交了押金，你挪用退不回来怎么办？

于是，某个共享单车选择和芝麻信用合作。芝麻信用在 650 分以上的用户，不用支付押金，可以直接把车骑走。

2018 年 5 月，马云的首家“支付宝药店”在河南郑州正式亮相，取名“支付宝未来药店”，这是由支付宝联合原张仲景大药房共同打造的全国首个智慧药店。跟传统药店不同的是，该药店融入了支付宝的大量科技以及信用体系。在这里，用户可以享受刷脸自助支付、远程健康咨询、名医预约、信用免押金租赁、电子社保卡支付、24 小时自助售药等服务。

用户不需要带社保卡、身份证，只要用支付宝绑定好医保卡，完成人脸识别，便可以在店内刷脸支付，手机电子社保卡直接抵扣。若你的支付宝积分达到 600 分，便可以免押金租借医疗器械。

京东白条，阿里巴巴的花呗、借呗、芝麻信用，腾讯的微粒贷等，都是用数据赋能互联网的资金流，让零售不用在便捷性和可信性之间做单选题。

第四节 新零售的加速器：大数据赋能的物流

在新零售的框架中，信息流和资金流，线上的便捷性和线下的体验性，是一种相互交织、相互塑造的关系，它们之间不断地博弈，推进彼此的发展。在这个框架中，还有一个不容忽视的元素在快速演化，那就是物流。

物流在线上和线下也有不同吗？答案是肯定的。线上物流的特点是“跨越空间”，线下物流的特点是“所见即所得”。衡量跨度性物流，最重要的指标是速度，那就是“快”；而衡量即得性物流，最重要的指标是距离，那就是“近”。“快”与“近”如何相互融合、相互贯通？写好这个文章，就能谱出物流的新篇章。

互联网：让全世界的好东西随手可得

你去超市、去商场、去任何一个线下的零售店铺，本质上都是人在移动去接近商品。按照物流的方向划分，我们称之为“人找货”：货离你尽量近后，等着你去找它。

“人找货”有一个缺点，受距离的限制较大。这是因为一个人的生活半径有限，时间也有限，因此能找到的货，永远是极少的。人们之所以感叹“万能的淘宝没有买不到，只有想不到”，就是因为在现实生活中每个人的活动半径有限，货物的物理集中度有限，所以人能够接触到的货物也是有限的。而在淘宝上，只要输入搜索关键字，或者点击推荐的链接，就能瞬间切换到不同的货物选择场景。

进入电商时代后，“人找货”变成了“货找人”。在网上下单后，你只要坐在家里，货物自己就移动着来找你了。人的活动半径有限，一般几公里，最多半个城市；但是货不一样，可以跨过半个地球来找你，它的活动半径就是地球的半径。这是互联网电商在物流方面带给我们的改变，它实现了跨度性。

我有一位朋友是从事跨境电商的，他的故事清晰地说明了信息流的跨度性是如何给我们带来改变的。

在澳大利亚留学时，他的笔记本电脑的网卡坏了，于是想买一个网卡上的天线配件。他在亚马逊的澳大利亚分站上找到了这款小天线，但要 15 澳元一个。那时他还是穷学生，于是他上淘宝淘了一下，同样的小天线，居然只卖 10 元人民币！这还是零售的价格，如果一次性批发超过 20 个，只要 5 元一个。

这让他意识到，因为信息差的原因，很多商品的价格在全球范围内存在巨大的利润空间。在以前，是由国际贸易商来填补这个沟壑获取利润。但是现在，有了互联网，这些沟壑就被直接暴露在每个互联网用户面前，有商业嗅觉的人就从中找到了商机。

他从淘宝上批发了一批天线，通过国际物流转运到手，在澳大利亚的亚马逊上销售，在很短的时间内赚了他的第一桶金。从此，他开始做跨境电商生意。

以前之所以有价格差存在，是因为信息不对称、物流不发达，一旦物流足够发达，跨度足够大之后，就可以基本消灭信息不对称带来的中间价差。今天，拜互联网电商的物流跨度性所赐，他获得了丰厚的收益。

亚马逊这个电商平台里的中国卖家数可能远超我们的想象。据中国电子商务研究中心的数据，2019 年，中国海关验放的跨境电商进出口总额为 1 862.1 亿元，增长率为 38.3%。亚马逊也是中国商家的重要舞台。对于中国零售商和制造商而言，亚马逊是接触美国和欧洲购物者最有效、最直接的平台。根据电子商务情报公司 MarketPlace Puls 的报告显示，亚马逊的顶级卖家（亚马逊美国站上排名前 1 万）当中有 38% 来自中国，这个数字在 2016 年的时候还只是 24%。在可预见的未来，这个比例还会增长。

在互联网电商高度发达的当下，全世界各个地方的“货”向“人”疾驰而来，人们足不出户就可以买到全球任何地方的商品。比如，德国的智能音箱，可以卖到中国来；中国的淘宝上非常便宜好用的无线网卡，也可以卖到澳大利亚去。物流代替人在流动，从而使跨度性极大地增强，效率也指数级地提高。

“人找货”的时候，因为人的活动范围是有限的，所以能找到的货也是有限的，但如果换一下，“货去找人”的话，就会出现一种新情况：全世界的货物都可以向你而来，而因为信息流的透明，价格的壕沟也会被填平。这就是互联网电商物流的跨度性优势。

线下：我想要的马上能拿到

线下物流就没有优势了吗？恰恰相反，线下物流，依然是传统零售在“三流”中最大的优势，因为它拥有一种电商物流做梦都想要的能力，那就是“即得性”。

什么叫即得性？

吃完晚饭，你到楼下散步。胃很胀，突然很想喝一杯酸奶。请问，这个时候，你会去 1 号店或者天猫超市买这瓶酸奶吗？肯定不会，因为 1 号店或者天猫超市的酸奶要克服跨度性，即使马上下单，也许第二天早上才能送到你家。

这种情况下，你最有可能的是去小区附近的便利店买，因为你想立刻拿到。即使便利店的酸奶没有大超市、电商平台便宜，你仍然会买。此时，便利店就提供了一个非常稀缺的独特性：即得性。

即得性，就是即刻获得的特性，这是今天的互联网电商仍然不具备的特性。

有些商品的即得性很重要，你回家时突然想吃某种水果，想买一束鲜花，你会在家附近的商店买；你在家里做饭，突然发现没有盐了，就会赶紧去楼下便利店买。此外，有些紧急情况也需要商品的即得性。你要参加一个重要会议，忘记带皮鞋或者领带，这时你会就近找一家商场，火速选购，而非在淘宝上下单；突然感冒，头疼嗓子疼，发现家里的感冒药没了，这时你会找附近的药店买药，而不是上网买：德国有种感冒药挺好，看看这个星期是不是能寄到？这种场景不会出现。

不过，有些商品的即得性就弱很多。你想买个冰箱，或者买台电视，一般不需要它立刻出现在你家，等几天也是可以接受的。这时，你更关注商品是否最适合。利用跨度性，在全国，甚至全球范围内挑一个最适合自己的产品，损失一些即得性也没关系。

那么，是不是所有线下零售，都具有即得性优势呢？

并不是。既然“我想立刻拿到”，那么，当然离消费人群越近的地方，越有即得性优势。如果要去 5 公里之外的商圈，比如，沃尔玛、家乐福、万达、苏宁，或者更远的汽车 4S 店买东西，就不会有即得性。你要么开车，要么坐公交车去，来回至少在路上花费 1 小时。没有即得性优势的线下零售，面对互联网跨度性的冲击，就很难经营。最近几年，离居住区较远的大型超市越来越难经营。

据统计，2012 年沃尔玛在中国关闭 5 家门店，2013 年关闭 15 家，2014 年关闭 25 家，2015 年关闭 1 家，2016 年关闭 13 家，2017 年关闭 24 家，2018 年关闭 21 家，2019 年关闭 16 家。

不仅是沃尔玛，其他大型零售企业的日子也不好过。有数据显示，在 2013 ～ 2014 年两年内，家乐福关闭门店约 25 家；2016 年，华润万家上百家店铺关门；永辉超市在零售业低谷期持续跑马圈地开新店，但在 2015 年前三季度也关闭了 7 家门店，损失超过 5 000 万元。更严峻的是，2017 年 8 月，家乐福发布盈利预警，家乐福中国业务销售额在 2017 年上半年同比下降 6%，而且萎缩的趋势至 2019 年没有扭转，最终的结局是，苏宁易购收购其八成股份。

那什么样的线下零售，才更能发挥即得性优势呢？离你更近的，或者说是离你家小区不到 1 公里的“社区”。社区里最主要的业态是什么？毫无疑问，那就是便利店。

与大型商超深陷泥潭相对应的是便利店依然不错的生意，这是因为便利店提供了即得性。所以，越来越多零售巨头开始进军便利店。

一系列标志性事件发生在 2017 年：去哪儿网创始人庄辰超创立便利店品牌便利蜂，半年多时间就布局上百家门店；武汉便利店品牌 Today（今天便利店）获得信中利资本集团领投的 B 轮融资；深耕北京市场 15 年的便利店龙头品牌好邻居被全资收购；零售集团永辉超市入股中国首家便利店上市公司红旗连锁。2018 中国便利店大会上的一组数据显示，2017 年便利店销售规模和门店规模的增速分别达到了 17% 和 18%，是整个连锁百强平均增速的一倍以上。

空中：无人机快递的兴起

2019 年，中国网络零售额超过 9.6 万亿元，连续 7 年位居世界第一。

伴随着网络零售的快速增长，中国邮政和物流业务呈现出爆发式增长。数据显示，2017 年上半年，中国单日快递跨越 1 亿件门槛，2019 年“双 11”期间，全国邮政、快递企业共处理邮 (快) 件 23 亿件。

物流行业在网购强大需求的推动下，迅速地迭代演化，开始从陆地进入空地一体时代。数据显示，最后一公里的派送效率成了物流行业提升效率以及节省成本的瓶颈，末端的配送成本已经占到物流行业总成本的 30% 以上。而从宏观的角度看，国内物流成本占 GDP 的 16%，而欧美发达国家是 11%，这意味着中国的物流行业仍有很大的提升空间。

用无人机送快递最近几年来一直是个热门话题。无人机技术的发展和普及为物流行业注入了新的力量，这种模式背后的理念也正在重塑整个物流体系。

无人机送货这一想法最初来自亚马逊 CEO 杰夫·贝佐斯。2013 年 12 月 1 日，在美国 CBS（哥伦比亚广播公司）访谈节目《60 分钟》中，贝佐斯透露了一个看似疯狂的计划，亚马逊未来将减少通过 UPS（联合包裹速递服务公司）和联邦快递送货，而是逐渐使用八旋翼无人机向客户运送快递。对此持怀疑态度的人将这番言论视为宣传噱头。事实上，亚马逊 Prime Air 无人机项目并非噱头，贝佐斯非常认真地对待这一项目。2015 年，亚马逊在英国剑桥附近进行无人机飞行测试。2016 年 12 月 6 日，亚马逊无人机进行首次送货，一位客户下了订单（一包咸甜口味的爆米花和 Fire TV 电视盒子），13 分钟后，包裹送到了客户的花园里。这是由一架 GPS 导航的无人机在 400 英尺的高空完成的。

2019 年 4 月 24 日，谷歌母公司 Alphabet 旗下的无人机快递公司 Google Wing 正式获得美国联邦航空管理局（FAA）颁发的第一个无人机快递许可证，并于 2019 年 10 月，在弗吉尼亚州布莱克斯堡市开始提供无人机送货服务。

而 UPS 则换了一种思维方式，不是用无人机取代运送货车，而是用无人机强化货车的能力。货车将把包裹送到最终目的地附近，由无人机运送“最后一英里”，这样就不需要建造更多的仓库。根据 UPS 的计算，每条路线减少一英里，每年将节省 5 000 万美元。

在电子商务比美国还要发达的中国，互联网公司当然不会放弃这一提升配送速度的绝佳机会。2016 年 6 月，京东在江苏宿迁送出无人机配送试运营的第一单。京东无人机从宿迁市曹集乡天同庵村居委会起飞，降落地为曹集乡孙庄村的京东推广员站点，直线距离约 5 公里，单程飞行约 10 分钟。京东此次试运营共展示了 3 款无人机，载重从 10 公斤到 15 公斤不等。

2017 年可以视为物流无人机开启的元年。2017 年，京东无人机在全球率先实现了无人机配送常态化运行；2017 年 10 月 26 日，顺丰大型物流无人机完成首次试飞；2017 年 6 月 17 日，苏宁物流无人机在浙江完成了首次实景派送;2017 年 7 月 21 日，中通快递启动无人机邮路试运行，完成首次试飞。在物流无人机产业，中国已经迎头赶上，甚至在一些方面已开始领跑全球。

京东集团 CEO 刘强东曾公开表示，用无人机替代汽车送货至少能让物流费用降低 70%。而京东的目标是在四川和陕西等地建 100 多座无人机的“机场”，计划做到 24 小时之内将偏远村庄优质的农产品送到中国所有大中城市去，并把省内的物流成本降低 70%。当下中国的人口红利正在逐渐消失，依赖人力的物流行业，也正努力从劳动密集型向技术密集型转变，为了提高效率、降低成本，电商巨头和各大物流公司都在积极建设自己的无人智能化体系。

零售商以及服务提供商为争夺市场领先地位而大胆创新，各个城市也在探索在高密度地区使用无人机的可能性。尤其是它们可能改变我们的生活和工作场所：它们可以减少道路拥堵和污染，提高服务效率。无人机是下一代技术，且必定会带来前所未见的送货速度。

为什么无人机快递受到的关注度如此之高？

乍一看，无人机像是孩子的玩具，而不像是能改变人们购物或期望的送货方式的高精尖设备。实际上，商业模式的创新需要一些创新思维，相对于传统的物流模式，无人机快递有一样最显而易见的优势，那就是速度。消费者希望能在最短的时间内收到包裹，物流企业希望用更少的成本，达到更高的效率，这些都有可能依靠无人机实现。无人机快递模式在未来 5 年内会对现有的物流体系产生颠覆性冲击，这种体系一定是建立在无人机、人工智能技术、无人驾驶技术基础上的全新体系，国内如京东、顺丰、淘宝等一大批企业正在积极布局。

无人机从 a 地飞到 b 地会选择最短的航线，这意味着无人机不会像快递车一样在弯曲的道路上行驶。此外，它们不只在拥挤的城区上空快速飞行，在道路基础设施薄弱的偏远地区飞行更加畅通无阻。客户也喜欢追踪无人机的送货进度，消除交货时间的不确定性。无人机快递将减少递送包裹的人工成本，这为企业创造了更好的投资回报。与传统的快递方式相比，无人机还可以减少对环境的影响。更快、更经济、更环保，无人机可以为零售商提供重要的竞争优势。

除了降低人工成本之外，无人机快递之所以受到推崇，是因为比卡车交付更经济。但是，如果在返回仓库之前一次只能交付一个包裹，那怎么实现更经济呢？

“最后一公里”交付规则（产品交付过程中的关键部分）是在很短的时间或距离内递送多个包裹，使每次递送的成本保持在较低水平。这也适用于在同一地点投掷大量交付的货物。然而，如果包裹较轻（不到 5 公斤），并且交货距离较短（最好不超过 15 公里），无人机就能够获得经济优势。

然而，只有企业先在拟服务的区域投资建设供应中心，才能发挥这种潜能。对一些企业而言，这可能只是一个小小的障碍。沃尔玛指出，

70% 的美国人居住在沃尔玛商店 8 公里范围内，正是因为如此，亚马逊已经着手建设所谓的“运营中心”。

（1）无人机快递的发展屏障

完全自主的无人机已经被用于勘测采矿作业和建筑工地。无人机的操作技术很容易掌握，但是，在快递应用上，需要在避免碰撞、降噪、恶劣天气飞行以及整体物流基础设施等领域做更多的工作。

真正的障碍是监管环境。FAA（美国联邦航空管理局）规定，无人机必须由操作人员控制并在视线范围内。2017 年，美国新法令允许地方政府申请豁免，以进行无人机的空中交通系统测试，但这离给无人机亮绿灯还相差甚远。

另外，潜在的拥挤空域要求有复杂的自动跟踪管理系统，该系统目前还没有到位。NASA（美国宇航局）正在与无人机行业的领导者合作开发此种系统，但预计要到 2025 年才能完成开发。

无论技术或规则如何，消费者的信心拥有最后的决定权。有了即时满足的承诺，一些消费者将会接受无人机快递服务。然而，其他指标则表明，他们将观望是否接受无人机快递，除非他们能够确定无人机是安全的，且不会侵犯个人隐私。

（2）解决从 a 点到 b 点的问题

随着首次试运行的开展，无人机物流有足够的信心解决物流和基础设施领域的问题，并且提出一些引人注目的创新，以解决从供应中心到最终降落的供应链中的问题。仓库将是无人机快递网络的核心。虽然配备数十个方便无人机快递的仓库景象并没有什么媒体宣传的那样有吸引力，但不可否认，这是一个经济合理的解决方案。亚马逊梦想的解决方案是一个城市“蜂巢”塔——一个可以让数十架无人机直接飞向天空的多层仓库。

在接收端，客户可能会收到告知无人机在何处着陆的降落点。在城市里，屋顶可能成为接收点；使用降落伞投掷也是解决方案之一。为了减轻顾客对包裹损毁的担忧，新设计采用了更长的支架以及使螺旋桨在接近异物时停止转动的机制。

（3）无人机的广泛应用

无人机应用前景的确很吸引人，但是要大规模的应用还需要克服技术上和法律上的诸多挑战。技术上，电池续航能力是一个瓶颈，这个受制于现有蓄电池技术的发展；法律上，噪声干扰公众、飞行路线可能侵犯隐私以及飞行安全等问题都需要一个一个地去解决。

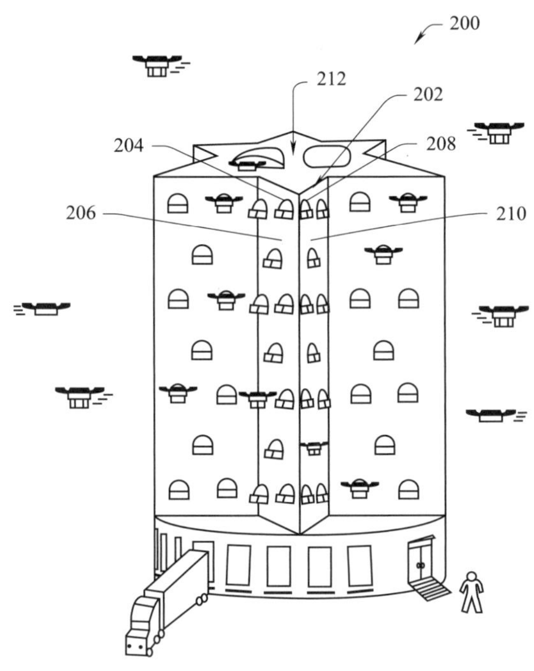

亚马逊无人机交付履行中心的蜂箱设计假想图

另外，无人机快递的市场前景也存在诸多不确定性。业内人士认为，无人机可在包裹较轻、交货距离较短的快递任务上取得优势。

无论是政府、行业巨头还是初创企业，目前正在开展的创新解决方案都激励着我们发散思维，发现这些“可识别”飞行物的潜力。由于其具备高经济性、安全、递送速度快和高客户满意度等优势，使它不再是“如果”的问题，而是“何时”的问题。

为了提升物流的“快”，电商的探索并不会止步。2017 年的“618 购物节”，京东在中国人民大学等校园推出无人送货车；京东和阿里巴巴的部分仓库，已经实现机器人分拣、搬运货物；阿里巴巴更是提出了“国内 24 小时，全球 72 小时”物流必达的战略。

大多数专家认为，商业领域的无人机快递要等到 2021 年才能真正兴起——因为监管障碍和一些后勤问题仍有待解决。目前，无人机更倾向于在低密度地区以及在城市中小范围使用。无论如何，无人机必将成为穿行在广阔空域中的新兴设备。

库存更近，物流更快，通过数据赋能，这两者正在合二为一，成为新零售最坚实的基石。

Chapter 04

第四章

新思路——从“人”和“货”的角度理解零售

流量成本的提高是新零售产生的根本原因。尽管新零售的产生和技术发展有关，但根本原因还是流量成本不断提升，旧的业态模型破裂，B2C 流量成本快速提升，电商流量红利也逐渐枯竭。为了进一步挖掘流量，就出现了新零售，来打通融合线上线下。所以在新零售里，流量是核心。

——弘章资本翁怡诺

“人货场”是零售行业中永恒的概念，不管时代如何变迁，技术如何变革，商业模式如何改头换面，零售的基本要素都离不开“人货场”三个字。

以往对“人货场”的典型解读是：找对的“人”（外部选标目标客户群，内部盯紧销售人员），选对的“货”（价格、品类、品牌、推出时间段），在对的“场”（国家、城市、地段、楼层、人群聚集地），在客户人群进店前宣传，入店后导购，售后服务发挥，这样就能达到最佳的零售绩效。

随着不同的市场时期，“人货场”三者的主次关系在不断地变化中。

在物资短缺时代，“货”在三者中无疑是首位的，因为需大于供，“皇帝女不愁嫁”，任何产品都能很容易卖出。

到了传统零售时代，物质极大丰富，“货”的重要性就退居其次了，而“场”占据了核心地位，唯有争取到人流量大且显眼的地段，品牌才能在众多商品中鹤立鸡群，让目标客户人群记住。

而在互联网催生的新零售时代，以“人”为中心地位的新三角关系才正式确立。

第一节 销售漏斗公式

前面提到，零售改革的本质，其实就是“人”“货”“场”的重构。在零售业，销售的过程可以用销售漏斗公式表达，这套公式是：

销售额 = 流量 × 转化率 × 客单价 × 复购率

几个常用的概念

漏斗公式适用于电商等各个行业，它有助于商家分析业务流程中的问题所在，从而加以完善。下面，我们来具体解释一下流量、转化率、客单价、复购率这几个名词。

“流量”这个词发源于互联网，它指某个网站的访问数以及每个用户的页面浏览数量等。放到线下来讲，就是指进店的人流量或者客流量。

简单来说，就是所有到达你门店并产生购买行为的人数和所有到达你门店的人数的比率。

每位消费者平均购买商品的金额，客单价也被称为平均交易金额。

即重复购买率，指消费者在门店或网店中的重复购买次数。复购率能反映出消费者对品牌忠诚度的高低。

不要小看这几个名词，把它们叠加在一起，就能决定店铺的销售额。

零售业的销售行为，其实就是一个“漏斗式淘汰”：进店（线下门店或线上网店）流量——成交——单个消费者消费额——复购消费者，每一层都有通往下一层的转化折损。

“人”就是指消费者，而“场”，除了指卖场、门店、实体终端以外，也可以理解为“社交场景”等。从漏斗最上方开始，消费者进入了这个“场”就形成了流量。

入“场”后，消费者一旦进行了消费，就会被筛选到漏斗的第二层，这种成交被称为“转化率”。每位消费者购买的商品额度、数量的差异，就是“客单价”。而在这批消费者中，进行第二次消费的回头客比例，就是“复购率”。通过以下的示意图，可以清晰地看到，从“流量”到“复购率”，一般是呈漏斗式，是从“大”到“小”，从“多”到“少”的过程。

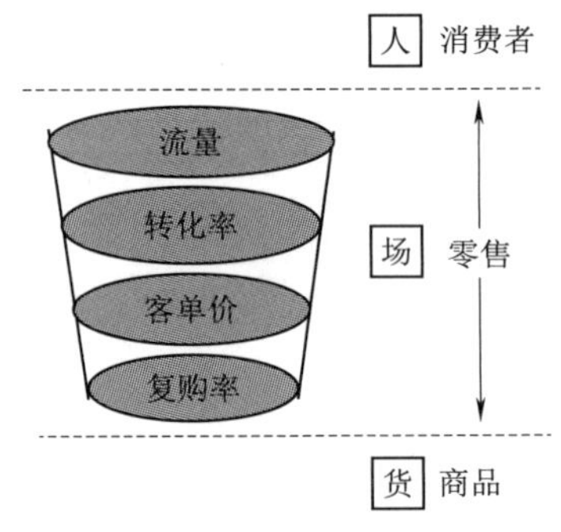

销售漏斗图

因此，一个店铺的营收与流量、转化率、客单价、复购率息息相关，换言之，前面这几点的数据越好，销售业绩就越高。

在零售行业里，流量、转化率、客单价以及复购率，都是基于线下的物理空间来进行的，因此，线下零售的坪效和人效也显得尤为重要。

首先讲一下人效。人效顾名思义就是人的效率，它能直接反映出员工销售能力与排班用人的合理性。比如，同样是 20 名工作人员，完成 100 万营业额和 1 000 万营业额的效率是不同的。在人效方面，做得比较好的企业是孩子王，每个员工管理 350 个会员，会员转化率高达 76%。

再来讲坪效。坪效是指每平方米的面积可以产出多少营业额。比如，在 2 000 平方米和 200 平方米的两个门店内，完成的营业额同样是 1 000 万元，后者的坪效就远远高于前者。在国内，小米坪效做得不错，达到 27 万元 / 平方米，是其他手机专卖店的很多倍。

人效和坪效对于销售来说至关重要。过去，互联网企业由于大部分成本都花在了人力上，所以相对来说更为重视“人效”；而线下门店则更看重“坪效”。但在新零售时代，随着线上红利的耗尽，越来越多的互联网企业已经开始向线下引流，纷纷开起线下实体店。因此，在新零售中，企业首先要突破坪效极限，这被称为“坪效革命”。现在的企业要想突破坪效极限，除了用老一套的方法以外，还可以利用各种新技术，如无人货架、自动支付等。

那么，互联网公司和线下门店的销售漏斗要怎么设置呢？你或许可以参考下以下两个公式。

以人效为主的互联网企业：

人效＝销售额（流量 × 转换率 × 客单价 × 复购率） / 人数

以坪效为主的线下门店：

坪效＝销售额（流量 × 转换率 × 客单价 × 复购率） / 店铺面积

说到坪效，就不得不提把坪效做到行业第一的苹果公司。数据显示，苹果线下门店坪效约为 40 万 / 平方米。而排在苹果之后，坪效较高的几个品牌是：Reis & Irvy’s 坪效为 28.78 万元 / 平方米，Murphy USA 坪效为 26.98 万元 / 平方米，蒂芙尼坪效为 21.39 万元 / 平方米。因为产品价格的差异、购买频次的不同、行业集中度高低等原因，坪效也存在着巨大的差异。不过，通过“坪效”方面的数据，就能知道它们的运营效率和赢利能力。坪效是衡量一个品牌业绩的重要数据之一。

不过，以上都是比较成功的品牌，在各个行业，还有不少企业连租金都赚不回来。如果租金过高，坪效过低，就代表了你的商业模式出现了问题。这时，你就需要思考如何调整商业模式，增加有效坪效了。

那么怎么提高坪效呢？随着物联网、大数据、人工智能等新技术的发展，人们在提升坪效方面，有了更多的方法和途径。

接着，我们通过漏斗公式中的各个方面具体分析一下。

主动获取流量是新时代的商业法则

流量，是商家接触到消费者的第一个数据。获取人流量和客流量，是完成消费行为的第一步，也是消费者和商品产生联系的第一步。

过去，在传统零售行业，人们比较看重门店的选址，因为繁华的地段往往能带来好的流量。但在新零售时代，这种方式已经不适用了，毕竟在同一个地段中，集中了太多这种店铺，新入市的店铺要成为旺铺不容易。只有主动引流，获取潜在的消费者才是正道。

过去，是消费者找门店，属于被动型的商业模式，而如今要变被动为主动，要主动地去获客，简单来说，就是出现在客户需要的地方，这样才能在最短的时间获取到最大量的潜在顾客，才能积累下属于自己的客户群。那么怎么才能挖掘客户的需求点呢？我们以车载便利车“魔急便”为例，来讲讲怎么去引流。

“魔急便”是一种车载便利商店，也可以看成是无人便利店的衍生产品。“魔急便”出售的商品基本都是如面包、牛肉棒、饼干等快消类的小商品。通过与出租车公司、网约车公司合作商品信息，商品信息摆放在驾驶座和副驾驶座中间，或者摆放在驾驶座背后加装的小挂架内。乘客上车后，只需要通过扫码便可以购买这些小商品。

这种商业模式，在无人支付等技术没有落地之前，显然是难以实现的，但有了这些新技术的支撑，使得这种新的车内场景服务得以实现。这种新的车内场景服务，不仅方便了消费者，还能给出租车司机增加额外的收入。出租车上每卖出一样商品，司机有20%左右的提成，大大提升了它的商业价值。

社群效应是提高转化率的有效技巧

在提升流量之后，还需要提高转化率。毕竟流量只是相当于把客户带到你面前，能否实现成交还要看转化率。

在新零售时代，社群运营就是提高转化率的最佳方式之一，在这种方式下产生的商业行为就被称为“社群经济”。

什么是社群？可以简单理解成因为某个共同点而聚在一起的人群。那么，社群如何成为经济呢？商家通过向有着高频交互的人群销售与其共同点高度吻合的商品，在“群蜂效应”的作用下，就获得极高的销售转化率。因此，商家可以通过构建庞大的社群体系，来提高转化率。

大数据是提高客单价的最佳助手

解决了流量和转化率问题，我们接下来分析怎么提高客单价。

前面说到，客单价是指同一个消费者在同一个商家一次性购买的消费额，或者一个有效的订单。成交商品的数量和客单价成正比。

那么怎么提高客单价呢？首先，你可以提高“连带率”。什么是连带率？它是指销售的件数和交易的次数相除后的数值，反映的是消费者平均单次消费的产品件数。在新零售时代，提高“连带率”不是只能依赖销售人员的口才，还可以依靠大数据或者智能产品推荐来找到消费者的需求。打个比方，消费者若通过互联网购买了某类商品，该网站就可以给消费者推荐相关的周边产品。

会员制是提高“复购率”的利器

在销售中，让消费者只消费一次显然是不够的，不断发展回头客才是一家企业赖以生存的根基。挖掘回头客，通过回头客拉动新客户，就是“复购率”存在的意义。那么，怎么提高“复购率”呢？

在分享经济横行的今天，消费者可以通过分享链接或者以拼团等形式，拉动身边的朋友加入消费，这种方法能提高复购率。除此之外，还有一种方式能够大大增强消费者的黏性以及忠诚度，那就是会员制。

无论是传统零售行业，还是新零售行业，“会员制”都具有充分竞争力，也是商家收集消费者数据的重要途径。通过收集到的数据，商家可以分析消费者的消费行为，不断完善营销方法。

其实，当消费者自愿成为某个品牌的会员时，就代表着消费者对这个品牌的认可。因此，一旦把消费者发展成会员，在某种程度上讲，消费者就变成了这个品牌的忠实用户以及口碑传播者，其身上的商业价值大大高于普通消费者。这就是亚马逊在几年前，大力推出 Amazon Prime 会员计划的原因。

Amazon Prime 是一种付费式的会员制，会员每年的费用为 99 美元，即每月 12.99 美元。会员缴纳费用之后，就可以享受到亚马逊提供的额外服务，如免运费、快速送达、免费试用、专项优惠等。同时，这些额外的服务在一定程度上，也刺激了会员的消费。数据显示，会员的人均消费比非会员高近一倍。2018 年，Amazon Prime 的会员人数已过亿，这意味着，单是会员费，每年就给亚马逊带来了 99 亿美元的收入。除了会员费用的营收以外，更重要的收获是这些会员的各种数据以及产生的品牌附加价值。

会员制，其实是一种古老的商业模式，代表品牌是美国第二大零售商 Costco（开市客）。Costco 是典型的量贩式仓储会员店，其最大特点就是会员制。会员店，顾名思义就是每一位进店消费的人，都要先成为该店的会员。Costco 在全球拥有 700 家以上的门店，2019 年的全年营收高达 1 527 亿美元，在 2019 年《财富》美国 500 强排行榜中名列第 14 位。雷军曾说，Costco 让他了解怎样将高质量的产品卖得更便宜。巴菲特和他的搭档芒格一直持有 Costco 的股票。这种进入前要先花钱的店，为何能取得成功？或许，是因为它与其他店铺先“诱惑”你进店，再掏光你口袋里的钱不同，它“先谈钱”，再给你提供优质低价的商品。从某种意义上来讲，又何尝不是站在消费者的角度出发呢。

Costco 在国外的成功能在国内得到复制吗？ 2019 年，Costco 在上海闵行区开设了一家门店。或许是因为声名在外，在开业当日，过大的客流量曾一度导致门店营业陷入瘫痪状态，只能暂停营业。

前面提到，Costco 是典型的量贩式仓储会员店。那么什么是仓储会员店呢？我们来详细讲讲。

仓储式商场最显著的特点就是装修简朴实用以及商品价格低廉，大多位于公共交通便利且地租便宜的市郊，营业场所与仓储场所都集中在一处。此外，全面实行无人售货，各项成本费用较低。同时，商品大多从生产厂家直接采购。不要以为这类低成本的商场就没有服务，它们不仅提供免费包装、大件货物送货上门等服务，还提供免费班车接送消费者。但令这类商场脱颖而出的，是薄利低价的商业模式。而这些，正是其他大型百货商场所欠缺的。价格、服务、管理等多种优势，为仓储式商场吸引和培养了大批的忠实客户。

其他类型的商场的会员卡多是购物后用来储值和积分的，会员的身份并没有给消费者带来太多的附加价值。仓储式商场与之不同，会员是先缴费再享受服务。换言之，消费者在消费之前就付出了一部分的费用，这部分费用相当于一种“入门券”。不过，要消费者愿意为“入门券”买单的前提是，商场里的商品足够的低价和有吸引力。

秉承着花了钱不能浪费的想法，大部分购买了会员的消费者，在日常消费中，都会优先选择在买了会员卡的商场消费。刺激消费，就是这种商业模式的意义和价值所在。

权威数据显示，Costco 的净利润主要来自会员年费。Costco 会员的忠实度非常高，续费率高达 90.6%，每个会员年均至少去 22 次。

商场的会员忠实度离不开低价实惠的商品。有了会员费这一收入渠道，Costco 能将商品的毛利压至极低。在 Costco，商品的毛利率的上限是 14%。即使在通货膨胀期，Costco 也没有打破过这条底线，而其同行毛利平均在 22% 以上。

在经济萧条时，低毛利或许就是 Costco 股价不跌反涨的原因。就连以低价闻名的大零售商沃尔玛的毛利也有 25%。虽然 Costco 的销售额和市值约为沃尔玛的 25%，但无论是体量，还是员工人数，都远远低于沃尔玛。要知道，对零售商来说，毛利率至关重要，只有保证一定的毛利率，才能确保企业盈利。可见，Costco 的商业模式和运营的效率都有着过人之处。

下面，我们就从四个方面来探究一下 Costco 的商业模式。

1. 会员费是其主要的收入来源

前面提到，只有付费成为 Costco 的会员，才有资格进店购物。Costco 之所以能做到在通货膨胀下也不涨价，是因为 Costco 一般 5 年就会提高一次会员费。2017 年，其普通会员费就由 55 美元提升到了 60 美元；高级会员由 110 美元提升到了 120 美元。这两种会员的主要区别是后者可以享受 2% 消费金额的返现，如果年消费额度在 3 000 美元以上，就可以拿回来约 60 美元，相对来说，比普通会员更划算。

那么对于消费者来说，每年花钱买会员值得吗？这个答案是肯定的，因为在 Costco 出售的都是一些低价商品，如果你经常购买的话，省下的钱就能抵消会员费。

2018 年财报数据显示，Costco 付费会员数为 5 160 万，会员费收入为 31.42 亿美元，而 Costco 当年的净利润为 31.34 亿美元。这意味着，其会员费收入几乎与净利润持平。从这个数字我们可以看出，会员费是 Costco 主要的利润来源。

2. 走薄利多销的低价路线

Costco 虽然算是个老牌的零售服务商，但其实它已经提前实践了新零售时代的商业模式，那就是站在消费者的角度出发，为消费者提供价格实惠的商品。其经营理念大概就是：放弃短时间内的部分商品利润，来发展一批长远的忠实会员。

Costco 内部有规定，所有商品的毛利率一定要在 14% 以下，一旦高过这个数字，则需要经过各级管理部门的层层审批。此外，如果发现同一供应商的商品在其他商场的价格比 Costco 低，Costco 将永远不再出售该商品。会员收费制，让 Costco 在商品的定价上，有了足够的底气。也正是因为有了收入保证，才能让 Costco 始终站在消费者的角度出发，为消费者挑选出低价、优质的商品。

只要付一点钱，就能享受到低价。这就不难理解 Costco 会员续费率为什么高达 90.6% 了。

3. 严控 SKU，打造品质价值认同

Costco 在品类和品质方面有着严格把控。在同类商品中为消费者筛选出性价比最高的品牌，每一细分品类的品牌严格控制在两种，一般具有“爆款”潜质的商品才被允许上架。同时，在全球雇佣高级买手，精选各类商品。所有的商品在上架之前，都必须经过管理层的挑选和试用。消费者消费的时候，就无须再浪费时间在品牌选择上，大大减少了时间

成本。这种经营策略，为 Costco 打造出了低价、高质的“品牌效应”。一提到 Costco，消费者想到的不是大型的杂货店，而是高品质的卖场。

严控 SKU 是 Costco 在各种大型连锁商场的打压下仍能赢利的关键。以沃尔玛为例，其一个门店的 SKU 最高能达到 15 万个，而 Costco 只有 5 000 个。从供货商的方面来讲，品牌种类集中了，意味着商品的需求量也大，可以在供货商那里争取到更低的价格。当然了，严控 SKU，也与 Costco 的目标人群定位有关。

4. 定位精确

中产阶层和企业用户是 Costco 主要目标人群，因为只有稳定中产阶层和企业用户，会员制这个模式才能够成功。这也是它与其他大型连锁商场不同的地方，它的所有营销策略都是基于中产阶层的需求出发的。比如，严控商品质量、降低消费者的时间成本等。

通过上面的分析，你就能知道，Costco 并不是所有人的钱都赚，它主要面向中产家庭和企业。而为了满足这类顾客的需求，Costco 的商品大部分是大包装、大容量的。

除了 Costco 低价高质的商品以外，其服务体验也一直为人所称道。比如，无条件退货、无条件退卡并全额退款、送货上门、免费安装家具以及各种折扣等。你可以这么理解，Costco 其实卖的是服务而不是商品。

因此，我们说作为老牌零售商，Costco 其实已经提前应用了新零售的商业模式。

可以说，Costco 很好地诠释什么是销售漏斗公式，它将流量、转化率、客单价、复购率都做到了极致。

通过以上的案例，我们可以知道，要突破“坪效革命”，就要不断地优化漏斗公式里的各个方面，只有这样才能有效提升销售额。

第二节 旧瓶装新酒：供应链越短，效率越高

无论身处什么时代，创新和效率永远是企业进步的有效驱动力。

因为创新能够引领行业的变革，生产别人没有的产品；而效率能够驱动商品的价值，大大降低商品的定倍率。那什么是定倍率？

所谓的定倍率，就是商品的零售价除以成本价得到的倍数。它的计算公式是：

定倍率 = 零售价 / 成本价

举一个例子，某样商品的成本是 100 元，如果它卖 500 元的话，那它的定倍率就是 5。不同的行业有不同的定倍率，比如，鞋服行业一般在 5 倍以上，化妆品行业则是 20 倍以上。从侧面看，定倍率越低，代表生产效率越高。

管理学大师彼得·德鲁克不止一次强调过商业模式的重要性，能让你在行业中杀出重围的，就是比别人更优秀的商业模式。

连管理大师都把商业模式看得如此重要，你就该知道商业模式对于一家企业生存的重要性了。

到底什么是商业模式？通俗来说，商业模式就是你靠什么方式来赚钱，也就是一家企业可持续发展的商业模型。

要想找到属于你的最佳商业模式，就要思考一下你有哪些产品，这些产品要卖给什么样的人，你能给这些人创造什么样的价值，在给他们创造价值的过程中，你可以用什么方法来实现盈利。

在优化商业模式的时候，不仅要强化服务体系、做好精准定位等，还要不断优化整条商品供应链中的方方面面。只有供应链有效地缩短，才能不断提升效率，给企业带来更高的利润。不过，商业模式不是一成不变的，企业家要随着商业环境的改变，不断升级商业模式。

商品供应链：人与货不必卖场相见

在商品供应链中，可以分为 5 个步骤，分别为：D、M、S、B、b、C。

D 是指设计，产品设计，M 是指制造，S 是指供应链（如总代、省代、市代等），B 是指大商家（如大卖场、大型销售机构等），b 是指小商家（如便利店、菜市场等），C 是指消费者。

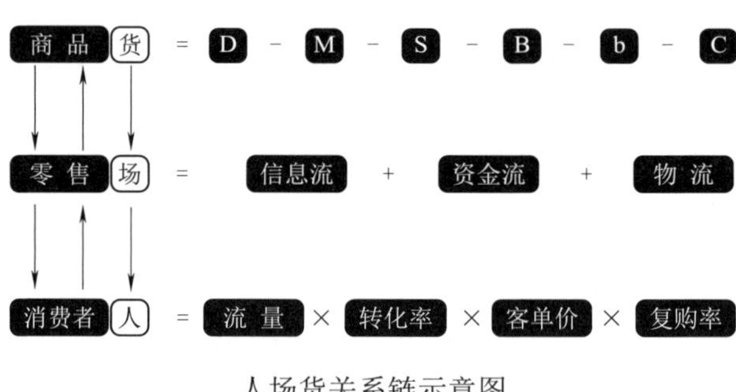

人场货关系链示意图

通过以上解释，你就更容易理解，如今在商业中常常被提到的 b2C、B2C、B2B、B2B2C 等名词都代表着什么了，这些商业模式最本质的区别在于商品的流通渠道。简单说明一下，b2C 是指消费者直接对接小型商家（如菜市场），B2C 就是消费者直接对接大型的商家（如某些手机官网），而 B2B 就是大型商家对接大型商家（如经销商网站），B2B2C 是指商家对接商家，同时商家对接消费者（如主流的购物网站）。看到这个供应链，你就会发现，无论哪一种商业模式，都离不开大小商家的参与，而这些大小商家就可能是零售商。

那么，为什么消费者不能直接对接厂家呢？难道那些类似厂家直销的模式是骗人的？我们可以先来了解一下这种消费者直接对接厂家，降低销售成本的模式，它被人们称为 M2C。比如，服装厂的直销活动，消费者就可以直接在厂家购买商品，少了零售商的介入，价格自然比在商场买更便宜。

既然有这种消费者直接对接厂家的模式，那么零售还有存在的必要吗？既然消费者在厂家直接买商品更便宜，服装厂家直接卖给消费者利润更多（毕竟给商家的批发价更低），那为什么服装厂家不直接赚这笔钱呢？这种双赢的买卖为什么少有人做呢？要理解这个问题，首先我们来理解一下什么是零售。

零售是指通过商场、市场、百货公司等商家直接向消费者出售少量商品，供消费者最终使用的商业活动。在此，提炼零售的两个关键词:“少量”“最终使用”。

简单来说，所谓的零售就是把少量商品卖给最终使用的人，用做个人而非商业性活动。而与零售相对是批发，零售商大量地从制造商或批发商那里购买同一类商品的行为，就是批发。

理解了什么是零售，我们来解决一下上面的问题。为什么厂家不直接对接消费者？其实很简单，因为厂家对接零售商更省时、省力。打个比方，同样是 1 小时，厂家经过与零售商沟通，可以卖出 10 000 件商品，如果一件商品的利润为 5 元，那么在这次交易中，零售商就能为厂家带来 5 万元的利润。但是个体的消费者的消费能力是有限的，或许同样的时间，消费者只买走了 2 件商品，即使把商品的单价提高，也无法与零售商给厂家带来的利润相比。更何况，直面消费者，还需要增加销售、客服等工作人员，还有退换货等服务问题。

俗话说,时间就是金钱。如果厂家的时间成本 1 小时是 1 000 元的话，那么它直接面对消费者，是难以保证所获得的利润能够覆盖掉成本损耗的。

通过以上的案例，你就能理解为什么厂家直接对接消费者的模式流行不起来。相对而言，还是把零售部分交由零售商去做更省时省力。厂家要走量，而零售商要走价，这就是他们各自存在的意义。

所谓术业有专攻，把专业的活儿交给专业的人去做，商品供应链才能更好地运作起来。不过，任何商业模式都有利弊，这种商品供应链也有一个问题：定倍率居高不下。

前面有举过一个案例，如果商品的成本是 100 元，卖给消费者是 500 元的话，那么其定倍率就是 5 倍。

这不禁让我们思考，消费者为此付出这么高昂的差价是否值得？

零售商的成本并不仅仅在商品这部分，还涵盖了运费、时间成本、商品筛选成本、各级代理成本及费用、商场工作人员以及各种服务的费用。它存在的意义不仅仅在于把商品送到消费者面前，更重要的是，它省下了消费者在空间上以及时间上的成本。毕竟，消费者不可能每买一件商品就亲自跑到不同的厂家去购买。因此，零售部分的差价不仅仅是商品本身的价值，还有在这场交易过程中产生的各种费用。零售商卖的不仅仅是商品，更多的是服务。这也就是人们常说零售商其实是服务商的原因。

对于消费者而言，为此多付的钱，就是为了买这件商品付出的交易成本。而商家要精确消费者的需求，才能实现这场交易。此外，零售商家除了要考虑商品本身的成本以外，还要把各个部分的成本考虑进去，不然就可能做赔本的买卖。

虽然交易成本是合理的存在，但过高的交易成本也是没有必要的。比如，某轻奢品牌包在商场卖 3 万元，而在某个海外分销商那里只卖 1.5 万元。同一件商品，消费者在分销商那里付出的交易成本就远远低于商场。这是因为海外分销商的定倍率比商场低。进货渠道不一样，消费者的交易成本也存在着差异。

为什么这种品牌包在商场的定倍率这么高呢？这和它的商品属性有关，因为它属于低频次消费品，消费者购买的频率不会很高，但商家还是要付出场租、人工等费用，此外，品牌的广告费也要计算在内。所以，它和化妆品等低频次消费品，要比其他商品如鞋服、快消产品的定倍率高。

不同商品的属性，决定了其定倍率存在着一定的差异，每一个行业都有其较为稳定的定倍率，而国内平均定倍率是 4 倍。这个数字远远高于世界平均水平，这意味着，我国的零售行业的效率还过低。而国外，比如，美国，零售行业比中国早发展很多年，经过了几次优化和升级，因此无论是在技术上，还是在商品的价格上，都比中国有优势。这或许就是他们的物价相对收入而言比我们低的原因之一。可见，在零售行业，提高效率无论是对企业，还是消费者，都具有重要的意义。

以美国大型连锁百货公司梅西百货为例，我们讲讲它的升级过程。面对电商的崛起，成立于 1858 年的美国老牌零售商梅西百货却安全渡过了难关。不仅如此，过去几年，梅西百货的市值和销售规模连续增长，截至 2019 年，其实体门店已经达到 800 家以上。

而这些成果，都得益于梅西公司名为 M.O.M 的发展战略。M.O.M 指 MY MACY’S（我的梅西）和 OMNI CHANNEL（全渠道零售）。所谓全渠道零售，是指从消费者的角度出发，深度挖掘他们的需求，无缝链接各种购物渠道，如线下门店、网店等。为了更好、更快地给消费者配送商品，梅西百货 800 家线下门店都成了其网店的仓库，只要消费者在网上下单，就能以最快的速度给消费者配送。

此外，梅西百货还有自己的品牌，通过和制造商合作，定制贴上自己品牌的商品，这种贴牌生产的模式被称为 M2B。通过这种模式，梅西百货去掉了花在国际贸易商、本地经销商等身上的费用，大大降低了商品的价格。

相对而言，部分商场只向零售商收取销售提成，并不售卖，也不生产任何产品，这种模式被称为“联营制”，它既不拥有物业，也不掌控商品。以现在的眼光来看，“联营制”是百货业缺乏竞争力的原因之一。

而不少发达国家的百货公司都是类似梅西百货那样的自行管理、自主经营的商业集成商。在这种商业模式下，不仅消费者能买到更低价的商品，商家的利润也得到了大大提高。

那么我们要怎么学习类似的这种商业模式呢？

捷径经济

梅西百货这种被国外提前实践了的新零售模式，可以称为“捷径经济”。何为捷径？捷径就是有目的和效果的，能够让人少走弯路的路径。它主要有两个重点：

其一是缩短或者减少供应链的中间环节，形成捷径经济模式，如梅西百货的 M2B 模式；

其二是反向供应链条，什么是反向供应链条？简单来说，就是从消费者和市场出发，需求反过来指导生产，如 C2B 模式。

在国内，有一个新兴品牌在捷径经济方面做得比较好，短短数年内，不仅在国内开了 1 800 多家门店，还在 50 多个国家和地区开了 300 多家店，它就是我们耳熟能详的名创优品。

近年来，只要你到人流密集的地方逛街，就能找到名创优品的门店。

名创优品店都开在热门购物区和步行街等地理环境不错的地方，大家都知道，这些地方的租金都非常高昂，那么是什么让它有自信在这些地方卖低价产品，且营收还能抵过租金的呢？名创优品走的就是典型的捷径经济模式，是梅西百货的浓缩版。名创优品用1 000家以上的小型零售商，直接对接制造商，省去了中间的代理和批发市场的部分费用。此外，名创优品的经营模式是“直管”，投资人负责找好门店以及开店资金，名创优品自行进行管理，经营所得再共同分成。

这种没有中间商赚差价的商业行为，相信大家常在广告里看到，比如，人人车和瓜子二手车网站，他们就是号称卖车和买车都不会产生中介费用，且卖家能卖出更高的价格，买家能花更少的钱。如果他们的广告没有骗人，这些网站靠什么实现盈利呢？在传统的二手车交易行业，大部分实行的是C2b2B2b2C模式，也就是在一场交易中，一般会经过几次的转手倒卖。而这类交易平台存在的意义，就是减少了转手倒卖这部分所产生的费用，它主要通过为车辆评估和提供信用背书来收取佣金获利。

这些网站用的就是消费者直接对接网络商务平台的C2M模式，中间的环节有效缩短，省下的费用就可以用来为消费者（买家和卖家）提供优质的服务或低价的商品。

由此可见，要实现捷径经济，还是在于前面提到的：“创新”和“效率”。比如，通过新技术来减少或缩短商品供应链，降低定倍率，或者S端直接对接M端。

盒马鲜生的高效物流创新

在物流方面把高效创新做到极致的，是近年非常火爆的盒马鲜生。盒马鲜生作为快消行业的新生代，近几年来之所以能够迅速占领国内市场，得益于它强大的物流体系。在下班的路上，你可以通过它的 App 下单，购买的半成品新鲜净菜或者代加工好的海鲜鱼肉，30 分钟之内就可以送到你家。对于工作繁忙的现代人来说，非常的便捷实用。这一优势，是传统的菜市场所不能比拟的。因为人们不需要在下班后，再去菜市场讨价还价，不用再忍受菜场的喧嚣和脏乱。

1.30 分钟内送达

从 2018 年开始，盒马鲜生的配送时效再次升级，在北京和上海的所有门店开始实行 24 小时配送，下单后 30 分钟内送达，这在电商行业是首例。

那么，在设定配送时间的时候，盒马鲜生是怎么定下 30 分钟这个时间的呢？据其管理层解释，通过对用户体验的研究发现，对于大部分消费者而言，通常买菜做饭这件事并不那么急迫，以往的 1 小时到达就可以满足用户，但是 30 分钟内的时间点却给了消费者更大、更直接的体验感和满足感。

那么配送 3 公里半径又是怎么考虑的呢？大家都知道，生鲜是电商中的非标准化产品，其最大的难题就是确保新鲜。在 3 公里半径内，就不要用冷链物流配送，有利于商家控制运送的成本。如果超出了这个半径，不仅商品的损耗有可能增加，还必须用冷链配送，大大提高了物流成本。

那么盒马鲜生是怎么做到 3 公里之内，30 分钟送达的呢？在这背后，盒马鲜生的秘密武器是什么？

说到底还是要归功于创新技术，盒马鲜生整个物流链路完全以算法为驱动。首先，从离消费者最近的门店配送，大大提高了配送的效率；其次，从消费者下单开始，拣货、打包、配送任务等，都是通过智能设备去识别和作业，这种简易高效的方式，出错率大大低于人工操作。消费者在前台下单后，就会快速分拣打包，30 分钟实现 3 公里以内的配送。

可以说，盒马鲜生的物流是融合大数据、互联网、物联网、自动化等各类创新技术来实现的。

2. 前置仓库

盒马鲜生与其他电商最大的不同是，它并不是从专门的仓库开始发货的，其具备冷链环境的门店就相当于仓库，消费者下单后，直接从离消费者最近的门店发货，门店相当于一个“前置仓库”。

什么是前置仓库？你可以理解为以仓为店，门店既是储藏的仓库也是对外营业的场所。前置仓库最大的好处在于，设置在社区的 3 公里半径内，离消费者更近，能够更快地响应以及满足消费者的需求。

3. 自动物流模式

此外，盒马鲜生的“自动物流模式”也功不可没。盒马鲜生整个全自动物流过程，都通过无限专业设备 RFID 来完成。什么是 RFID 呢？该技术被公认为 21 世纪最重要物联网技术之一。通俗来讲，RFID 其实就是一种标签，它通过射频信号自动识别目标并获取相关数据，识别工作无须人工干预，可识别高速运动的物体并可同时识别多个标签，操作快捷方便。在盒马鲜生，通过 RFID 技术，可以实现实时盘点，且准确率高，大大降低经营成本。

说到这儿，你可能还不太能理解这个技术给我们购物带来的改变。接着，我们举例说明一下。在上海某家盒马鲜生门店，你可以自己推着购物车购物，选好商品后自行到自动付款机前扫码付款。还有更为便捷的方法是，你不用拿商品，只需通过下载盒马鲜生的 App，扫描自己要购买的商品，然后直接在 App 上下单，就会有工作人员把你所下单的商品通过自动传送带运至收银台，付款也可以在 App 上完成。

那么你在 App 的前台下单之后，工作人员在后台是怎么操作的呢？App 接到订单后，工作人员就会开始拣货，每一个区域由固定的几名拣货员负责，通过 RFID 设备，系统会自动分类分别下单，3 分钟内用不同颜色来进行分类。拣选好的商品通过商场顶部的自动传输带，快速流转到后仓进行打包。整个过程严格控制在 9 分钟以内。

4. 把控食材的新鲜度

打出“有盒马、购新鲜”为口号的盒马鲜生，是怎么从源头上为消费者把控食材的新鲜度的呢？

盒马鲜生保“鲜”的几大秘诀。

首先，打造优质供应链。供应链是生鲜企业降低成本、提高效率、保障商品品质的关键。与过去传统的商场一次大批量进货不同，盒马鲜生利用大数据来分析第二日的进货需求，这种动态的采购方式能够降低库存，保证每日食材的新鲜度。此外，盒马鲜生部分的生鲜商品来自战略合作基地，覆盖果蔬、肉禽蛋、海鲜水产等品类，能够根据动态的需求，提供充足的、新鲜的食材，如自营品牌“日日鲜”。

其次，独立包装产品可溯源。除了活的海鲜类产品以外，盒马鲜生的大部分产品采取独立的标准化小包装，每份产品的包装上都有独有的标识，消费者用 App 扫码就可以追溯到产地、供货商等信息。

最后，冷链配送提高保鲜度。盒马鲜生将供应链前移，在种植区旁边建立可进行冷链温控、标准化包装的生产车间。在运送过程中，盒马鲜生所有的生鲜类产品全程冷链配送，全部不计成本地使用保温保湿包装，从而最大限度地保证了食材的新鲜度。

5. 多业态融合

盒马鲜生的自动支付系统，也为消费者提供了便捷的支付体验。消费者挑选好商品后，只需通过 App 就可以轻松买单，省去了排队付款的时间。

除了以上提到的在物流、支付方面的创新以外，盒马鲜生还为消费者提供了“边逛边吃”的新鲜体验，消费者购买食材后，只需要付一点加工费用，就可以让“盒马工坊”专业的厨师现场烹饪。

盒马鲜生开创了“生鲜食品商场＋餐饮 +App 电商＋物流快送”等多业态创新形式，它让人们看到了线下门店的无限可能。

而这些创新的背后，是强大的技术支撑。盒马鲜生为此花了 1 亿元重金打造了一套物流体系，大力建设常温、冷链物流、海鲜圈养池等，大大提高了物流竞争力。盒马鲜生门店是“商场＋餐厅”的形式，要实现这一形式，不仅需要争取到监管部门的许可，还需要花钱做好明火的消防设计。此外，在盒马鲜生购物不接受现金交易，只能通过 App 付款，也面临着不小的舆论压力。

盒马鲜生通过重构人、货、场，为线下门店寻到了一条新的可行之道。

7-11 为什么能打赢电商

在马云提出“新零售”这一概念之前，著名的连锁便利店的 7-11 就已经开始了新零售的实践。为了在业界保持一定的竞争力，7-11 通过不断优化物流体系，来降低商品的价格。近年，甚至还尝试了无人店。其成长之路，就是各企业学习“新零售”之道的最佳范本。

7-11 源于美国成长于日本。1927 年，美国的一家专门卖冰块的店铺，叫“南大陆制冰公司”，在经营的过程中，为了满足消费者的需求，不断增加商品的种类，如鸡蛋、饮品等快消品，这就是 7-11 的前身。

1974 年，7-11 由日本零售业经营者伊藤洋华堂引入日本，2005 年伊藤洋华堂收购了其大部分股份，7-11 正式成为日资企业。7-11 的名称的含义是指，该商店营业时间由上午 7 时至晚上 11 时，引入日本后营业时间调整为 24 小时。

7-11 已经有 90 多年历史，在全球拥有 7 多万家连锁店，营收在 4 000 亿元左右，2019 年全球 500 强排第 159 名。7-11 的制胜之道，主要在于以下几个方面。

1. 就是反其道而行：高密度集中开店

7-11 便利店一直秉承“特定区域高密度集中开店”的策略，密集到什么程度呢？在 500 米的半径内，甚至能开 2 家店。这么布局，难道不会在内部形成竞争吗？其管理层却认为，密集选址好处多多。

好处之一，能够提高品牌知名度。这就跟电视广告一个道理，有了曝光量之后，人们自然就会对这个品牌产生了一定的信任和依赖。同时，门店与门店之间，可以互相享受促销活动带来的红利。还有，这也能实现高效物流配送——通过集中化的物流管理，能够有效地减少每件商品的物流费用。

好处之二，就是能够提高运营效率，同时也能提升物流和配送效率，实现门店之间对后台信息系统、供应链系统的高度共享，有利于发展的连续性和稳定性。此外，7-11 在选址的时候，会考虑生产、配送等方面的需求。比如，为了保证产品的新鲜度，门店不会开在距离配送中心 3 小时以外的地方。

当然了，为了不形成内部竞争。7-11 密集式开店的原则是在 100 米半径内不能有 2 家店，尽量保证周围 300 米内有 1 ～ 2 家店。此外，每一便利店都有明确的目标人群定位，保证了在一定区域内密集分布的同时又不相互竞争，从而形成地毯式轰炸。

2. 打造高效的物流体系

通过前面的几个案例，你会发现成功企业的一个共同点，那就是它们都拥有高效的物流体系，7-11 自然也不例外。在 7-11 发展之初，要通过给 100 多家厂家打电话、填写收货单这种低效的方式来进货。随着门店日渐增多，这种方式已经无法满足经营的需求了。

于是，为了保障门店的供货，7-11 建立了自有供应链系统，这个供应链系统被称为“供应商配送统一化”。

这种模式是怎么运作的呢？过去，每家门店单独对接供货商的方式不仅低效而且成本很高，7-11 建立的“供应商配送统一化”商品配送系统，通过在各个地区建立配送中心，统一接收供应商的商品，再由同一家配送中心承担每个门店的配送作业。

有了统一配送系统作为支撑，以“温度区分商品”的方式就成了可能。像沙拉、火腿肠等在运输过程中对温度有要求的商品就可以集中运送，降低了运输成本和提高了效率。

3. 重视消费者数据

我们说，新零售与传统零售的区别之一，就是新零售重视消费者数据。7-11 通过 POS 收银机系统收集消费者的信息，这其实就是一种原始的“大数据”收集方式。7-11 是最早使用 POS 收银机系统的企业之一，它除了用收银机系统完成支付以外，还通过在键盘上加设性别、年龄等按钮，收集每位消费者的信息。

消费者付款时，店员会根据其特征在键盘上输入相应的关键词，如“男性”“少年”等。这些数据可以让企业进一步了解消费群体的需求，鉴别热销产品的特性等。在大数据等新技术没有被广泛应用的 20 世纪 90 年代，7-11 就靠这种方法，收集消费者数据，不仅如此，它还把这些数据分享给制造商，优化销售的商品。

2018 年，7-11 紧跟时代步伐，借助新技术在台北市开设了第一家无人店“X-store”。虽然它没有亚马逊无人店“拿了就走”的高科技，不过从入店、付款到离店，消费者不用靠手机、卡片或钱包，只需要要靠“刷脸”就能完成整个消费过程。据称，“X-Store”里应用了较先进的人工智能技术，如脸部生物特征辨识、商品辨识、电子标签、IOT 系统、智能语音系统、自动支付系统、扫地机器人等。不管成功与否，这一尝试都体现了作为便利店之王 7-11 的创新意识。

Chapter 05

第五章

推动新零售的动力快车

不断创新和颠覆是互联网唯一的成功法则。

——李善友，酷6网的创始人兼 CEO

在“新零售”大潮中，各种黑技术五花八门，让人眼花缭乱，不过，归根结底，最终都是为了让用户获得良好的体验或者提高运营的效率。而新零售新模式的落地，通常是两种形式：一是，线上 + 线下，可以提高坪效；二是，有人 + 无人，可以提高人效。但从目前的新零售实践来，很多所谓拥抱“新零售”的实践，往往流于形式，效果往往是 1+1 小于 2 的。零售从业者需要保持头脑清醒：不管是哪一种技术革新，都是需要人来操作运行的，如果人的认知不更新迭代，企业就无法进化到所期望的新零售物种。

新技术的发展自工业革命以来就是推动商业社会不断更新迭代的最大动力，“新零售”浪潮也是一系列新科技叠加推动的结果。在这一章中，我们将逐一剖析“新零售”背后的技术，它们就是一列强劲的动力火车，带动整个零售业态向着更高效的方向飞驰。

第一节 新零售新技术的突破口

要了解哪些是对新零售起关键作用的技术，先要了解哪些是零售行业的痛点。技术不仅仅是那些穿着白大褂头发蓬松的科学家在实验室里捣鼓出来的"秘密武器"，它也包括人们在众多的实践中逐渐摸索出的一整套实践的新流程或者新模式。结合当前的零售环境，下面介绍这新科技应用的着力点。

引流获客

如第一章提到的，互联网在中国高速发展的红利期已过，电商数量急剧增加，但上网人数增速大大放缓，电商获客的成本开始呈直线上升。当前零售行业的一个痛点就是：在新的市场环境下，企业能不能有效地避免一直陷于拉线、转化、复购的泥潭中，用一种低成本的方式去建立自己的流量池，高效低成本地引流获客，关系到线上和线下零售业者的生死存亡。

获客技术是新零售最渴望得到加持的领域，因为新零售的核心就是由经营商品为中心转变为经营消费者为中心。

新零售获客技术的思路就是：找到顾客、连接影响、增加黏性、培养终身顾客。

这个思路的逻辑，一方面是零售业态的商业逻辑有了重大的变化，不再以商品为中心，而是转化为以顾客为中心；另一方面，在互联网环境下，找到顾客、连接影响、增加黏性、培养终身顾客可能都要借助互联网的技术手段、采用互联网的思维，只有这样才能最大限度地降低成本，提高效率。

从目前来看，不管是线上还是线下，现在我们所看到的技术手段都不算很成熟。比如，有赞在帮助线下零售店实现粉丝转化；海尔顺逛、拼多多也在摸索尝试用新的技术获客。这种技术创新应该区别于以往的会员管理，其关键在于如何增加转化率，如何增加复购率，如何增加顾客的黏性，如何培养出终身顾客。

如何运用新的技术手段在这个领域取得突破将是新零售落地的一个关键点。

提升消费者体验

如第三章所叙述的，线下与线上相比，最大的优势在于能给消费者更全面、更具有感官性的消费体验。实际上不管是线上还是线下，提升消费者的消费体验都是最重要的，只有提升了消费体验，才会有源源不断的回头客，这是零售业千古不变的定律，因此这也成为新零售技术应用里另一个可以深入探讨的领域。

消费者体验主要有三个方面：一是商品或者服务本身给消费者的使用体验；二是消费过程中由人提供的服务；三是购物环境、购物流程给消费者的观感。

商品或者服务本身的使用体验就像一位美女的相貌身材气质，服务、购物环境、购物流程就像是这位美女的穿着打扮行为举止。相貌身材气质固然能招来“爱慕”，但是“人靠衣装佛靠金装”，一个人的衣着打扮行为举止也是吸引关注不可或缺的一部分。

新零售的技术应用主要是“衣装”的部分，新科技将成为改变消费者体验的重要手段。用哪些技术手段，可以改变哪些零售模式，创造哪些新的零售手段，解决哪些行业的痛点，怎么才能有效提升消费者的体验，这些方面都是每个新零售从业者都应该关心和注意的。

以目前的消费市场环境，主要有以下几个方面需要注意。

（1）消费者寻找商品的痛点，如何使零售商铺内的商品能够更准确、更快捷的触达目标消费者。

（2）帮助消费者实现“所想即所得”。如帮助消费者组合一些小众的商品类别。

（3）帮助消费者解决购买决策的痛点，让他们以尽可能少的时间找到心仪的商品，做出正确的购买决策。

（4）支付痛点：如何通过灵活的支付手段，让消费者的购买变得随时随地，有效提升消费者的购买效率。如刷脸技术等。

围绕消费者体验的技术创新，关键是要找到消费者的痛点。消费者的痛点是什么？他们真正想要的是什么？或者他们知道他们真正想要什么吗？找到痛点以后，如何用新的技术手段进行迭代、升级目前的模式、提高当前的效率，方案如何落地，这些都是零售技术创新需要思考的。反过来思考也是通的，如判断一项新技术能否带来效益，可以从能否为消费者带来更多体验上做判断，如果不能带来有效的体验价值，那么这项技术创新很可能没有商业价值。

降低零售成本

现在许多零售技术创新更多的是指向降低人工费用这一显性成本上，无人货架减少了雇佣售货员的人工成本，这可以理解，因为这是看得见、摸得着、可以计算的。但零售企业最大的成本其实是效率成本这样的隐性成本。效率成本包括供应链效率、物流效率、商品管理效率、员工管理效率、店铺运行效率等方面，降低这部分的成本，要下的功夫比节省显性成本的大。

新零售的技术创新应该更多关注效率成本的改变，能够从技术改变效率这一更有效的方面降低企业成本、行业成本，通过效率的有效提升，切实降低企业成本。但是一定要"不忘初心"，一定不能是为降低企业成本而降低成本，降低企业成本一定要服从于有效提升顾客体验这一大前提。

降低零售成本其实不管是"新"零售还是"旧"零售，都是企业关注的要点。这一部分的技术创新相对较难，一是通常企业都有依赖过往成功路径的问题；二是这方面的改变牵扯到的细节比较多，决定成败的因素也比较多。企业需要有敏锐的洞察力、较强的研发力、积极的心态，才可能主动推动相关方面的技术变革。

提升零售效率

提升效率也是降低成本的一个方面，这也是新零售技术变革的重要方向之一。我们需要以变革的思维、创新的思路研究技术驱动，在原有模式的基础上"叠床架屋"，往往难以产生更有价值的技术效果。

提升零售效率的空间是很大的，这是由现有的技术进步决定的，我们所关注的就是如何把这些技术应用在我们的企业里。

互联网和信息技术在中国的高速发展，使得未来的企业首先可能是一家信息技术企业。因为那些不具备敏锐的把握信息技术能力、不具备较强的信息技术开发能力的企业，会慢慢地在滚滚潮流中被淘汰。未来的企业一定是靠技术的，技术提高效率，而提高零售效率最迫切的就是重构信息技术体系。

以下几方面可以作为思考的方向。

（1）由以管理商品为中心的信息系统转向为以管理消费者、管理订单为中心的信息系统。改变以往业务链条始于商品、终于商品的流程，重新打造出一条始于订单、终于订单的新的业务链条。以消费者订单为中心统筹整个企业业务链。

（2）由静态数据系统转向为动态数据系统。这个信息系统一定是以互联网环境为依托的技术应用，以往的业态往往是静态数据格局，也就是各个部门、各个环节的数据“老死不相往来”，各自成为一个闭环。我们要做的就是要打破这种闭环，重新建立一个动态数据模式，提升信息系统的快速反应能力。由分割的模块化逻辑关系走向多点链接双向反馈的新机制，而这个机制的核心就是打通接连企业的各个环节，通过互联网模式提升组织的运行效率。

改造零售的信息系统是提升零售效率的关键基础，如何重构新的零售信息系统是技术切入时首先需要思考的问题。

第二节　人工智能是新零售的引擎

新零售实质上就是对人、货、场的重构，是以消费者为中心的全渠道、高体验的服务。商家要实现全渠道与消费者产生连接，不仅需要有一个智能、高效的供应链来支撑，也需要灵动、高质量的物流服务来辅助。

在国内，最先在智慧物流和供应链进行布局的企业是电商行业巨头京东。早在 2017 年，京东就动作频频，先是在 4 月宣布物流子集团成立；6 月，京东 CTO 张晨又在某个展会上称，下一步会利用人工智能技术和大数据来获取消费者的各种购物需求，通过建立无人仓储，让机器人融入整个物流仓储生产，从入库、在库开始，直至拣货、分拣、装车的整个过程都无须人力，各流程机器人环环相扣配合作业，加上人工智能算法指导，仓储运营效率能够得到大幅度提升。

众所周知，传统物流有着信息滞后、效率低下、用户体验不佳等问题，智慧供应链体系的建立大大弥补了这些缺陷。该体系以互联网、物联网、云计算等技术为支撑，收集和分析用户的各种行为，极大地提升了物流服务体验。上海大学需求链研究院院长高峻峻指出，京东物流最关键的竞争力是智慧供应链。智慧供应链最大的特点是，时刻围绕着市场和消费者的需求并以此为企业运营提供指导，优化并制定运营策略。总体来说，电商企业要想转型，可以向京东物流学习，通过不断优化供应链等经营策略，来满足消费者的各种需求。

在为消费者解决问题、提升服务体验的探索上，智能客服比智能供应链更贴近消费者。近年来，阿里巴巴面向淘宝系千万商家，发布了一款名为“店小蜜”的人工智能服务机器人。店小蜜能够取代部分客服工作，比如，咨询商品、为消费者推荐商品、咨询答疑、订单修改、退换货等。据统计，2019 年“双 11”当天，店小蜜提供在线咨询对话量 3 亿次，解决率达 70%，承接了淘宝、天猫平台高达 97% 的客服需求，提升了消费者咨询服务响应体验。

人工智能助力无人便利店

在人工智能的风口，国内外的新零售商开始开设无人便利店。2016 年年底，亚马逊宣布推出名为 amazon go 的线下购物门店。消费者只需下载其 App，在商店入口扫码即可进入商店购物，系统将自动甄别消费者购买的商品，并通过 App 完成支付。紧随其后，2017 年 2 月，阿里系的无人便利店 TakeGo 也首次亮相。TakeGo 是深兰科技创立的无人智能店，该智能店还有支付宝、芝麻信用等参与。可以说，有了这些行业巨头的技术支持，TakeGo 的购物模式比亚马逊更为先进，除了应用了人工智能领域最先进的技术（深度学习、扫码支付）外，还应用了生物识别技术，能识别手脉，消费者通过扫手即可进店购物。TakeGo 的射频技术可以自动识别消费者拿起又放下了哪些商品，并同步到手机的购物车中，消费者选好商品后，可以直接拿走，支付宝或微信进行自动扣费。之后，应用 RFID 传感器等各种技术实现的无人超市、无人便利店也如雨后春笋般亮相。

人工智能零售领域方兴未艾

人工智能技术的崛起，改变了人们传统的购物方式，优化了消费者的购物体验，加快了新零售的发展。在传统零售业，虽然有着海量的消费数据，如消费者购物行为、商品销量等，但整个行业的数据并没有打通，各个商家之间的数据是完全孤立的、不对称的。人工智能技术的发展能解决识人、识别场景的能力，从而给消费者提供私人化、即时性、精准的服务。

人工智能显著特点在于机器的深度学习，谁能充分掌握机器深度学习的技术，便能实现各种任务。遗憾的是，人工智能目前只是被深入应用于医疗、教育行业，在新零售以及其他领域仍处于初级阶段。如果新零售行业是一片沼泽地，那么前方尚有大片的探索空间。即使国内外已连续出现类似于 amazon go 的无人便利店，但前路尚未明朗。总之，人工智能在新零售领域方兴未艾，路漫漫其修远兮。

2016 年，人工智能 AlphaGo 打败了世界围棋冠军李世石后，人工智能技术声名鹊起。媒体不吝版面的报道，吸引了大批专注于新零售行业的人工智能公司。只不过这些公司大部分是创业型企业，虽然他们专注于个性化的市场，但这些中小型创业者多扎堆在同一个领域，同质化严重。同时，大量的投机者入场也拖延了整个行业的发展进度。他们研发的人工智能技术能不能在新零售行业中得到推广，还需通过时间的检验。

俗话说，物极必反。不少应运而生的新零售领域的人工智能企业，是否昙花一现尚未可知。只有通过增强计算能力，提高数据的精准性，方能加快新零售行业各种应用的落地。

总而言之，人工智能已经带领零售行业进入了新的时代，同时，资本巨头无论是在人才上还是在资金上的加持，都能为整个行业添砖加瓦。

此时，奉劝小微企业，不要盲目入市，只有经过理性的分析，以战略为指导，才能在危机中捕捉机会。

人工智能应用的具体场景

零售业数据来源具有多样性、复杂性的特征，在各种场景应用中，对数据的精准性与时效性也提出了较高的要求，这意味着需要通过人工智能来做技术支撑。人工智能可以把海量的用户数据，整理分析成有价值的信息，提高数据和信息的有效性。

场景 1：智能导购

新零售的导购，是全渠道智能导购。传统零售业提供的导购服务水平参差不齐，而人工智能技术、机器人等智能导购的出现，则能在购物体验、产品营销、运营管理上为商家提供有力的技术支持。智能导购兼顾多种作用，如门店引流、社交圈打造、品牌营销等，能在任何时间和地点满足消费者在购物上的需求。

场景 2：智能配送

“新零售”之新，首先在于物流。毕竟只有高效又便捷的物流，才能为消费者提供更快、更好的购物体验。目前，大部分商场的送货标准时长在半个小时至一个小时之间。而智能配送，为短距离配送提供了新的可能。

短距离配送，打通了大数据时代下的最后一公里。通过互联网购物后，所消费的商品从某个分拣中心出发，然后运输到消费者手中。而短距离配送的主要是快消类商品，因此，“最后一公里”的配送物流与每个人的日常生活息息相关。但传统物流下的短距离配送成本过高，只有通过智能算法来优化才能降低成本、提高配送效率。

因此，大部分新零售企业借助第三方智能配送来弥补自有物流的不足，通过人工智能提供的最优配送方案提高配送效率和降低成本。

场景 3：智能买手

买手，是零售行业的灵魂人物。俗话说，“千里马常有，而伯乐不常有”。挖掘和培养一个优秀的买手需要付出高昂的成本。优秀的买手，不仅需要对商场以及商品有全方位的了解，还需要有一定的销售能力。

有了人工智能，便能大批量地解决这一人才难题。商家只需通过算法输入需求，便可量身打造专属的智能买手。不但能省下人力成本，还能够对市场进行预判，从而提高销售量。

2018 年，借着新零售的东风，各类新零售形态出现了爆发式的增长。人们的购物方式更多地转到了线上，只需动动手指，便有人将所购买商品送上门来，这给传统门店带来了巨大冲击，守旧不转型的店铺只能面临倒闭。

零售业盈利的关键，在于控制成本和提高销量。而在新技术的支撑下，新零售业能够科学地进行成本管理，有效地实现销售目标。

大数据和人工智能赋予了新零售业无限的可能，以下是主流的应用方向。

1. 运营

（1）会员管理

要做好会员运营，就需要先对会员进行有效的群像分析。传统零售业的会员营销管理没有大数据及人工智能技术的参与，会员管理低效、松散、被动。随着消费升级、技术革新以及线上和线下交融，传统零售业的营销管理已无法满足现代人个性化、便捷化、多样化的消费需求。

新零售时代会员管理要做到：以会员标签化为基础，收集和分析会员社会特性、生活习惯和购物行为等个人信息；利用会员管理系统对会员信息进行整理、归类、分析，从而精准地确定目标人群，产品覆盖区域等；记录会员购买的种类、购买的品牌、购买的数量、购买的时间、购买的频率、购买的地点等消费行为数据，进行“精准营销”；通过会员的购物反馈、购物体验，满意度等建立起数据库，形成线上和线下全面贯通、迅速响应的反馈机制，从而提升服务质量；根据产品的特点，找到目标群体，在消费者偏好的渠道上与其交互，促成购买。

（2）精准吸粉

在进行宣传活动时，只有精准找到目标客户群，才能有效地实现促销任务，而大数据能有效地为商家提供精准的会员信息。

（3）线上运营

新零售有着传统零售业无可比拟的优势，既能为消费者提供线下体验，又能在线上与消费者零距离互动。目前，新零售企业会借助新媒体工具，如微信公众号、微信群、小程序、App 等与消费者互动，提高消费者黏性。这些新媒体工具，也是商家收集会员信息及推荐产品的利器。

（4）商品推荐

根据会员的基本属性、消费、浏览、搜索、参与活动等信息，分析消费偏好，并在不同的场景和时机下，向会员推荐合适的商品。

比如，当会员常浏览或搜索某样商品时，商家便可向其推荐相关的产品，甚至能够通过识别会员的购物车，推荐其感兴趣的产品。

（5）网站优化

通过大数据的支撑，商家可在网上商城的后台，获取每一位浏览者的浏览信息，更能追溯到浏览者从哪个页面进入商城的，甚至能获取浏览时长、浏览操作等信息。通过以上这些数据的收集，便可分析网站各个入口的转化率，确定网页布局的合理性、页面设置的优劣，以此来优化页面设计、购物步骤，从而提高用户体验。

2. 商品 / 采购

（1）智慧选品

无论是传统零售，还是新零售，商品的选择很关键。相对而言，新零售更便于商家筛选商品。商场如战场，只有“知己知彼方能百战不殆”。

商家通过爬虫技术，可轻松获取竞品信息，通过品牌、产地、属地、销量等信息，可深入分析竞品的优劣。利用他们的数据，侧面获知市场需求，以彼之数据为己所用，通过竞品的分析数据，不断调整自有商品的类型、定价等信息。

（2）精准定价

所谓的精准定价，是依托大数据和智能算法，对商品制定的一套“智能化”的动态定价策略。价格并非一成不变，根据市场环境来调整价格。

3. 门店

（1）客流分析 / 动线分析

传统门店往往缺乏科学智能的客流量统计方法，也缺乏高精准度的客流量统计系统。随着视频监控技术的出现，客流量统计成了可能。通过空间与时间，统计客流信息，给门店提供了高准确率的数据。

过去，传统的零售业只能通过会员制来获取消费者信息，通过消费来了解普通消费者。有了视频监控技术，用人脸识别技术来打通消费数据及客流数据，从而获取更为详尽的信息。通过人脸识别算法，便可轻易调取消费者到店的时间、离店的时间、不同区域的停留时间等信息。此外，在购买行为上，还可调取消费者拿取的商品、试用的商品、实际购买的商品等数据，通过终端系统识别不同类型的消费者。

通过这些数据，不仅能更科学系统地了解门店的客流信息，也能在第一时间分析出门店客流产生波动的原因，是不是天气、位置、促销、活动的影响等。根据不同的时间段生成的数据，商家可以对各个时间的滞留人数生成各类报表，按不同时间段的客流量分布的特征，合理分配工作人员，能有效提高消费者的满意度。

门店内外的消费者特征。比如，通过分析在门店经过而不进入的人是怎么样的，进店的人又是怎么样的，可以了解是否吸引到目标客户群。如果没有，则需要调整运营策略。同时，还可以看出哪类人群是可发展的，根据这类人群的需求，定制差异化的运营策略，拓展消费者群体。

而这些出现在门店附近的人群，只要是进到门店内，就是进店转化率。进店转化率的大小代表着门店的吸客能力的高低。门店可以根据不同时间段的进店转化率来分析哪一时段的吸客能力最强，从而为促销、打折活动作指导，也能了解促销活动效果。

入店后进行消费的客流量，就是消费转化率，它代表着进店客流中有效客户的比例。通过对这一数据的分析，便可对门店的服务、销售能力进行判断。此数据同样可用于在不同门店间对比排名，消费转化率低的门店要向消费转化率高的门店学习。

通过动线分析，便可了解消费者在店内的所有动态，包括停留区域、停留时长等，从而了解各个区域商品的被关注度，有助于商家调整展示窗口、货架摆放、各种软装等，同时，合理分配各个区域的工作人员。最重要的是，能够让整店坪效最大化。

此外，可通过人脸识别系统，识别进店的消费者是否为会员，以及以往的消费信息、优惠信息，针对这些信息，推送个性化的消息提醒，提高消费率。

（2）刷脸支付

人脸识别系统，让消费者的付款方式有了新的可能。其中，刷脸支付便是时下最流行的便捷支付方式之一。消费者在消费的时候，无须带钱包、银行卡，通过人脸识别系统扫描人脸后，系统便可快捷、精准地对消费者进行身份识别，自动在消费者绑定的账户中扣除消费金额。

作为新零售业态下的新兴产物，刷脸支付这种新的支付方式还是有一定的交易风险的：主要有隐私泄露、盗刷、误识、技术攻破等风险。不过，随着刷脸支付技术的日趋成熟，相信这些风险能逐步得到控制。

（3）口碑分析

口碑，可以成就一个门店，也可以摧毁一个门店。因此，口碑分析尤为重要。大数据支撑下的文本分析算法，能够通过互联网上的用户评论数据以及线上的用户满意度调研数据，给商家提供真实可靠的门店评价状况。

口碑分析包括以下几个方面。

①门店整体口碑。主要涉及门店服务态度、店内卫生、购物体验、商品质量、物流配送等方面。

②消费者提出的需求。可把口碑分析信息中的消费者需求和建议，反馈给各个部门，作为提升门店综合服务质量的动力。

此外，口碑信息也可作为重要舆情事件的参考数据。在日常管理中，亦能辅助管理者防范舆情风险。

（4）商品陈列

零售的场景包括陈列、收银和盘点。好的商品陈列，是无声的促销。说到底，好的商品陈列就是要让消费者有购物的欲望。

动线分析便可作为商品陈列的指导数据之一，合理地规划动线，能够引导消费者按照设计的动线来走，增加线旁相关商品的销售机会。此外，商家还可以分析订单数据得出消费者购物习惯，研究出合适的陈列方式。比如,某些消费者习惯购买某一类的商品，而这类商品并没有摆在一起，为了方便消费者，商家可把某类商品集中在一个区域内。举个有趣的案例，在俄罗斯世界杯期间，某些商场通过销售数据分析，他们发现不少消费者会选择同时购买啤酒和小龙虾，商场便把两者捆绑打折销售，取得了不错的业绩。

（5）购物篮分析

购物篮分析就是分析消费者的购物篮，研究消费者的购买行为。它起源于营销界的一个名为“啤酒与尿布”的经典案例：年轻的父亲去商场买尿布的时候，也会顺手买啤酒，虽然这两种商品看上去毫不相干，但因为这两件商品同时满足了父亲与婴儿的需求，所以会常常出现在同一个购物篮中。可如果消费者不能很快找到啤酒的位置，便会放弃购买啤酒，只买尿布。于是，某一大型连锁商场尝试把啤酒与尿布摆放在相同的区域，为消费者在购物上提供了便利，也引导了消费者同时购买两件商品。这就是“啤酒与尿布”的经营策略。这一策略的主要的目的在于找出购物篮中商品的关联规则。作为商家，不妨研究一下关联商品。

因此，购物篮分析的关键是找出商品的相关性，不同的情况侧重点也不同。如果消费者是一次性购物，那么就该分析这次购买商品间的关联性；如果消费者是分多次、不同时间段购买，就该分析他优选选择了哪些商品。这类问题被称为序列问题。

购物篮分析的作用主要是让商家了解哪些商品的关联度高，适合捆绑销售。只要产品间的适配度高，无论是摆放在一起，还是打折销售，都能取得不错的销售业绩。

（6）人员编排

人工智能技术能够给门店提供各个时间、不同空间的客流信息。在门店人员排班中，除了要兼顾员工的需求，不同区域客流量以外，还需要考虑门店的人流量、营业额、假日等。

（7）货架监控

摄像技术和图像识别还有一个特别厉害的功能，它能自动识别冰柜、货架、堆头等设备上的商品的保质期。此外，还有查看商品摆放是否整齐，位置是否准确等功能，并能及时把信息反馈给工作人员。

（8）智能巡店

智能巡店是新零售智能发展的新应用，不仅能为门店解决管理上的各种问题，更重要的是能为消费者提供更好的服务。管理者即使是在千里之外也可通过该应用实时监控门店，并通过语音与店内工作人员进行互动，改善门店经营策略，解决门店的各种管理问题。除此之外，管理者还可以通过视频监控和客流数据，了解消费者进店动态、服务质量，提前规划商品的布局、改善服务体验，从而提高商品的销量。

（9）智能防损

在商场运营中，防损工作不容小觑。重要的损失往往发生在收银部分，针对这个特点，可将收银单据实时显示在监控画面上，确保每一笔交易的真实有效。发生纠纷时，通过输入单据号便能快速搜索到收银时的监控画面，有效防止收银错误等。

此外，人工智能技术还可以快速识别“惯偷”，人形识别技术有识别告警通知，能排除误报的骚扰，让每一次的告警更加精确。

（10）大屏幕营销

数据可视化是指把看起来繁杂的数据，以图形等可视化的手段，展现在人们面前，相对于传统报表，数据可视化表达更为直接，更有助于人们分析数据和信息。

大屏幕的商业价值不容小觑。对内，能够实时监控团队进度、竞争分析、量化考核，能对一些故障做出及时响应。通过可视化大屏幕，可实时了解门店的各指标情况，如累计营业额、新增会员数、畅销商品等。对外，大屏幕营销的应用场景同样广泛，不仅可用于新店展示、活动促销互动，还可以在与政府或业内人士交流时，展示企业经营状况。

（11）商圈分析

人工智能技术能够打通各行业的各种数据，帮助人们了解设置在不同商圈的门店的经营状况、消费者特性等。整个城市的大数据包括商圈、人口、居民收入、住宅、楼价、人群构成、位置、交通等，这些信息，可以辅助商家进行个性化的门店选址。

（12）竞店动态

人工智能技术可抓取线上数据、采集线下调研数据等，获取各个竞争商家的信息，包括竞争商家各个品类的占比、商品售价、引流活动及效果、门店陈列等。

4. 拓展

希尔顿酒店的创始人曾经说过一句经商名言：“地段、地段，还是地段。”好的商铺位置，能够最大程度降低经营成本，提高客流量，从而提升店铺收益。

以往，商家在为门店选址的时候，只能通过调查问卷、现场考察、人工填表等线下形式来收集信息，这种方式弊端重重，尤其是在收集区域人口分布和人群特征这类大型数据的时候，问卷质量参差不齐、数据不准确等情况常常出现。此外，传统的选址方式具有盲目性，无法为商家提供个性化的选择方案。

数字时代的来临，为高效、精准选址带来了重要契机。智慧选址依托大数据、人工智能等技术，可从目标客户定位、市场环境定位、店铺定位等方面，为线下商业提供整体的、全新的智能选址规划，包含商圈透视、店址评估、客群洞察、网络规划、智慧运营等。

此外，智慧选址技术还能自动匹配周边的客流、门店的经营数据、用户的交易数据、竞争对手的门店位置等信息，为商家提供客流监测、客群洞察、店铺评估、运营分析等服务，从而实现智慧运营。也能让商家知道在哪里开店能够实现利润最大化，大大提高了开店成功率，同时也提升了不同区域中消费者的匹配度。因此，智慧选址能够为企业提供选址、商品选购、客群定位等方面的帮助。

5. 客服

（1）智能客服

如今，随着消费者各种个性化需求的增长，零售企业的人工客服等渠道已经无法满足消费者的沟通需求，在中国的智能客服市场，智能客服企业和产品层出不穷。

目前，智能客服应用场景广泛，主要有智能外呼、在线客服等。在线客服能进行自然语言处理，通过在智能客服知识库中设置关键词及答案，消费者用文字或者语音来传达问题，智能客服机器人便能自动解析消费者的问题，反馈给消费者答案，如阿里小蜜、小 i 机器人等。智能外呼可通过机器的说话方式引导与消费者对话，筛选出意向消费者，对消费者进行分类，例如：UDESK、智齿科技等。

6. 仓储

（1）库内监控

传统仓储管理记录方式烦琐、效率低下，容易出现伪造数据、人力成本高、库存信息滞后、仓库作业效率低下等问题。而在人工智能的支撑下，能够实时对仓库进行监控，从入库到出库全流程协助管理人员进行管理，不仅能保证仓库数据的准确性，也能为人员排班提供指导。

库内监控具有时效性、透明性、公开性等特征，不仅能提升每平方米的订单效率、拣货速度，还能提升货品周转的速度。

（2）拣货路径优化

要提高拣货效率，就要优化拣货路径，改善设备。目前，最常使用的智能拣货技术是仓储机器人，它能实现全方位的作业、提高拣货效率和订单出库率。智能拣货全程无须人工参与，机器自动拣完货后，直接把货物交给运输人员，提升货位利用率，减少货架占地成本。此外，还能够优化出货流程、减少错误，全自动化的流程高效精准。

7. 配送

（1）运输路径优化

优化运输路径也同样重要。人工智能系统可运用动态规划算法，规划出最佳的运输路径。

（2）运输监控

在货物运输过程中，通过安装人工智能摄像头、运用可视化技术，再加上网络通信、GPS定位等技术来实时定位运输中的车辆并掌握其动态。除此以外，还可对车辆到达时间进行预判，发出延误预警，保证运输的准时性。

（3）智能装车调配

人工智能技术能预测需求量，利用模型来计算出哪些区域需要补货，再通过各种运输数据，以及各计划补货人员负责的区域，自动生成并优化最合理的排车计划。

排车计划不是一成不变的，它要综合考量经营策略、促销产品、调配库存等，是动态的。通过系统后台灵活地设置数据，这些被改动过数据会被系统记录下来，并按计划调整和实时调整，这能够为以后的排车安排提供参考数据。

8. 供应链

（1）销售预测

销售预测对提升业绩有着至关重要的意义。所谓的销售预测是指对未来一段时间内的销售总额的评估和判断。通常是通过以往的周、月、季、年的销售总额来进行预测。而人工智能的深度学习技术，能够根据天气、假期、促销、新品发布等方面的数据，分析商品销量或销售额的浮动情况，从而发现变化规律，进而预测商品的销量或销售额。在人工智能技术的支持下，这种销售预测是全自动的，无须人工干预，批量和分层次来分析数据，不仅能对不同层级的部门，如总部到门店进行预测，还能对不同层级商品，如商品的大、中、小等进行预测。

得出的预测数据，可用于企业战略、年度计划、分仓决策、补货计划、人员配置、物资调配等方面。

（2）智能分仓

智能分仓系统可通过运用遗传算法等优化算法，建立各种方案的模型，来给人们提供分仓参考。同时，智能分仓系统能自动对这些模型进行对比和分析，并调整出最合理的方案。

（3）自动补货

在库存方面，零售企业怕的就是过剩或不足。补货是一门学问，要求工作人员对销售状况进行科学的分析，要最大限度地匹配供给和需求。传统的补货方式无疑无法预测消费需求，进而无法实现按需补货。如能用人工智能技术将补货自动化、智能化，便能提升店门的整体运营效率。

补货二字包含了对门店销量的预测，但门店的销售状况是动态的，会随着气候、促销活动等而有所浮动。

自动补货策略需要依据“海量数据 + 智能算法”组合，打通生产、物流、售卖整个销售流程，根据需求变动进行预测，并制定出合理的补货策略，通过精准的“费用分配 + 灵活选品”组合，适配复杂环境。

9. 人力

（1）人岗匹配

挖掘人才是每一个企业的难题，现在，人工智能助力 HR 实现智能人岗匹配、大大提升了人岗匹配效率与准确率，将 HR 从机械、琐碎的招聘工作中解放出来。人才和岗位的匹配模型通过大数据技术，从学历、工作经验、业绩等方面精准匹配合适的人才。同时，模型还能根据招聘行为的自动优化学习调优，进一步精确定位候选人特征，提高人才与岗位的匹配度。

（2）离职预警

人工智能下的人力系统，能够自动获得人员的工作岗位、年龄和工龄等状况，也能获取人员最近浏览的网页等信息，通过机器算法，预判出员工的离职倾向，帮助 HR 及用人部门提前获知并进行干预，保证人员的稳定。

人工智能，必须要有大数据

人工智能和大数据是新零售业的双引擎，作为行业的基础设施，二者互相成就才能最大限度地提升整体效率。目前，大部分零售企业缺乏大数据采集能力与人工智能开发能力。

1. 网络营销的障碍

任职于美国西北大学的经济学家和经济历史学家罗伯特·戈登在著作《美国增长的起落》中提到，大数据本质上就是一种新的市场营销。的确，就目前来看，我们能接触到的大数据和深度学习最佳的应用便是网络营销，其实就是对消费者行为进行精确预测。

作家阿西莫夫在其科幻名著《银河帝国》中塑造了一位名叫谢顿的数学家，谢顿开创了一种叫心理史学的新学科。故事里，谢顿身处的银河帝国是一个生活着 2 500 万人的星球。谢顿觉得，可以利用这些人的数据来预测人类的命运。虽然个体行为无法预测，但只要把无数个个体数据整合起来，便能作为预测群体行为的数据依据。其中，心理史学就是数据收集的渠道之一。

遗憾的是，在这个问题上，阿西莫夫忽略了一个事实，那就是人类社会是复杂的体系，任何复杂的体系在本质上都是无法预测的。能预测的，反而是个体行为。我们每一个人都生而平凡，只要有足够多的个体数据作依据，便能轻易地预测出个体行为。

这个论点颠覆了传统经济学信条。按主流经济学理论，商家无法对同一产品进行不同的定价，无论卖给哪位顾客，同一商品的价格都是一致的。但有了大数据的加入，使“价格歧视”变得“理所当然”。网上购物和线下门店的商品便常出现定价不一致的状况。消费者为什么能接受了这种“价格歧视”？原因很简单，这种价格浮动正是由于商家研究了消费者的需求及消费心理。同一商品，门店按原价售卖，但在网上进行打折满减等活动，便能巧妙地刺激消费。

大数据能刺激消费，使得各互联网企业趋之若鹜。只不过，常言道，“水能载舟，亦能覆舟”。消费者对隐私问题越来越重视，而数据的滥用会导致很多潜在的风险以及社会问题。这就意味着，互联网公司必须及时调整商业模式来规避这些风险和问题。与此同时，大数据的滥用也导致了不少互联网企业盲目入市，缺乏对市场的理性评估。

当前，对“大数据 + 深度学习”的应用场景研究较为深入的便是网络营销。正如戈登教授所言，大数据正是新的市场营销。大数据背后的市场利益看起来很诱人，人人都想来分一杯羹，但如果没有建立起一套个人数据的监控体系，无度地滥用这些数据，势必会引起一系列的风险和社会问题，届时，互联网公司现有的商业模式也会随之出现问题。

2. 传统产业的回潮

人们习惯把互联网企业和其他产业划分为新产业和传统产业。实际上，这种划分并不科学。任何互联网产业的发展最后其实都离不开传统产业。比如，你用 IT 思路去造汽车，还是需要从类似宝马这样的传统知名汽车企业挖人才；你成立一支电子竞技团队，还是需要借助传统体育比赛的职业人士的力量。

“新零售”意味着线上和线下的融合、现代物流的深度融合。目前看来，线上销售貌似占据了有利地位，线下销售在日渐衰弱。

实际上是否如此？非也。要知道，“新零售”依赖的是线上电商，虽然其发展迅猛，但传统零售业也有着无法替代的优势。比如，对成本的控制、业务的管理经验等。最坏的时候，往往蕴藏着最好的机会。线上电商的发展，何尝不是在刺激着线下零售的崛起？

就当下来看，传统产业市场占有率较大，它势必能够再度崛起。而人工智能，便是使它焕发新生命的、最强劲有力的利器之一。强大的市场占有率，也为人工智能提供了无限的发展可能。

人工智能的技术内核是大数据加上深度学习，而传统产业积累的大数据才是真正的无价之宝，能源源不断地产生价值。这些数据和网上收集到的数据不同，这些数据更直接、更真实。比如，在火车头上装上传感器，便能随时收集列车行进的数据，利用这些数据，能够科学地根据地形和路段，设计行车路径及行进速度，降低能耗，提高行车安全。

未来，人工智能的发展并不局限在数据上，还可能对各种感知能力进行研究。传统机器人只执行命令，而没有感知，一旦指令出错，便容易出现安全事故。通过加入感知能力，未来的新型机器人便能感知人的身体，即使指令出错，也能自动停止伤害。这个领域一旦出现了技术突破，人工智能的前景将会更广阔。

因此，人工智能并非仅仅局限在互联网行业，传统产业才该是其根据地。企业家应该把目光放得更长远一些，充分利用起传统产业积累的丰富经验、技术优势、规模优势等。

总而言之，企业家在利用大数据时，需注重个人隐私的保护。为了利益而滥用个人数据，只会让企业有更多的法律风险和社会问题。同时，要充分利用传统产业的数据优势，用人工智能激活传统产业，为企业注入新的活力与无限可能。

人工智能如何重新塑造零售业

2019 年，快消品占据了新零售业的大半江山。这意味着：新零售将颠覆传统家庭消费模式，全面占据家庭市场，塑造新的家庭消费方式。《中国快消品产业年度报告》数据显示，2019 年，有 78％的中国城市家庭在线上购买过快消品，年均频次为 15 次。

从微小的决策层面看，商家要认识和考虑到快消品在新零售产业上的重要性。

2019 年，在 TMT 领域（TMT 是指科技、媒体和通信，现今市场上流行的人工智能、区块链、云计算、边缘计算、社交媒体行业、电商行业、游戏行业等都属于 TMT 领域范畴），发展重点是人工智能、神经网络、物联网、5G 通信。

2017 年是新零售元年，2019 年则被称为新零售的科技元年。除了人工智能技术的快速发展以外，用户也开始呈现出了高度的社会化特征。从大的决策层面看，未来的新零售行业，必将是社会化与新技术的融合。而从 2019 年零售业表现情况看，新零售可能是快消品和 AI、IOT、5G 通信的融合。也许可以说，TMT 基础领域的创新，会同步更新应用到零售业。

1. 技术篇

人工智能、物联网为未来的互联网技术提供了理想的“母体”。就目前的形式来看，它们正在快速融合。未来，现有的互联网技术，比如，移动网络、大数据和云计算等基础性技术，将作为技术更新迭代的根基。

虽然下述说法未必准确，但便于大家进一步理解什么是人工智能：如果说互联网是软件算法和应用的载体，那么人工智能就是实体应用下的软件算法。在人工智能领域，有着各种类型的分支，比如，智能机器人、语音识别等，但在日常的人工智能应用中，大众能频繁接触到的平台型人工智能工具便是智能手机。

从人工智能或与其有关联的技术创新层面来看，在当前已有的技术分类中，已实现了以下几大方面的应用：AR、VR、无人机、智能机器人、智能客服、语音助理、区块链技术等。

目前，在全球已经有主流科技公司对这些技术分支进行应用或进入测试阶段。只不过，每一个新技术在更新迭代的过程中，都存在着一定的不确定性。

综上所述，每一项新技术的发展演变，势必会影响新零售行业，这些技术也可能在新零售行业落地应用，如区块链技术，就为物联网、电商交易等方面提供了新的技术支撑。

2. 产业篇

虽然这些技术的发展，初衷并非为了零售业，但这无时无刻不在助力着零售业的创新。我们有理由相信，未来每一项技术创新应用到零售业的周期会大大缩短。

为什么这么说呢？

在国内，新零售业发展迅猛。与国外同行业及以往不同，当下，国内互联网公司正在用新技术全面接管和改造着零售业。

这就意味着，互联网公司要根据需求对技术进行更新迭代，每一项技术创新，都会以最快的速度发展成新的应用，并成为零售行业的新助力。同时，也为零售行业实体门店提供了新的营销、互动技术。

2017 年，快速发展的无人零售便是很好的例证之一。一方面，就连阿里巴巴（包括蚂蚁金服）这样的大企业，都看好无人零售业的可能性，并倾尽自身在前沿科技的各种技术资源，投入到无人零售的实验中来，持续优化和创新无人零售。

阿里巴巴从未停止在无人零售技术领域的探索，无人零售门店 WithAnt 就是其中的代表。WithAnt 首家门店开在蚂蚁金服办公大楼一楼，其实质上是蚂蚁金服周边产品的体验店。门店应用了各种最前沿的技术，比如，传感器、扫码支付、自动购物系统等。这种前卫的购物方式，对未来的无人零售来说，非常具有参考价值。

同一时间，猩便利、深兰科技等企业，也在不断地突破着行业新技术，比如，射频技术、图像识别、人脸识别等，快速调集各种资源，生成新的应用体验方案，通过资本的放大、全方位的推广，以最快的速度开辟并占据市场。

不少企业已经意识到，单靠一项技术创新，就想改变或重塑消费者的习惯，是“盲目自信”。这也正是，在市场的新鲜期过后，往往会淘汰掉一大批无人零售创业型企业的原因。

2017 年，是中国零售史上具有里程碑意义的一年。由于各大互联网公司引领了零售业变革，以及各项前沿科技的不断发展演化，在未来的若干年内，零售领域可能年年都会上演过山车式的创新热潮。

不过，值得肯定的是，正是由于技术创新赋能零售业，才打破了零售业的边界，使新零售融入人们的日常生活，并极大地满足人们精神和生理上的双重需求。

在新零售的背后，有一股隐形力量将其与传统零售区分开来，那就是泛零售。何为泛零售？泛零售是指以数据为驱动的、多种商业形态的复合体，是传统实体店与电商有机融合形成的新商业形态。它全方位的数据化，不仅贯穿和打通了用户的需求，提升了交付体验，还跨地域融合了零售、餐饮、本地生活的体验，在一定程度上颠覆了商品的生产和交易模式。正是看到了技术创新赋能零售的不可逆的趋势，为争夺在零售行业市场，2017 年，阿里巴巴提出“新零售、新金融、新制造、新技术、新能源”五新概念。

相信在新零售涉及实体零售、连锁店、餐饮业后，不仅会颠覆行业的消费、服务、支付等体验，还会加强零售业在实体经济中的权重地位。

3. 零售“三板斧”理论

人工智能对零售业的影响，就是实现“随时想买，买即收到，收到即用”，那具体怎么实施？

我们试着分析了目前各个分支前沿技术，初步推测出以下几点可供参考的方向。

（1）智慧交通——无人驾驶技术

无人驾驶技术是人工智能在交通领域的典型的创新技术，能使商品运输更加快捷，也能够大大降低物流成本，物流行业势必会迎来新的技术革命和管理革命。关于在智慧交通方面的探索，早已有企业涉足。比如，亚马逊、京东和顺丰的无人机送货技术便是其中的尝试，这些企业试图通过这一技术来解决送货难题。目前，该项技术已经趋于成熟。也许，不久的将来，无人机就会取代人力，解决货源地到消费者楼下的配送难题。

不少人对于北京便利蜂做共享单车项目感到疑惑。道理其实很简单，因为便利蜂是密集型开店，每隔 500 米就有一家门店，而店与店之间的这 500 米，刚好是单车能到达的距离。这种距离便于集中管理，参与共享单车项目，便是出行和零售组合在一起的尝试。

（2）智能机器人

智能机器人不单指具有人类外形的狭义上的通用型机器人，还包括具有深度学习能力，有一定思考能力的机器。物联网的出现使得机器能够产生数据，并实现相互“交谈”。物联网和人工智能两大技术相融合，给行业带来巨大的改变，小米智能音箱、天猫精灵等家居智能产品，就是物联网与人工智能结合的代表。这类产品虽然目前尚没有呈现出火爆的态势，但其市场份额未来可期。

新零售的大数据可以全面驱动消费者数据的采集和管理。你可能会问，消费者在店内的所有行动轨迹以及动作背后的价值如何挖掘，又该怎么发挥这些数据的效用呢？

以前面提到的蚂蚁金服的无人零售体验店 WithAnt 为例，WithAnt 通过店内密布的各种传感器和摄像头，在消费者进店前，便开始对其所有行为动作进行捕捉，并通过技术应用分析这些数据。在传统消费模式中，对消费者需求的洞察只能通过人工来完成，比如，利用商场的导购和促销人员采集数据。传感技术和摄像技术的突破，使得企业能轻松获取消费者在购物需求上的数据，实现更加精准的消费需求定位。

机器人在零售业的另一个可能性应用，是在餐饮业。2018 年，阿里巴巴率先开设了全球首家机器人超市——盒马鲜生，在其门店，应用了大量智能技术，如智能物流、智能运输、智能支付等，整个产品销售和消费购物过程，几乎不用人工干涉。

顺便提一句，5G 网络的推广将会为物联网提供更广阔的发展空间。

（3）虚拟应用——AR 和 VR

目前，苹果手机实现了 AR 方面的应用，大大提升了信息和需求的精准性，这也给行业传达了 AR 将和 VR 融合的信号。

除了苹果手机，还有天猫家居也应用了 AR 和 VR 技术，推出了线上逛店、模拟家装效果等功能，为消费者提供远程消费的新体验。

相信在未来，这种技术将会被应用到家居全品类，甚至应用到整个新零售领域，而那些在这方面率先研发出相关技术的企业，势必能赢得市场的先机。届时，将进一步突破门店和私人空间之间的壁垒，带领零售行业进入新的革命时代。

总之，在新零售行业，颠覆性的创新是行业发展的趋势，它将深刻影响着整个行业的发展进度。我们要意识到，所有创新技术更新迭代速度与各种基础性技术息息相关。比如，智能手机的发展，也受牵制于电池和屏幕技术的发展。

我们知道，人工智能的技术支撑是大数据和云计算等新型科技，那么，这就意味着，依赖于人工智能的新零售领域，势必要依靠着各种创新技术的应用落地。届时，零售业的概念，未必紧紧围绕着“新零售”三个字，但已更进一步实现了“新零售”。

第三节 物联网是新零售的轮子

> “万物互联”能够将人、流程、数据和事物组合起来，连接起物理世界中99%的事物，激发出属于它们的价值。
>
> ——戴夫·埃文斯，思科首席技术专家

在任何时代，各种资源和技术的对接，都能够产生巨大的价值。随着人工智能、大数据、5G通信等新型技术的发展，人们越来越看重物联网的价值。如今，我国物联网正处于快速发展阶段，已经被应用到工业、交通、医疗、物流和畜牧等行业。未来，物联网还有着巨大的潜能。

在零售领域，物联网被称为“世界信息产业发展的第三次浪潮”。

什么是物联网

物联网可以解释为“万物相连的互联网”，它不受时间、空间的限制，能够实现各种信息传感设备与网络的互通互联。

可以说，物联网将改变人们的生活环境与习惯。举个例子，小米的智能家居系列就是以物联网技术为支撑的。该系列的家居用品，都能通过米家App遥控，你到家之前，可以提前开启空调并调到合适的温度、运行空气净化器并自动检测空气指数、打开音箱播放指定的歌曲等。这些在过去只出现在科幻片中的场景，通过物联网技术，都成了现实。

说起物联网这个词，最早在20世纪90年代在比尔·盖茨的著作《未来之路》中就已经被提出来了。他在书中颇有先见的提到了无线音乐、移动支付等物联网技术。只不过，当时无线网络、传感技术等还没有发展起来，因此并未引起人们的重视。随着无线网络、传感技术的应用，他书中的这些创新技术就一一成了现实。

物联网，顾名思义就是物品、联接、网络。物联网实际上互联网技术的一种延伸。它能够连接任何你接触到的物品，比如，家电、汽车，甚至是大型的交通设备、票务系统等。

物联网其实是由“物”“联”“网”这几个层面组成，这几个层面的技术发展，成就了物联网的发展。

先说说物联网的第一个层面的“物”。

“物”也就是物品。一个普通的物品，只要给它装上传感器和芯片，再连接网络后，便具备了一定的感知能力、数据处理能力，这个物品就成了“智能”产品，如现在的智能家电、智能穿戴等。给物品装上传感器和芯片就是物联网“万物互联”的第一步。

这一步其实也是物联网的关键所在：赋予物品智能。而其中的技术支撑就是处理器和传感器。物联网的处理器指嵌入式人工智能处理器，这个处理器的特点是小体积、低耗能、可调配等。而所谓的传感器，可以理解为物联网的“五官”，它可以感知运动状态、地理位置、温度等信息。

接着说说物联网的第二个层面的“联”。

“联”，联系，物品连接互联网。现在物品连接互联网的技术主要有以下两种。

（1）封闭性的局域网。什么是局域网？所谓的局域网就是在一定区域内，数台计算机组成的网络系统，只能覆盖半径几千米以内的区域。局域网可以应用在设备相对集中的场景中，比如，智能家居、健康医疗等，通过 Wi-Fi、网关等设备来实现连接。

（2）低耗能的广域网。广域网也被称为远程网，能够实现几个城市的连接，甚至是几个国家之间的连接，它的特点是长距离、低耗能。广域网不能仅仅从距离上定义，还要考虑网络类型，因为不同网络之间要实现通信，也是通过广域网。目前广域网主要被应用在大型的场景中，如移动的物流、车联网，场地较为广阔的农业和畜牧业等，主要通过运营商网络、物联网专用网络来实现。

无论是局域网还是广域网，物联网连接的目标始终都是围绕着一个“低”字来行之，比如，连接的难度要低，成本、功耗要低等。而由于物联网用途广泛，就需要各种不同的连接技术来作为支撑。

小到智能家居，大到交通工具，它们各自的连接方式都是不同的，不仅是网络支撑不同，传输的方式和设备也不同。但无论是哪一种连接技术，都离不开前面所提到的“低”字。

物联网的最后一个层面是“网”。

“网”也就是物联网云平台。其实质是设备和网络之间可靠的网关，同时，它又是管理企业物联网设备的工具。

物联网云平台主要作用是“云计算”“云数据”“云运营”。“云计算”是指通过运算统计处理，为用户提供有效的信息和数据，同时操控各个设备，实现物品之间的通信；“云数据”是指数据存储在云服务器中，在进行处理后，能够在任何地方对它进行访问，不会受到任何基础设施或网络限制的约束；而“云运营”简单来说，就是为企业提供远程操控，帮助企业进行精细化管理，同步对设备的运行状况进行实时监测，并提前做好相关预防等运营工作。

在“万物互联”的大背景下，不少企业在物联网云平台的技术研发和推广应用方面投入了大量人力、物力，以此来提高自身核心数据的安全性。同时，也加大了同行之间数据共享。互联网巨头企业，如亚马逊、微软、阿里等，都把物联网服务器平台公开，作为一种物联网基础服务提供客户使用。

物联网云平台的研发门槛特别高，中小型创业者几乎没有竞争力。不过，如果围绕着云平台的云端技术、大数据和人工智能等方面做开发，中小型创业者还是能够有所作为的。毕竟，在云平台全方位收集完数据后，可以提供给人工智能来做训练，也能够形成大数据来帮助人们进行统计分析。总之，中小型企业要想找到新的生存之道，首先要对所处的行业有清晰的认识和定位，才能研发出符合市场需要的创新技术。

本节开头就提到，思科首席技术专家戴夫·埃文斯认为，万物皆可联。也就是说，全世界所有的事物都能够通过一定的技术实现互联，从而形成一个巨大的网络。这个巨大的网络，能够发挥出意想不到的价值。

当然了，这只是一个理论，未来是否能实现还需要时间来验证。毕竟就目前而言，物联网的接入除了需要成本以外，还需要各种技术的加持，比如，连接设备、芯片技术等。此外，世界上的物品也未必需要全部连接到网络上，连与不连主要还是要围绕人们的需求来定。

综上所述，物联网其实就是融合了嵌入式芯片、传感器、无线通信、云计算等技术的综合性应用。随着人工智能、大数据等新型技术的发展，物联网还将迎来新一轮的发展，将继续改变着人们的未来。

物联网数字化运营的三个阶段

随着 5G 网络时代的来临，物联网的新时代也会随之到来，它将成为各行各业发展的驱动力之一。而应用物联网技术的线下零售行业，也将逐步实现全链路数字化运营。

线下零售实现全链路数字化运营第一步：一物一码增加线上体验。

在传统的零售业，是靠条形码来承载物品信息的，而进入新零售时代，这个“码”升级为二维码，也被赋予了更多的功能，不仅仅能够承载更多的货物信息，还具有扫码支付的功能。

如今，人们通过扫码，就能够清晰地了解到商品的详细信息，如服装的搭配、材质等，快消品的产地、代理商等。

在线下门店通过扫码实现线上全程溯源，不仅大大提高了用户体验，更重要的是提高商品的购买转化率。

线下零售实现全链路数字化运营第二步：电子价签提升运营效率。

电子价签，也就是电子货架标签，是一种动态的、能够随时更改信息的电子显示装置。它能同步网上商场的价格，进一步提升工作人员的效率。目前，大型零售商已经开始试用电子价签，比如，阿里线下门店、苏宁电器等。

线下零售实现全链路数字化运营第三步：电子标签节约运营成本。

电子标签一般被应用在各类物品防伪溯源、零售、车辆管理等领域，主要通过 RFID 技术来实现。和传统的条形码相比，电子标签可以自动无线阅读商品信息，不仅能省下劳动力，还能节约库存成本。同时，电子标签还能以最快的速度收集成交量、型号和颜色等具体信息。比如，优衣库服装商品上的电子标签，消费者通过把服装 RFID 标签放在购物车的 RFID 设备上，就能获取这一款式服装的颜色、库存状态、其他尺寸等信息。优衣库还推出了 RFID 自助付账系统，把购物车上的衣服放置在 RFID 自助付账系统上，系统就会扫描并给出账单，刷码支付即可，全程不需要人工干预。未来，随着 RFID 技术的发展，电子价签的功能还会进一步得到提升，将成为线上和线下融合的最便利的工具。

物联网对零售业的颠覆性意义

如今，快速发展的各种新型技术改变着人们的生活和工作，也正在重塑着整个商业模式。各种智能化的产品已经悄然出现在我们的生活中，这些产品通过智能平台和数据的共享，全面提升着我们的生活品质。而商家也可以利用这些数据，谋求新的商机。

物联网，不仅能把这些数据连通起来，还能够实现物品、消费者和消费者日常活动的互联互通。各大互联网企业已经看到了物联网的巨大作用，率先在企业内部践行全面数字化运营。相信未来，随着各种技术和设备的全面开发，将会大大推进物联网的发展速度。

在零售领域，物联网具有颠覆性意义。目前，已经有新型零售商开始创建数字生态系统，为整个行业创造着新的服务方式，重塑客户体验。

总体来说，物联网为重塑零售行业的购物体验、创新供应链管理和创造新的收入渠道等方面带来了不小的改变。物联网让不可能成了可能，它已经把不少科幻片中的场景带到了现实生活中。因此，零售企业应该进一步挖掘它的可能性，开拓新的市场。

物联网对新零售的第一关键领域：改善客户体验。

新的科技带动了新的消费习惯和需求，人们越来越倾向于有互动性的购物方式。因此，不少零售商开始利用各种互动工具，提高与消费者之间的亲密度。而物联网正是零售商们提供给消费者个性化体验的最有力工具，它将打造出符合消费者需求的互联互通的环境。

为了体验这种环境，将会有更多的消费者有意购入物联网设备，诸如，智能家居系列产品、智能穿戴产品等。

总之，物联网技术有着广阔的应用空间和无限的可能，它把数字世界融入现实生活。不管是在线下的门店、家里，还是任何场景，人们都能够通过智能设备，比如手机，来体验这种数字型的互动。在传统零售行业，商家往往抗拒智能设备，因为担忧消费者会通过它们来搜索更有竞争力的产品。但在新零售领域，商家通过引进创新的智能设备，来提高互动性，给消费者带来全新的购物体验。比如，美国最古老的百货公司罗德与泰勒、百货巨头哈德逊湾都通过各种新型技术和移动营销平台，获取消费者购物的数据和信息，依据这些数据为消费者定制个性化的产品。

消费者在门店产生的数据和信息，还为线下门店的陈设和商品摆放提供了参考。打个比方，奢侈品牌雨果博斯就通过在门店安装传感器，来获取消费者的行迹，了解消费者最感兴趣的商品，从而重新调整热门商品的摆放策略。

物联网对新零售的第二关键领域：优化供应链运营。

在产业互联网时代，各大互联网企业通过云计算、移动网络、大数据等，把万事万物连接在一起，创造了新的商业模式和塑造了新的运营方式。预计到 2030 年，随着互联网和物联网设备深度融合，将能产生高达 99 亿元的市场价值。而目前，物联网技术为零售商优化供应链运营提供了技术支撑，如 RFID 无接触自动识别技术能够提升库存追踪精确性，数据视觉化技术通过图形化手段为企业工作人员追踪产品在供应链上的位置提供了便利。

前面提到的电子价签就是物联网技术之一，门店工作人员可根据门店的运营状况，实时调整电子价签的价格。比如，降低冷门商品的价格、提高热门的商品的价格等。此外，也有助于商家同步网店价格。

除了电子价签以外，各种物联网设备也是商家提高门店运营效率、降低运营成本的重要利器。传感器是各种物联网设备的重要技术支撑之一，它的最大作用就是帮助人们实现了各种场景的自动化。通过在货架上设置传感器，就能自动追踪商品库存、调整商品价格等；在门店设置重量传感器，就能够自动获取消费者所购买的商品，为自动支付提供助力。由此可见，随着物联网在新零售领域扮演越来越重要的角色，传感器或许会是下一个风口。中小型企业或许可以通过加强技术研发，抢占新的市场份额。

物联网对新零售的第三关键领域：创造新的渠道和收入来源。

物联网虽然为人们的消费带来各种新的体验，但说到底，它也是商家牟利的新型工具。物联网在各个场景下的应用，不仅能够大大降低商家的运营成本，还创造了各种新型的智能产品，为零售商开拓了新的获利渠道。

目前，物联网已经被应用到各种场景中，如家居领域、健康和保健领域，并逐渐在各自的领域形成新的生态系统。随着人们对物联网认识的深入，越来越多的人开始尝试使用物联网产品。比如，美国建材家居巨头家得宝根据消费者需求，已经开发出近 700 种智能产品。通过这类产品，商家可以把销售场所发展到用户的家中。可以预见的是，未来各大零售商必将整合各种物联网产品，打通各类产品、各个品牌之间的数据，实现不同产品、不同品牌之间的互联互通。

美国著名的家居装饰连锁店劳氏公司就推出了“智能家居枢纽”Iris 平台，这个平台相当于建立了一个“智能家居中枢系统”，通过各种物联网技术实现设备之间的通信，各个制造商通过平台开放式接口，将自己的产品对接上去。而随着 Iris 平台的问世，一些企业和电信供应商形成了一种竞争与合作的关系。

除了家居领域，其他的行业，如食杂店，也可以通过建立类似的智能平台，或者与这些平台建立合作关系，来提高与消费者的互动性，获取全方位的数据。通过这些平台的建立，不仅能够打通商家之间的通道，还能够了解消费者的购物习惯和喜好，为商家开发新产品和定制个性化的产品提供数据依据，从而提升购物体验和回购率。

如何让物联网成为现实

大家都知道，物联网是在互联网的基础上，建立和发展的一种新的业态。当前，物联网的各种技术进入了瓶颈期，要想在已有的技术上有所创新和发展并不容易。对于零售商来说，最先应该考虑的是在组织和技术这两个方面有颠覆性的创新。

1. 物联网需要的组织

企业要快速组织起与物联网有关联的文化，包括组织架构、治理方式和行业人才。企业内部要高度重视，各层领导和工作人员要全力配合，才能迅速地发现物联网的最新风口，建立最新的建设方案并以最快的速度实现。想成功推进物联网，从组织的角度讲，要从以下几个关键点入手。

（1）文化。物联网文化的作用其实就是厘清所在行业、所属业务的销售目标，从而保证物联网的解决方案与销售目标相匹配。企业可以通过各种数据、运营策略、供应链等需求来调整和制定方案，使解决方案和需求之间实现高度的吻合，并配置出最优的组合方案。

（2）管理。优秀的管理团队，能够打破物联网业务和信息之间的理论缺口，不仅能减少企业内部的竞争，还能确定提高收入和降低成本的优先顺序（如，利用所节约的成本来资助提高收入的项目）。此外，先进的开发技术，可以有效提升物联网新技术的训练频次，为企业与消费者打造新的关系提供助力。

（3）技术。物联网的发展离不开技术的支撑，企业需要把大量的人力和物力资源投入技术的研发中，如分析工具、基础设施、应用程序等。因为在物联网领域，单是依靠数据是不够的，还需要有足够的技术设备来辅助。

2. 物联网需要的技术支撑

（1）大数据 / 分析工具。物联网需要建立大数据分析处理平台，这个平台实质上是整合大数据的框架和工具。它不仅具有一定的兼容性，更重要的是能根据不同的应用程序，利用各种数据库资源，来配置相应的数据管理或者提供解决方案。同时，可以对数据建模分析，实时优化分析工具的各项功能，包括查询速度、内存计算等。

基础设施：蓝牙 Beacon 定位技术，这种小型设备可以被放置在任何场所。Beacon 能将信号发送到移动设备上，主要被应用在机场、博物馆、体育馆等场所，用于客户分享信息、定位、追踪昂贵物品或设备，为客户提供更为个性化的服务；无线射频技术也被称为 RFID 技术，主要被应用在电子产品、智能的家居系统、远程照护、工业控制等领域。

（2）应用程序。物联网的网络服务和应用程序接口高达数百种，主要作用是读取传感器，接收并分享各类数据，实现各类应用程序的功能使用，如家用电器自动化、附近设备操控、智能汽车自动驾驶等。

（3）应用工厂。在物联网数据平台的建设中，为方便各个终端设备与平台对接，就需要研发物联网设备调试工具，这些工具能够帮助人们查看是否已对接成功，不仅能大大提高工作效率，还能提高各种设备接入的可靠性。在物联网建设中，嵌入式系统显得尤为关键，它被称为物联网系统中的系统，需要从物联网系统的角度去研究嵌入式系统，特别是系统之间的接口。

虽然物联网发展还没有成熟，但前景广阔、发展明朗，物联网最好的时代就要来临，零售商只有积极地去探索，才能抢占物联网发展的制高点。

在零售行业，时间就是金钱，效率代表着市场的份额。因此，谁能最快速地利用物联网，谁就将能率先赢得市场。要想在零售行业有所作为，实现颠覆性的创新和发展，就要行动起来，用物联网谋求新的收入来源、降低企业运营的成本。

第四节 无人零售技术是新零售的外壳

> 在我看来，无人零售，一定有未来。但非常遗憾，无人零售现在是“早产儿”。我们今天这些做无人零售的，其实很多都在宣扬怎么把便利店的人工成本降下来。比这个更重要的是，如何让消费者真正地满意。
>
> ——罗森（中国）投资有限公司董事、副总裁张晟

在无人零售领域，只有拥有了创新型技术的企业，才算得上是新零售企业。而这些技术的加持，都是为了提高人效。

无人零售业态

当前，各个零售企业之间的市场抢夺，比拼的主要是效率。新零售就是通过智能技术，实现无人应用和有人作业的相协助，不断在优化效率上下功夫。

1. 无人收银

目前，无人收银一般有两种形式：自助收银机和手机扫码付款。无人收银能从根本上解决消费过程中的两大痛点：一是能够大大减少消费者的排队时间；二是能减少收银员，从而大大降低人力成本。因此，对新零售服务商而言，数字化转型的基础首先便是实现无人收银。

而就当前的技术来说，无人收银也是最容易落地的，自 2017 年开始，已经有主流企业实现并不断完善这项技术。

相信在未来的几年，无人支付将会是各大商场和便利店的主流支付手段，同时收银员这一职业也将会逐渐转型到其他岗位。

2. 无人导购

无人导购，就是用智能机器代替人当导购。目前，无人导购可通过两类智能终端来实现：一是智能机器人导购，相信现在你到各大商场购物，就能看到导购机器人，消费者到商场购物，不仅能够体验到导购机器人带来的不一样的方便和乐趣，还能亲自验证质量的好坏，减少退货；二是手机智能导购，商家借助线上智能导购系统，可随时随地向消费者推送定制化的消息，有利于提高互动性和黏性。

在零售业，导购无疑非常重要，尤其是在百货领域，通过大数据 + 人工智能技术，可以为商家定制最优质的无人导购 + 有人导购整体方案。目前，因为缺少技术平台的支撑，应用无人导购的商家还不多，只有天猫在提出数字化转型后，一直在不断实验与优化该项技术。

未来，导购员或将转型到其他岗位，线下工作人员转型到线上客群运营等岗位。

3. 无人售卖

目前的无人售卖，主要有几大分类：无人货架、无人售货机、无人便利店等。

无人售卖不仅能够大大降低运营成本，还能为消费者提供更为便利的消费体验。不同的无人售卖形式，能够在不同地点、不同场景下，满足消费者的需求。

虽然工作繁忙的现代人早已习惯每周到大商场采购齐一周所需的生活用品，但是对于日常消耗品的购买，像饮料、零食等价值不高的一次性商品，人们还是倾向于就近购买，这便是便利店存在的价值。因此，这类小规模的线下便利店依然有着广阔的前景。

只不过这些便利店也存在着人力成本过高的问题。一家24小时营业的便利店，一周7天，就需要付出高昂的人力成本。特别是有些时段，比如，凌晨，销售额远比其他时间低。这就意味着，这些时段的人力成本更加高昂。

那么如何解决这一问题呢？基于计算机视觉技术和大数据驱动的无人商店就是最好的选择。

无人便利店有两个最明显的优势：首先，无人便利店为消费者提供了更便捷的购物体验，进一步满足消费者的需求；其次，无人便利店不仅能协助商家降低运营成本，提高运营、经营、管理效率和经济效益，也能为商家获取更多的购物行为数据，分析利用这些数据，可以进一步对供应链进行优化。

如今，无人商店领域因为可重复性强、人工投入少，得到了很多投资人和创业者的关注。

早在2015年4月，广东佛山就已经开了第一家无人商店——F5未来商店。商店24小时都是机械臂和电脑守店。在此之后，不到半年时间，国内便涌现出了数以百计的无人便利店，阿里、苏宁、罗森等都有投入无人便利店里。

无人商店的领航者 amazon go

2016年12月，亚马逊首次提出“无人购物”的概念，宣传片里，“无须排队、无须结账、即拿即走”的无人购物的革命性概念一推出，就备受业界关注。

2018年1月，亚马逊宣传两年的革命性店铺 amazon go 在西雅图正式向公众开放。实现了它在广告宣传中所说的，无须排队、无须结账、即拿即走。

amazon go 店铺（照片来源：amazon 官网）

无人商店，顾名思义就是没有店员，把人从日常烦琐的运营中解放出来。购物全程没有一个营业员，还能 24 小时营业，消费者拿起商品就走，无须掏手机或者钱包，只要通过门店的大门，大门上的系统就会自动识别你所购买的商品，自动通过支付系统完成扣款。

从表面上，这就是自助式购物，可实际上，它绝不仅仅是主打“无人”的概念而已，其背后更大的意义，是全方位获取整个零售链条的数据，从供应链开始，到物流、零售终端，最后到消费者，各种数据的获取，然后实现各种服务模式和数据模式的持续优化。

我们再来看看亚马逊的无人商店 amazon go。作为新型的零售店，它开创了“拿了就走”（Just Walk Out）的购物技术。值得一提的是，amazon go 还用“Just Walk Out”这个词申请并概括了自己围绕无人零售所生成的一系列技术和专利。

或许你看了上面的说明后，对于无人商店的概念还有点一知半解。为了便于你理解，那么接下来，不妨跟着我们的脚步来一次“云购物”。

首先，你需要提前注册一个亚马逊账号。

消费者进入超市，像进入地铁一样，用手机在感应器上“刷卡”进入，同时位于入口处的摄像头会对消费者进行人脸识别。

超市内的麦克风会根据消费者发出的声音，以及周围环境的声音判断出消费者所处的位置。

当消费者在货架前停下来时，摄像头会捕捉并自动记录消费者的行为。货架上的红外传感器、压力感应装置（记录商品被取走），以及荷载传感器（记录商品被放回）会记录下消费者取走了哪些商品以及放回了哪些商品。

消费者离开超市时，传感器会扫描并记录下消费者购买的商品、结算金额，同时自动把电子收据发送到消费者的手机上。

1.amazon go 背后的技术支撑

或许你要问了，amazon go 是如何做到“拿了就走”的呢？其实得益于机器视觉、深度学习算法、传感器技术这几项。我们接着来分别谈谈这几项技术的作用。

（1）机器视觉。机器视觉能把图像转化为各种信号，通过系统获取信息。简单来说，主要是用来判断消费者的身份和动作。

（2）深度学习。深度学习主要是指利用深度学习算法从各种传感器的数据来自动识别，对整个无人商店内的与商品、人，以及人和商品之间的交互行为进行识别。

（3）光学、压力和红外传感器。光学、压力和红外传感器会把识别出来的各种信号组合在一起，通过识别人们“拿走和放回”的动作，判断具体是哪个商品被“拿走和放回”了。

2.amazon go 落地的技术

以上这几项只是 amazon go 背后的技术支撑，真正促成 amazon go 落地的，是早几年亚马逊提交的“侦测物体互动和移动”“物品从置物设备上的转移”这两份专利。这两个技术主要是实现了对人、货架和进出口三部分的控制。

（1）对人的控制。通过手机App软件，消费者可以跟虚拟购物车进行互动。什么是虚拟购物车？简单来说，就是每次你拿走或放回货品之后，App就会根据你的行为，在购物车中自动添加或者删除商品。

（2）对货架的控制。在无人商店内，通过在货架和墙上安装摄像头、在货架底层和顶层布置多种传感器来跟踪商品以及获取消费者在货架前的行为。当消费者在货架前产生动作，摄像头会把该行为摄录下来，光幕传感器（通过安全保护装置、红外传感器制造的平面），自动提高图像分析的效率。此外，还利用压力和红外传感器获取商品的摆放位置和是被人拿起还是放回等状态。

（3）对于进出口的控制。消费者通过扫码进出门店。因此，在进出口的位置设置了二维码识别器和自动门控制，来标记购物流程的开始和结束。

这两项专利之所以要使用这么多的传感器，其主要目的就在于搭建“反作弊系统”。“发作弊系统”即是上面提到识别系统，只有实现全自动的、精确地识别消费者行为，无人超市才有实现的可能。当然了，传感器的作用不仅仅被用在反作弊上，它还要完成对物流供应实时监控的使命。

传感器能单独识别每一个进店的客人，把每一个商品数字化，从而产生数字化的订单，助力实现在线支付。也就是说，从顾客进店到离店，整个过程中产生的所有行为都要实现数字化，且能完全被捕捉、记录。系统获取了这些信息之后，就会自动地生成模型，分析消费者的购物行为和习惯，给出代表着消费者购物数据和信息的“用户画像”，包括消费者购物时最常走的路线、最关注的商品等。

在消费中的种种行为通过“用户画像”模型，都可以逐步地描摹出来。从而预测消费者的购物意图，便于商家对货架和商品进行优化，提升营业额。

无人商店的主要技术

目前，无人商店应用的主要技术就是用户的身份识别技术和商品的识别技术。

识别技术可分为两大类：机器视觉识别技术和贴标签技术。下面分别详细介绍一下这两类识别技术。

1. 机器视觉识别技术

其实，像 amazon go、淘咖啡和 Take Go 这样的无人零售店，都应用了机器视觉识别技术，但由于这项技术还存在一些问题，不能大面积推广。

其一是成本过高。以 amazon go 为例，它所使用的机器视觉识别技术成本太高，投入商用的难度太大。即使不考虑视觉分析计算的成本，货架的费用也居高不下。

其二是存在技术缺陷。在有遮挡物的状态下，无法对货架前的购物行为进行识别。amazon go 识别系统只是“防君子不防小人”，它只考虑到客人察看完一款商品后，会自觉放回原处，但现实中，并不是每一位顾客都如此自觉。

2. 贴标签技术

贴标签技术主要包括无线射频识别和简单的条形码。无线射频是一种无线通信技术，在零接触下，它通过无线电信号就能轻松识别特定的目标。

当前，以无线射频技术为主的商店有：缤果盒子、7-11、罗森无人店等；以条形码为主的商店则包括便利蜂、小 e 微店以及来自瑞典的 Wheelys。

其实，贴标签可以算是一个简单实用的解决方案，但是除了标签本身的成本问题之外，还要让数千家供应商统一标签格式和数据接口，这意味着所有的供应商都要高度配合和进行全面改造。只是现在，我们与全面高效的物流供应和智能化网络服务，还存在着一定的差距。

通过对这两项识别技术的深入了解，我们就能感受到，无人商店的落地真不容易。

截至目前，在业界仍然有质疑 amazon go 商业模式的。精准的推送是否会让人们失去购物和逛超市的乐趣？对于消费者的身份识别，是否会泄露个人隐私？要想实现成熟的无人商店，诸如此类的问题是不得不解决的。但是，有困难才有突破，零售行业的演变，一直以来，其实正是技术在推动消费者体验优化的改造过程。

毫无疑问，亚马逊的这次尝试，从某种意义上来说，只是数字化零售业态的初级阶段。即便如此，这也给消费者和整个零售业带来了巨大的冲击。只有迎着质疑声前进，才能改变未来。无人零售的发展，未来可期。

通过无人零售业的全球领军代表 amazon go 的案例中，我们可以分析出无人商店的三个特点。

第一，在计算机技术和数据驱动的支撑下，无人商店不仅能给顾客提供全新的购物体验，也能让商家获取大量购物行为数据。商家对这些数据加以分析利用，便能进一步优化供应链。

第二，所有无人商店的技术主要围绕三个方面：人、货架和进出口。商品识别技术主要是机器视觉识别技术和贴标签技术两大类，而实现对用户身份和商品的识别便是它们的核心目标。

第三，无人零售的目标并不是为了减少人力成本，而是为了实现整个供应链的数字化改造，从而提高效率。一般用户只能看见无人销售的便利性和科技性，其背后更大的意义是智能化物流和高效供应链的运转。只有当无人商店实现了对消费者购物行为的有效预测，通过不断地改进，才能更好地为消费者提供服务。这样的“购物行为预测”，我认为是新零售真正的内核与未来：AI 与新零售的结合。

Chapter 06

第六章

新零售的质疑声

马云是在帮自己拉业务，新零售如果是线上+线下，我告诉各位，这是一个巨大的坑。

——名创优品创始人叶国富

2016 年，“新零售”的概念由马云在云栖大会上首次提出，几年的时间过去了，曾经激起过一阵商业浪潮的新零售，如今似乎进入了瓶颈期。业内也随之响起了各种质疑声，人们不知道新零售的前景如何，它到底还有没有未来？特别是一些资本公司的退出，更加深了人们的疑虑。

在商界，有人赢利，也会有人赔钱。新零售行业也逃脱不了这一定律。

目前，已经有一批新零售项目率先触壁。永辉商场的新零售业务“永辉云创”被踢出上市公司；京东网红项目“7FRESH”接连关闭了几家门店等。事实上，自 2019 年后，新零售业已经一改过去两年“玩命狂奔”之势，各种新业态重整的重整，关门的关门。

可以说，新零售行业如今已经来到了“大浪淘沙”的阶段，就连行业先驱盒马鲜生也无法幸免。2019 年 5 月，盒马关闭了昆山新城吾悦广场门店，这是它关闭的首家门店，在行业内外引发不小的波澜。

新零售的未来到底怎么样？谁也无法预测。首都经贸大学牛东来教授曾经指出，目前而言，新零售还是一个问号，从零售业发展轨迹来看，新零售似乎也并不完全是最好的模式。

第一节 新零售是个大坑吗

在 2019 年《艾问人物》访谈中，名创优品创始人叶国富明确表示，新零售的核心竞争力在于产品，它是行业的门槛所在，而其辅助技术如支付手段、大数据等则是普及性资源，并不能成为企业的核心竞争力。他直言国内大部分企业都在走前人捷径，而不去开发属于自己的新技术，只会利用已有的大数据去套取用户数据，这就是他们不能成功的原因之一。

他甚至说，马云提出新零售的概念，其实就是在帮自己谋利益。新零售就是一个大坑，所谓的“线上”与“线下”融合离不开大数据的支撑，而马云最不缺的就是数据。说数据哪家能比得过马云？他或许只想把人拉进来，为他开发辅助性的产业链，比如，研发、设计、生产、物流等。因为说到底，新零售还是要以产品为主，只有围绕产品不断提高服务和购物体验，才能赢得市场。

新零售的三年之痒

前面提到，即使是一些大资本，似乎也逃脱不了 2019 年新零售的魔咒。

2019 年刚开年，永辉就自己把“永辉云创”淘汰出了上市体系；紧接着，部分生鲜新零售门店也出现了经营问题，个别店铺甚至亏损倒闭。

大资本尚且如此，何况那些“小鱼”“小虾”？新零售领域的各种新业态纷纷走入市场困境。随着业界质疑声渐高，新零售面临着进退两难的境地。

人们不禁反思，新零售到底怎么了？它的问题到底出在哪里？

1. 猛扎线下

新零售最初被提出的时候，常常被强调“线上”与“线下”的融合。因此，新零售的出现，给线下门店注入了新的生机。一时间，各种新业态猛扎线下。

在此之前，线下门店几乎面临着覆亡的境地。特别是在各大互联网电商的冲击下，各种大型连锁百货、商场纷纷关闭部分门店，如沃尔玛、家乐福等。

各大互联网电商应时而起，以便捷、低廉的优势逐渐改变了人们的消费习惯，抢占了传统商场的大部分份额。在新零售兴起之前，线下门店似乎无路可走。

但没有任何一种业态是永恒的，随着互联网流量的不断消耗，电商红利逐渐消退。新零售刚好出现在新旧业态的交替之际，为市场提供了新的发展方向。商业巨头也开始重新重视起线下门店，门店也成了新的引流入口。

零售商重视线下门店，不仅是因为线下门店能提供流量，还有如下两大原因。

（1）线下市场更为广阔。数据显示，国内网上商品和服务零售总额只占社会零售总额的 25% 左右，而剩下的约 75% 全部是线下市场的份额。可见，线下的市场还是特别广阔的。

（2）线下的服务体验更佳。随着人们消费水平的提高，消费者对于服务体验的需求也越来越高。消费者不再只关注商品的价格，而是更为关注商品的品质、服务质量等。这就意味着，能够直接提供服务的线下门店将得到更多人的关注。在线下门店，人们可以更直接地感受商品质量的好坏，更好地享受到售前以及售后服务。这样，线下门店的优势就显现出来了。

此外，线上购物无法满足人们逛商场的愉悦感。这其实也给线下门店提供了一个启发，它们可以通过提供各种场景服务来获得消费者的关注。比如，通过商场小互动、智能科技等，带给消费者一种全新的体验或者给消费者提供一个情感宣泄的空间。

为了抢占新的市场份额，各大资本纷纷投身线下门店，给线下零售带来了新的商机。

2. 重资本之困

在新兴市场，从来不缺乏大资本的参与，比如，阿里宣布参股零售商场新华都和高鑫；腾讯与永辉强强联手打造线上和线下联盟；苏宁则利用自身的优势，开拓自己的门店。当然还有部分商家在传统的门店，开始利用人工智能尝试起无人支付、无人门店等。

总之，各大主流企业全方位的推进，给人们带来了一场前所未有的消费升级，也揭开了新零售时代的序幕。

其中，最值得一提的便是盒马鲜生，它开创了生鲜商场这一概念，把菜市场、商场和餐厅融为一体，让消费者既可以购物，也可以加工食品，现场用餐。

除此之外，在新零售领域，线下门店还有其他创新的玩法。比如，在书店里卖咖啡、在商场里种花等，消费者逛线下门店，不仅仅能满足购物的需求，更像是走进了各种体验馆。购物场所也不再是商品的陈列场所，而是人们休闲、娱乐的场地。

不仅如此，不少线下门店还利用各种人工智能、黑科技等，给消费者带来更多的体验，如 VR 科技、刷脸支付、机器人导购等。甚至无人售货机、无人货架也被引进了各种生活场景，开拓了线下销售的各种可能，如办公室的无人售货机、出租车的无人货架等。消费者只需要扫一扫，便可以满足部分消费需求。

这些新业态的出现，不仅满足了消费者日益增长的购物体验需求，更重要的是，无形中重新引导了大量的线下流量。如果仅仅从这个角度来说，新零售的线下引流取得了一定成效。

不过，线下零售在取得成绩的同时，也带来了一些负面影响。

2018 年，曾经火爆一时的无人货架市场，清退了一大批企业。不少公司因为融资失败，大量裁员或者直接倒闭。权威数据显示，至少 90% 以上的生鲜电商面临着生存困境。比如，前面提到的盒马鲜生，虽然倚靠着阿里这座大靠山，不至于完全丢了饭碗，但不少门店的状况也令人担忧。这实际暴露了行业的一个重要问题。

这个问题就是，盈利。

门店的运营离不开利润的支撑，不仅需要租金、人力成本、运营成本等各专项支出，还需要大量的资金来引入新的技术。这背后巨大的资金成本，是中小型企业无力支撑的。因此，要想发展成为全国性的线下新业态，势必要付出巨额的成本。

可见，新零售和所有的商业形态一样，都要以盈利为目的，而且还要能长期地、源源不断地盈利。因此，那些无人货架如昙花一现就不难理解了。毕竟没有大资本的加入，中小企业是撑不下去的。当然也有企业投资新零售只不过是为了融资敛财，在收回成本，并赚了一笔之后，就退出市场，去寻找另外一个敛财的“工具”。这也是新零售看似百家争鸣，实则败絮其中的原因之一。

3. 供应链的升级是关键

你或许要问了，在新零售时代，除了发展线下门店，我们还可以从哪些地方入手，抢占市场呢？

很简单，那就是进一步升级供应链的管理体系。

在零售行业，供应链其实是指从生产到存储到运输再到分销，最终把产品送到消费者手上的整个过程。是由原材料供应商、生产商、分销商、零售商通过与上游、下游成员的连接，这个连接被称为“四流合一”，它们之间紧密配合，共同完成商品从生产到销售的全流程。

从前面说到的线下门店的火爆，你或许能理解，为什么大部分新零售企业把关注点放在消费端。但其实新零售的本质还是零售，商品的品质和服务的质量也很重要。

因此，商家不仅要在零售端给消费者提供好的购物体验，还要回归到商品的研发上来，提高供应链的管理能力以及完善整个供应链。

就如，要想给消费者及时地提供新鲜的食品，就必须在供应链上下功夫，而只靠高颜值的门店是无法长期吸引消费者的。

此外，降低生产的成本也很重要，当然是在保证商品品质的前提之下的降成本。在某些行业，要降低商品成本并不容易，比如，手机行业，由于国内并没有完全掌握手机生产中各种配件的资源及核心技术，还需要用其他国家生产的配件——屏幕、芯片、处理器等，这些配件价格由国际市场决定，要想从中压缩成本就不那么容易。

不过，如果原材料和生产加工方面的成本无法压缩，我们还可以从供应链入手。为什么供应链的作用如此大呢？这是由于它连接着商品流通的整个过程。只要能利用好上游和下游企业之间的合同，统筹规划，就能通过信息流、资金流、物流和商流来提高经营的利润。

遗憾的是，目前大部分企业都还没有意识到供应链的重要作用，上下游之间还没有形成强有力的合同。他们都只顾着各自领域内的利益，而没有打通信息渠道。这就导致了，当销售业绩不理想时，企业只能通过调整商品价格或者销售方式等经营策略，而看不到供应链建设和管理上的作用。

有权威数据显示，通过完善的供应链管理体系，能够全面改善发货能力、库存量、订单履约周期、市场预测、生产率、成本等各个方面的问题，总体效率可能有 20% 的提升。

可以说，供应链是提升企业竞争力、降低企业运营成本的新关键，是企业的成本蓝海。

未来，行业内的竞争已经不仅仅是企业之间的竞争，而是供应链与供应链之间的竞争。新零售领域的企业家，应该尽快把关注点放到供应链上来，通过供应链来打造属于自己的行业竞争力。

新零售的“庞氏骗局”

在这里，和大家分享一个案例。2019 年，杭州警方发布公告称，对杭州 ×××××× 有限公司（生鲜品牌“××××”所属公司）以涉嫌非法吸收公众存款案进行立案侦查，并对其管理层张某、吴某等人实施了抓捕。一夜之间，这些人从亿万富翁成了阶下囚。

为什么会造成这种局面呢？事情还得追溯到 2017 年。那一年，该生鲜品牌创始人张某从盒马鲜生的成功中获得灵感，开创了社区型生鲜商场，并以加盟的形式招商引资。表面上看，张某是在探索新零售领域，但实际上，他只是把该生鲜品牌当成敛财的工具。我们前面提到，有不少企业都把各种风口当成“摇钱树”，而不是一项的事业。不同的是，张某的敛财方式已经触及了法律底线。

张某最初是靠卖纯净水起家的，靠着那种投硬币就能买纯净水的无人小站，他在杭州拥有了几千个净水机，服务了至少 50 万人。在这个过程中，他积累了非常多的客户资源，其客户主要是家庭主妇和中老年人。

通过和这两类人打交道，张某牢牢地抓住了一些人缺乏主见、爱占小便宜的弱点。他花大量资金来打造该生鲜品牌光鲜的外衣，不仅花钱请来一大批群众演员充当消费者，为品牌造势，还把商品的价格压低来吸引他的主要目标人群。

在刚开业的时候，该生鲜品牌的商品几乎等于免费，还推出充 500 元送 300 元，充 3 000 元送 1 500 元的充值优惠。这只是张某疯狂敛财的第一步，这种敛财速度远远比不上商品亏损的速度。

于是，知名度炒上来以后，该生鲜品牌正如它的名字那样，迫不及待地上演了一出“请君入瓮”的好戏。对外宣称，只需要投资 200 万的加盟费，就可以成为一家颇有前景、即将上市的公司股东，甚至可以拿到 49% 以上的股权。这是业内人士轻易就能识破的骗局，但是对于缺乏专业知识、被利益蒙蔽了双眼的人来说，这无疑是一个巨大的馅饼。

张某就靠着这些手段，轻轻松松成了亿万富翁。尝到甜头的他，迅速把门店开到了一百多家，继续他的非法融资路。他把所有心思都花在了如何骗取投资人信任和资金上，完全没有做企业管理和门店经营。在他看来，门店只是他骗人的工具，即使不盈利也没有关系。

最终，这个骗局被揭穿。

这个案例给了我们一个启示，无论做什么事，都不能只盯着所谓的利益。君子爱财，取之有道，不被暴利诱惑，踏实做事才是保身的法则。因为任何暴利的背后，都可能埋藏着一个阴谋。

第二节　无人货架是伪需求吗

2017 年，涌起了几阵新的商业浪潮，比如，共享单车和共享充电宝。但其中最大的风口，还要数无人货架。整个 2017 年，至少有 50 家以上的中小型企业涉足无人货架领域。

随着市场的火爆，无人货架的竞争越发激烈，互联网巨头也加入其中，比如，阿里巴巴与美的合作开发的“小卖柜”，猎豹移动推出“豹便利”，苏宁的“苏宁小店 Biu”等。这些巨头的涌入似乎意味着无人货架正在成为下一个爆炸性新型业态。

无人货架的起源与未来

如果说无人货架也算是一种新零售的话，那么它的前景如何呢？我们先来分析一下无人货架背后的交易逻辑。大家都知道，无人货架的模式并不是起源于中国，这个概念很早之前就已经存在。20 世纪 80 年代，出现了无人货架的雏形，美国分析师保罗 · 费尔德曼可以说是无人货架的先行者。他每周都会在固定的时间，带一些百吉饼到公司慰劳自己的员工。没有想到的是，上下楼的同事听说有百吉饼，也跑来吃。为了收回一些成本，他在百吉饼旁边放置了一个投币篮，想吃的人自觉投币取货。

或许是因为看到了市场前景，费尔德曼后来销售起了百吉饼，并取得了一定的成功，周送货量达到了 8 400 份，与将近 150 家企业建立了业务合作。当然了，每一家公司的回报率都是不一样的，它取决于公司员工的诚信度。费尔德曼经过一段的分析得出，付款率达到 90% 以上的，这家公司的员工普遍诚实守信；80% ～ 90% 之间的，诚信度还过得去；如果在 80% 以下的，便会被他重点警告。

费尔德曼创立的是最低版本的“无人货架”，与这种靠诚信支付的无人货架不同，现在放置在企业和写字楼等各个角落的无人货架是通过扫码等新型的科技手段来实现支付的。

目前，无人货架主要有几种形式：货架 + 二维码；货架 + 冷柜 + 二维码；货架 + 冷柜 + 二维码 + 监控设备。无论是哪种形式，出售的都是一些快消类的产品，比如，薯片、方便面、饼干、饮料、纸巾、咖啡、蛋糕等。

有了科技辅助的无人货架，能否算作是一个高效的商业模式呢？想判断这种商业模式的效率，就要从这个模式所花费的成本上来分析，如果新增的成本远小于省下的成本，这种商业模式就是高效的；如果入不敷出，这种商业模式就是低效的。那么，无人货架这种商业模式算不算高效呢？先来看看它与其他商业模式相比，省下了多少钱。

便利店与无人货架最容易对比。我们知道，便利店的店铺租金是最大支出，其次就是防盗系统、验钞机等设备支出。而这些成本，无人货架都不需要付。因此，相较于便利店，无人货架的成本更低。

这些铺设在各个公司角落里的无人货架，并不是公司免费为员工提供的，需要扫码支付才能取用。换言之，公司的员工其实就是最低成本的信息流。虽然这种获取信息流的方式成本低廉，但它同时也面临着信任危机。比如，有人拿走商品不付钱，网络支付系统出错等。与付钱才能拿到商品的自动售货机不同，无人货架的商品损耗更大。

无人货架的弊端始终存在，那就是仍然在依靠人性来盈利。就目前来看，大部分无人货架的盗损率都在 5% 上下，无人货架企业都自信满满地认为，能把控盗损率，一旦出现 20% 的盗损率便会及时撤销货架。但我认为，需要借助一些科技手段的，毕竟人性远没有科技来得稳定。

综上所述，我们不能简单地通过成本和效率，来判断无人货架到底是不是一个优秀的商业模式，毕竟任何事物都是在发展中的，都有其两面性，还是要靠事实来说话。

2019 年年初，在无人货架这条拥挤的赛道，开始频频爆出解散、倒闭的传闻。其实，早在 2017 年年底，无人货架就已经暗流涌动了。虽然在 2018 年，还有 50 家以上的无人货架企业获得了近 30 亿元的融资。但随着先驱企业接连倒闭、丢货、融资受阻、撤点等，各大资本开始闻风撤退，无人货架风口已过。

业内人士明确表示，无人货架如果不寻求转型，就将会走向灭亡。即便转型成功，也难以恢复当年的火爆，要重新吸引到强大的资金几乎是不可能的。

闪亮登场的果小美

让我们回顾一下无人货架经历过的灿烂时光。2017 年，阿里巴巴系创立了果小美，无人货架迅速被赋予了广阔的成长空间。果小美主打办公室无人便利货架，其创始人为原阿里聚划算创始人、首任总经理阎利珉，公司骨干成员来自阿里巴巴、京东等主流公司。

要知道，在果小美之前，几乎所有的无人货架企业都是从自动售货机转型而来的。北京的一位自动售货机运营王伟曾经说过，他转型的原因是无人售货机的利润太低，而无人货架不仅成本低，还不用交代理费。

王伟也没有放弃原来的无人售货机，他认为，无人货架市场太过火爆、竞争过于激烈，且无人货架能应用的场景并不多，盈利空间也不大。

他的顾虑是有道理的，毕竟无人货架的目标人群大部分是企业员工，有着一定的市场局限性。

当果小美进入无人货架市场后，业内的巨头们便开始圈城占地，瓜分市场。2017 年年底，果小美已经获得高达 5 000 万美元的融资，其官方表示将投资 50 亿元，用于建设果小美全国总部基地和全国销售网络基地，要在 5 年内达到数千亿元的交易额。同时，还将开始尝试进入鲜品货柜等无人货柜。

资本的加入给无人货架注入了发展动力。无人货架开始肆意生长，就连底下最基层的推销人员也因此搭上了“致富”列车。销售业绩优秀的地推人员，一个月甚至能拿到 5 万元的提成。

一时间,无人货架几乎席卷了主流城市,在城市的各个角落遍地生根。以果小美为例，每日的交易额高达百万元，与 8 万家企业达成合作，业务遍布 59 个城市。

但是，这些看似惊人的成绩背后，是不太理想的盈利数据。果小美每个点位的销售额极低，远远低于地推人员一个点位高达 300 元的提成。

因此，从 2017 年下半年开始，大部分无人货架开始寻找新的盈利点。比如，为一些著名咖啡品牌免费提供无人货架，与它们达成合作。通过给这些咖啡品牌额外的奖励，来吸引它们。在这种“孵化器”的模式下，无人货架所有的收益都归“孵化器”运营场所所有，而无人货架企业就通过孵化器场所的返点来盈利。

光亮背后的阴影

在零售领域，商家认为无人货架是离消费者最近、能最快满足消费需求的消费场景。他们认为，这种商业模式不仅能为企业带来巨大的流量入口，还能“前置”零售企业仓库。

只是，无人货架的地推人员似乎并不相信这一说法，他们对这种商业模式根本不了解，只是想着把它推广出来，以获得业绩提成。

在巨大利益的驱动下，连从业者都没有时间去思考这条路该怎么走。对此，业内人士纷纷提出过担忧。比如，果小美的投资人 IDG 资本董事楼军说过，无人货架以办公室的零食吧的形式存在，离消费者很近，也意味着对商品的品质、运营、供应链有着更高的要求；果小美创始人阎利珉也曾表示，无人货架如果铺设得过快，会产生很多问题，地推人员也不能盲目地去推广。

当然了，这些担忧在利益面前不值得一提。资本大量豪掷资金，就是为了让企业以最快的速度给他们赚取更大的利润；地推人员殷勤推广，也是为了拿到更高的提成。整个业界，都是围绕着赚钱来转动。在他们看来，只要有足够多的企业使用他们的无人货架，就能实现更高的利润。

在利益的驱使下，地推人员没有章法地盲目推广，某些企业甚至只有几位员工，无人货架摆在那里无人问津，充当吃灰的机器。这种状况，在整个行业普遍存在。

此外，无人货架的地推人员为了完成销售业绩以及打击竞争对手，常常不择手段。偷走对手的商品、拿低廉伪劣的商品替换对手货架上的商品，甚至还会来个“一箭双雕”，冒充其他公司偷走对手的商品。

这些行为，实际上，不仅有违商业道德，也造成了无人货架的损耗。大树都是从根开始烂的，一个行业的地推人员可以摧毁这个行业发展的可能性。而地推人员的做法，其实也反映了管理人员的不作为。正是由于从上到下都是打算捞钱走人，才会放任不管。因此，看一个行业有没有发展，从它最基层从业人员的职业态度上看，便能略知一二。

产业链缺陷

其实，无人货架领域的从业者都清楚地知道，开放型无人货架的损耗率远远大于相对封闭的无人售货机。不过，与动辄上万的无人售货机比，无人货架设备成本低廉，还没有水电费等方面的支出。

无人货架上商品的价格会高一些。如果你在无人货架上消费过，就会发现，无人货架上的商品和其他零售业态比根本没有价格优势。你或许要说，无人货架商省下了人工、场地等成本后，还要把商品价格抬高，简直是占足了便宜。实际上，无人货架定价高也是无奈之举。因为除了缺乏有竞争力的进货渠道，而不理想的销售额使无人货架经营者也无法从供货商那里争取到更低的进货价格。

卖了高价商品，无人货架有没有提供相应的优质服务呢？答案是没有。比如，某公司的一位 HR 就曾抱怨，无人货架上的商品都快卖完了，也没有人来补货。销售人员只管赚走了提成，并没有提供相应的售后服务。没有形成系统的补货方式和管理模式，无人货架就成了一个摆设。

无人货架在商品的选择上还存在着以下两大问题。

1. 供需不对等

现在无人货架上供应的商品与办公室人群的需求基本不对应。在忙碌的办公室，人们常常没有时间吃早餐，对面包、饼干等快消品的消耗速度就特别快，而无人货架上此类商品的补货速度往往跟不上消耗的速度。而普通办公室人员消费不起的海外高价商品占据了货架大部分的位置。

2. 商品实用性不强

前面提到，无人货架上用于果腹的食品较少，而一些休闲零食过多，不仅没有满足消费者需求，还产生了大量的垃圾，增加物业管理的成本和压力。

尊重零售基本规则

无人货架的实际上是零售的一种新业态，其本质还是零售。任何零售形式，都需要经过漫长的历练。比如，便利店巨头 7-11 刚进入中国的时候也很艰难。或许，我们还应该给无人货架更多的时间，等待它完善管理制度以及优化供应链。

就目前来说，部分无人货架还是背靠大树好乘凉。比如，有大资本支撑的每日优鲜、顺丰的“丰 e 足食”等。

先说说每日优鲜“便利购”。自 2017 年起，便利购便与腾讯云就智能货柜解决方案、图像识别、云服务等达成战略合作。也就是说，每日优鲜的无人货架不再是开放式的，而是需要扫码才能开启柜门。消费者拿取商品后关门，系统通过摄像头直接识别被拿走的商品，并在绑定的手机上自动扣款。首次购买，需要进行手机绑定和微信免密支付。这种新型的视觉识别智能货柜，利用科技大大降低了商品的盗损率。据每日优鲜便利购公布的数据显示，在 2018 年，其日均订单量在 30 万单以上，单个点位的平均覆盖人数在 100 人以上。2018 年，每日优鲜已经在 20 个城市拥有了前置仓，这种深入社区、商圈的冷链物流体系可以大大提升无人货架的补货效率。同时，供应链成本由每日优鲜和便利购进行分摊，成本相对更低。

再来说说顺丰的“丰 e 足食”。正是借助顺丰原有的快递优势，把负责该区域快递员当作无人货架的店长，以打造“有信任、有管理、有温度的熟人店铺”为目标，可以说在一定程度上，解决了无人货架售后管理问题，增加了无人货架的互动性。

目前，某些无人货架试图通过场景延伸来满足消费者的需求。像小 c 微店，就通过不同客户、不同场景的需求来设置商品，在办公室会卖咖啡、在酒店会卖生鲜，夏季提供冷饮、冬季会有热饮等。

虽然现在无人货架行业，已经有人开始尝试转型，不过仅仅靠觉悟和行动是不够的，正确的方向也很重要。就目前来说，无人货架的转型需要把重点放在两个方面：一是通过提升技术来降低物流和货损的成本；二是需要整合行业的各项销售数据，制定货仓和配货的合理方案。目前，无人货架亟须转型，在新零售行业，拼的就是速度，如果不能快速转型，就会被时代淘汰。

真正的新零售到底在哪里

我在前文提到的生鲜行业新零售的实践和无人超市、无人货架等，仅仅是新零售呈现的最简单的方式。有一些企业通过噱头、新鲜的卖点来吸引消费者的目光和获得高额的融资，实际上，这样“靠热度发家”的模式并不是真正的新零售。

正如上一章末尾所提到的，真正的新零售是能够帮助企业、门店长期发展的，是运用大数据、AI 等技术，能分析、预测消费者购买行为，为消费者提供更好的服务体验，为商家更好地留住消费者而存在的，也就是结合了人工智能的 AI 新零售。

此处我举个简单的例子。

视觉 AI，也就是现在为人们熟知的人脸识别技术，在许多的智慧门店已经得到了相当好的应用。视觉 AI 与大数据统计分析技术的结合，利用用户画像等工具，在消费者进店的同时，就能够识别会员。通过识别消费者在选购商品时，对某一商品的观察时间或持有时间、面部表情的变化等，分析其对该商品及品类的喜爱程度，录入数据库，进而在后续购物过程中，为消费者精准推荐同类型商品或相匹配的商品。在消费者离店后为消费者推送其喜爱的商品和品类的最新信息。通过 AI 与新零售的结合，提高消费者的购物体验，也增加了门店的盈利和消费者的复购率。

AI 新零售能够为企业和门店带来长足的发展，与只靠噱头和热点来博得消费者和投资人眼球的伪新零售不同。未来能够在零售领域占有、保持较大市场份额的，一定是能够利用一定的方法留住消费者的企业、门店，这种方法就是 AI 新零售。

Chapter

07

第七章

未来已在眼前

在一大片荷塘里，假设从第一朵荷花开放到荷花开满整个荷塘需要一个月的时间，第一天开一朵，第二天开两朵，第三朵开四朵，第四天开八朵，完全是几何级别的速度增长，直到开了 24 天，整个荷塘里的荷花数量仍然很少，完全不能被人察觉，此时已开放的荷花只是荷塘面积的 1/128，但是，到了第 25 天，荷花的数量已经达到全部面积的 1/64，第 26 天是 1/32，第 27 天是 1/16，第 28 天是 1/8，第 29 天是 1/4，第 30 天是 1/2，第 31 天全部开放。

——荷塘效应

漫长的冬天会孕育一些新东西，河边光秃秃的柳树在寒意正浓时成长，当大家看到满眼绿色时，所有的事情已经不知不觉地发生了变化。

“眼见为实”，在看不到成果时，很多人往往会质疑与否定，但实际上，在看不见的地方，变化已经悄然发生，并且这种转变的临界点会快得让你头昏目眩，因为之前你忽略了它萌发的趋势。新零售似乎正处于这样将见未见的阶段，殊不知在看似平静的水面下，莲子已经萌芽。

质疑从来不是生产力，也无法阻挡历史大潮。每个企业要想成为更好的企业，组织要想成为更好的组织，需要强烈的责任感和自我迭代进化的能力。关于数字化和效率提升，新零售的这一本质同样也是互联网在与各行各业结合时的共同使命。

当前有关新零售的种种质疑，围绕的是它的盈利、不当的运营方式，而不是新零售本身。在由新零售所掀起的这场不可逆的零售变革中，有一些人可能掉队，也有一些人将成为最终的胜利者，正如那场蔓延各行业的O2O倒闭潮中同样也有胜利者那样。

第一节 变革时代的思维模式

对“后果可接受度高”的产品，比如，互联网产品，改个按钮位置、换个背景音乐等，可以“小步快跑，快速迭代”；对“后果可接受度低”的产品，像建设核电站、发射火箭等，就要“一次性把事情做对”。有时候，你要“让听得见炮火的人指挥战争”；有时候，你要“砍掉基层的脑袋、中层的屁股、高层的手脚”。张小龙说，要警惕 KPI，而马云在湖畔大学的第一课，就是讲 KPI 的重要性。

每一种思维模式，都有其对应的适用场景；反之，每一种场景，也必然有与其对应的思维模式。

稳定时代，大者恒大，强者恒强。20 世纪的最后 10 年，是 PC（个人计算机）的稳定时代，人们无法想象如何超越微软；21 世纪的前 10 年，是互联网的稳定时代，人们无法想象如何超越谷歌。

那么，在变革时代又该如何呢？

随着科技的发展、时代的进步，在变革时代，大公司可能被小公司打败，然后小公司成长为大公司。稳定时代，是大公司收割的时代；变革时代，是小公司翻身的时代。

在变革时代，比如，新零售的到来，有哪些思维模式能够帮助小公司翻身、大公司警醒？我认为，至少有三种。

大视野思维

喜欢摄影的朋友都知道，要想拍摄有细节的照片，近距离的可以用微距镜头，远距离的可以用长焦镜头，这些镜头的对角线视角是 95°，而要想同样一个位置拍出视野更开阔的照片，你需要视角 126° 的广角镜头或者超广角镜头，甚至鱼眼镜头。人类观察自然的时候，会天然地聚焦离我们比较近的景象，即我们对近距离的细节更有兴趣，因为这和我们的生活更贴近，更能切合我们的观念或印象。

然而，当我们把镜头拉大拉长，才骤然发现，原来我们一直盯着看的那朵花在整个山坡中并不是最鲜艳特别的，或者并不是特有的颜色，满山的花朵其实是千姿百态的。

同样的逻辑，当我们把时间的视野拉长拉大的时候，会骤然发现，我们一直以为的特殊时代其实在历史长河中只是一个小浪花。

这样的思维即大视野思维。

在人类文明的初期，人们相信大地是平的。现存史料证实，从古典时代的希腊，到铁器时代的近东，再到印度的笈多王朝和北美的原住民，许多古代民族对天地的理解基本一致。如果你问那时候的人，天地的本质是什么？他们会说：天空犹如一个大碗，倒扣在平坦的地面上。他们并不是愚昧，在那个没有飞机、没有卫星的时代，仅凭双眼和感觉，得出脚下的土地是一个平面的结论并不意外。

后来，随着科学的发展，人们发现大地不是平直的。从海面驶来一艘帆船，你会先看到桅杆，然后才是船身；而如果大地是平的，我们应该同时看到桅杆和船身。然后，人们用漫长的时间接受了“地心说”。地心说可以预测日食、月食，也可以解释一些天文现象，一直被视作正统思想。如果你问这时候的人，天地的本质是什么？他们会说：地球处于宇宙的中心，所有星星围绕地球转动。

地心说，就是这个时代天文学说里的“新零售”。

在地心说统治人们的宇宙观至少1 300年后，波兰天文学家哥白尼经过观察和推导，认为地球不可能是宇宙的中心，否则很多天文现象无法解释。他提出“日心说”，认为地球是围绕太阳转动的。如果你问这时候的人，天地的本质是什么？他们会说：太阳才是宇宙的中心，地球也要围绕太阳转动。

日心说，就是这个时代天文学说里的“新零售”。

然而，时代前进的步伐并没有停止。后来人们认识到，太阳其实也不是宇宙的中心，它只是太阳系的中心，整个太阳系只是银河系的一部分，而整个银河系在宇宙中微小如一粒尘埃。

你看，当我们把视野拉大的时候，就会发现，每个历史时期我们对宇宙的“本质”有着不同的“正确”的观点。

这就好比我们现在对新零售的看法。曾经，线下零售就像地心说一样，被当成是零售的本质。后来，互联网电商出现了，人们发现，线下零售原来只是零售的一种形态，并不是本质，甚至不是最有效率的一种形态。这时，很多人开始像信仰日心说一样崇拜起互联网电商来。

同样，互联网电商遇到了发展的瓶颈，被证明也不是本质。很多传统线下零售就像地心说拥护者一样，欢欣鼓舞：你看，总算要“回归本质”了吧。但是，互联网电商遇到问题，并不能证明线下零售就是本质。

那线上＋线下是不是就是零售就是本质了？就像地心说＋日心说不是宇宙的“本质”一样，线上＋线下也不是“本质”，我们面对的是一个之前没有遇到过的情况，需要以新的理论去阐释。

加入时间轴，用俯视的眼光看待零售的变迁，就会发现：

这个世界上，只要有零售，就有新零售和更新的零售，但是永远不会有最新的零售。只有放大视野，我们才能看清现在，预测未来。

第一性原理思维

在美国有这样一位牛人，据说是继乔布斯之后的第二位牛人，他叫埃隆 · 马斯克。1995 年，他创办了在线内容软件公司 Zip2，接着创办了电子支付 X.com，2000 年与 Confinity（康菲尼迪）合并，2001 年更名为 PayPal，类似于支付宝，之后卖给了 eBay，接着又创办了大名鼎鼎的特斯拉电动汽车，虽然现在特斯拉的销量没有福特、通用那么大，但是市值已超越了福特公司，成为北美最大的互联网汽车公司。马斯克创办了上市公司太阳城（Solar City），还创办了太空探索技术公司 Space X——世界上唯一一家私人太空探索公司。太空探索一般都是国家行为，公司都玩不起，可见这个公司不一般，Space X 还是第一个掌握了火箭回收技术的公司。

为什么马斯克如此牛？又是火箭，又是汽车，又是互联网，现在又准备搞超级高铁，还要再搞超级隧道。据说，马斯克在上大学的时候预判，未来影响人类的三大技术，第一个就是互联网，第二是可持续能源，第三是外星移民。你看他都去做了，互联网 PayPal，可持续能源特斯拉电动汽车，后来又做火星移民，这移民火星需要火箭，火箭成本又非常高，所以自己去研究火箭，创办了太空探索公司 Space X。在 TED 演讲时，主持人问他，为什么你在不同的领域都能够取得成功？他说不知道，想了想又说，可能是我掌握了第一性原理吧？于是第一性原理这个概念迅速火了起来。到底这第一性原理是一个什么东西，它是怎么帮助马斯克取得如此巨大成就的？

要理解第一性原理，首先来了解古希腊哲学家亚里士多德。亚里士多德是古往今来最有智慧的人之一，他的理论影响了西方 2 000 多年的文明，亚里士多德是最早提出第一性原理的人。他认为，在每一个系统里面都存在着第一性原理。第一性原理是基本的命题和假设，它不能被省略，不能被删除，也不能被违反。这里有三个关键词：第一个是基本的命题和假设，第二个是不能被省略和删除，第三个是不能被违反。这就是第一性原理的哲学概念。

欧几里得的几何学影响了我们几千年，现代数学仍然还在用欧几里得的公式和原则，那欧几里得《几何原本》的第一性原理是什么呢？五条公设和五条公理就是他的第一性原理了。

欧几里得——五条公设：

（1）过两点只能做一直线；

（2）线段可以无限延长；

（3）以任一点为圆心，任意长为半径，可做一圆；

（4）凡是直角都相等；

（5）同平面内一条直线和另外两条直线相交，若在直线同侧的两个内角之和小于 180°，则这两条直线经无限延长后在这一侧一定相交。

几何原本——五条公里：

公理 1 等于同量的量彼此相等；

公理 2 等量加等量，其和仍相等；

公理 3 等量减等量，其差仍相等；

公理 4 彼此能够重合的物体是全等的；

公理 5 整体大于部分。

这五条公设和五条公理为整个欧几里得的几何学打下基石，影响了这个世界几千年。这就是几何学的第一性原理。

哲学家、科学家，都有第一性原理，都有最基本的和最根本的前提假设来建立他们的知识之塔。

泰勒斯：水是万物本原。

牛顿：万有引力，惯性。

爱因斯坦：光速恒定原理，相对性原理。

达尔文：遗传变异，自然选择。

经济学：看不见的手。

柏拉图：理念论。

说一个和我们贴近的例子：吉利创始人李书福刚进入汽车业时，有记者问他怎么看待汽车，他说：汽车，不就是四个轮子和两排沙发吗？

这句话引来无数业内人士的耻笑：这真是个无知的疯子。

但是今天，应该没有人轻视吉利汽车了。2019 年，吉利销售汽车 136 万辆，净利润超过 82.6 亿元。吉利收购著名汽车品牌“沃尔沃”，更是让很多业内人士大吃一惊。

现在李书福说话有分量了，我们再回顾他当初说的那句有人认为是笑话的话。汽车，不就是四个轮子和两排沙发吗？这不就是汽车的第一性原理吗？

四个轮子和两排沙发，就是汽车的本质。从第一台汽车被发明到现在，不管科技如何进步，更安全、更舒适、更高科技，汽车的这个本质从来没有变过。在汽车行业从业久的人，开始把更好的音响当成本质，把更漂亮的喷漆当成本质，却忘了真正的本质。

在一个行业从业过久的人，特别容易被方法论带来的成功蒙蔽双眼，忘记什么才是本质。

那什么才是本质？

在稳定时代，我们更需要学习行业方法论；在变革时代，我们更需要以第一性原理来理解新事物。

系统思维

北大汇丰商学院副院长、商业模式专家魏炜教授对商业模式有一个非常精辟的定义：商业模式，就是利益相关者的交易结构。

在这个定义中，企业利益相关者包括外部利益相关者和内部利益相关者两类，外部利益相关者是指企业的顾客、供应商、其他各种合作伙伴等；内部利益相关者是指企业的股东、企业家、员工等。商业模式是连接客户价值和企业价值的桥梁。商业模式为企业的各种利益相关者，如供应商、顾客、其他合作伙伴、企业员工等提供了一个将各方交易活动相互联结的纽带。设计商业模式，就是设计利益相关者的交易结构。

听起来似乎很复杂，举一个例子你就明白了：你每天上班走过地铁口的时候，可能会碰到一些发放免费杂志的，你并没有为这些杂志付费，因为它们的费用来自广告商。在这个例子里你和广告商都是杂志的利益相关者。

再举个例子：在过去，如果想开一家餐厅，做写字楼午餐的生意，怎么做？

正常的思路是，在离写字楼尽量近的地方租个铺面，最好还是临街的铺面。为什么？因为到了中午，写字楼的白领们下楼吃饭，午休时间有限，不可能走到很远的地方。离写字楼越近，越是临街的铺面，生意就会越好。

现在有了“饿了么”“美团”等外卖平台，白领们在办公室就把午餐吃了。这时候，依然在店里做堂食生意，即使全心全意为顾客着想，做出最好吃、性价比最高的饭菜，顾客也会越来越少。为什么？因为写字楼午餐生意这个系统的交易结构变化了。

如果有系统思维，能够理解什么是“利益相关者的交易结构”，就会马上意识到，既然越来越多的写字楼白领选择在外卖平台上买午餐，那就不需要把餐厅开的离写字楼尽量近，也不需要临街了。为什么？因为现在不是顾客下来吃，而是要送上门。只要在写字楼附近 3 公里之内，租一个尽量便宜的地方，就算是在一个很深的小巷子里也没关系。

在3公里内的深巷租个地方，当然比在300米内租个旺铺要便宜得多。

这样一来，同样品质的菜品，就能便宜一些，或者同样的价钱，菜式就会丰富一些。还不止这些，当外卖订单越来越多，线下占比越来越少时，甚至可以把整个餐厅做成一个大厨房。

传统餐厅大约 20% 的面积是厨房，80% 的面积是前厅。外卖订单占比多的时候，可以不要前厅，租金成本又会陡然节省 80%！这样菜品价格能更优惠，也能升级菜品。由此，可以把另外 80% 的前厅也变成厨房，提供巨大的“产能”，服务那些激增的需求。而同时，在写字楼旁边，租金高昂的餐厅的生意有可能越来越差，差到老板开始怀疑人生：一定是我的用户思维还不够，产品思维也不够。店老板要求服务员对客人要笑得更真诚，要求厨师做的饭菜要更好吃。但是，这样也未必能有曾经的辉煌。

这就是系统思维。第三章曾讲过，零售业从传统的“用商品差价，补贴信息流成本”，向“不卖货的体验店”的转变，也是一种优化“利益相关者的交易结构”的系统思维。

你一定要知道，有时候不是你不努力，而是这件事本身就错了。因此，我们用大视野思维，接受所有你曾经信仰的东西都不是最终的完美状态，一切都是历史进程的一小部分；用第一性原理思维，不断深挖，区分方法论和本质的差别，在变革时代，基于本质，寻找新的方法论；用系统思维，解构、重组所有本质的要素，擦清驾驶舱的玻璃，给你的企业加油减重，推动你的商业模式飞向新的高空。

第二节　中小型创业的机会在哪里

随着以大数据、智能硬件、智能科技等为代表的新技术不断落地，传统电商将迎来新的发展契机。通过与先进技术的深度融合，传统电商将会演变成一种全新的零售模式。

新技术的落地，需要付出高昂的成本、组建优秀的研发团队等诸多条件。这让不少有意投身于新零售行业的中小企业望而生畏。行业逐渐被互联网巨头占据，成为他们争夺市场的新战场。不过，作为风口，只要能在新零售的某一个细小领域找到突破，同样能分到一杯羹。

如今，新零售业几乎被主流的互联网公司占据，那么普通创业者该如何更好地利用这个趋势，找到自己的出路呢？我认为最重要的就是要找到行业的突破口。

那么行业的突破口在哪里？

2016 年，马云在云栖大会首次提出“新零售”概念，来看一下他的原话:“未来，线下与线上零售将深度融合，再加上现代物流，服务商利用大数据、云计算等创新技术，构成未来新零售的概念。”新零售其实就是数据驱动人、货、场的重构，核心在于线上与线下融合、大数据与创新技术的加持。细细品味这句话，不难发现，行业的突破口其实就蕴藏在这段话中。

新零售已经成为零售行业不可逆转的发展趋势。只有识得庐山真面目，才能找到新零售的突破口。这就需要中小企业投入其中，深耕某一个领域，从中发现新的商机。

为人所不能为，供应链上找到你的位置

在新零售逐渐成为主流的当下，各大互联网企业因为资本和体量的优势，成了新零售行业的先行者。不过，新零售是涉及广泛的全新事物，中小型的创业者只要能挖掘到那些互联网巨头无法顾及的层面，并在此深耕新技术，以己之长攻彼之短，就能找到新的突破口。比如，在供应链、物流等方面，可以通过研发新技术，提高行业的运行效率，来推动新零售快速落地。

总而言之，技术是新零售发展的核心驱动力。中小企业要想与各大互联网企业共谋发展，就必须走深耕技术这条路。通过技术创新来提升消费者体验，为消费者提供更精准、及时、个性化的服务，促进新零售回归到服务消费者这一本质上来。

做互联网巨头的“二次过滤”

在过去的几年里，随着消费者对高品质、个性化商品与服务需求的日益增长，传统电商遭遇到了前所未有的困境和挑战，生意越来越难做，钱也越来越难挣。很明显，电商的红利时代已经成为过去。在电商时代谢幕，新旧时代交替之时，消费市场上痛点频出。要解决这些痛点，就需要一个更好的模式出现，于是，新零售便应运而生。自新零售被提出的那一刻起，便如掷石入水，在业界溅起了巨大的水花。不甘落于人后的各大互联网巨头纷纷涉足新零售领域，新一轮的“争霸大赛”也由此拉开了序幕。

通过前面的分析，或许你已经发现，新零售都是紧紧围绕着消费

者体验在做文章，其真正核心就是提升消费者体验。在这方面，各大互联网电商也有过比较创新的举措，那就是借助大数据为消费者提供精准化推荐。利用大数据算法，分析消费者的兴趣偏好，向消费者推荐其感兴趣的商品。虽然这种形式在一定程度上提高了销售量和降低了运营成本，但是仍然没有涉及后续的服务，这也是痛点之一。

传统电商的难题，正是中小型创业者的机遇。过去，各大互联网企业忽略了“二次过滤”领域，这意味着如果中小型企业做好内容的二次推荐和二次转化，便能解决传统电商的一大痛点，给消费者带来更好的消费体验，甚至能放大流量打造爆款。

实现线上和线下的融会贯通

实现线上和线下的融会贯通是新零售的核心概念之一。目前，阿里、京东、苏宁等互联网巨头，之所以还止步在新零售的初级阶段，其主要原因之一，就是尚未完全打通线上和线下，线下门店和线上电商还只是在互相辅助，并没有打通两者之间的资源通道。

要知道，如果无法将线上和线下打通，就无法实现流量的转化，也不能推进新零售真正落地。目前看来，开发打通线上和线下的工具，便是中小型企业在新零售的突破口之一。比如，开发微信小程序，以微信小程序为工具，打通实体店的线下流量入口，拓展更多的流量入口。还可借此建立社交群，通过推出线下活动来把线上的消费者引流到线下。在技术快速的发展当下，中小型创业者完全可以深耕某一个技术领域，用技术驱动助力新零售的落地。

新零售之风渐起，各大互联网企业已借乘风扬帆，但中小型企业也无须沮丧，只要你认真思考上述的几段文字，找到新的发展突破口，再小的帆也能远航。

新零售的切入点

身处任何时代，企业家都要立足小而精，做好大市场。什么意思呢？简单来说，就是要通过精耕细小领域进入行业。新零售也不例外。那么，我们如何知道属于自己的新零售“微入口”在哪里呢？

创新是推动社会发展的动力源泉，零售业亦如此。我们认为，新零售之新，其一就是技术创新。而围绕着新零售发展的技术创新，便是进入新零售的“微入口”。俗话说，万金在手，不如一技傍身。中小型企业虽然没有雄厚的资本加持，但是通过技术创新也能在行业内找到一席之地。任何新零售形式的落地，都离不开技术的支持，比如，无人货架、场景购物等概念，这些创新形式的实现都离不开技术的发展，脱离技术的新零售只能是纸上谈兵。

要想抓住新零售的风口，就要把核心技术掌握在自己手中。换句话说，就是要在技术方面不断推陈出新，要在行业内做到极致，做到无法取代，掌握别人所没有或者所欠缺的，才能实实在在地推动新零售的落地。

创业者要意识到，核心技术是一个企业赖以生存和发展的关键。当然了，核心技术的研发过程并不容易，缺乏资本的中小型企业更难。中小企业要从基础研究发力入手，重视和激励原始创新和核心技术研发，才能为新零售业注入创新的“源头活水”。

此外，新零售还要求从业者做好互联网场景的细分。华为创始人任正非曾经提出：要用场景化而不是定制化的解决方案来消化客户需求。可见，细分场景的重要性。传统电商时代，消费者主动通过电商平台搜索、浏览、选择商品。而在新零售行业，商品种类繁多，这一方式只会大大消耗消费者的时间，显然已经不适用了。只有做好场景运营，让场景主动而精准地寻找消费者，才能解决目前活跃性低下、转化率不高等行业困境。对于中小型创业者来说，要以“用户体验”为核心，以“场景体验”

为连接，才能更迅速地拥抱新零售。

在新零售时代，创业者应该未雨绸缪，提前做好场景细分，用场景来匹配用户才能找到更多的发展机会。因此，场景细分领域可以说是新零售时代的另一个入口。中小型创业者可以通过场景细分，为客户在不同场景下精准推送商品，满足客户日益增长的需求。

如何才能满足用户需求呢？如今，国内消费市场正处于加快升级阶段，国家出台了一系列促进消费的政策。因此，在大环境和政策共同作用下，新的消费业态不断涌现，促使新零售在消费领域异军突起。这就意味着，创业者要想在新零售业立足，就要满足消费升级的需求。所谓的消费升级，在消费者层面来讲是“消费的全面升级”，并不是指消费品价格的提高，而是消费价值观的转变。这就意味着消费者对产品品质、消费体验有了新的需求。要满足这些需求，就要将消费升级与新零售紧密融合，让新零售作为消费升级的工具和手段。你可以思考一下，消费升级下，新零售该从哪些方面入手？

现在的消费者，在消费过程中更注重参与感，创业者可以根据这一特点，开发新技术应用来增加消费者的参与性消费。比如，上面提到的微信小程序，就能够有效提高消费者的黏合度和转化率。

新零售时代，消费者对于商品品质有了更高的要求。创业者可以通过提升商品品质、商品附加值来满足消费者新的需求。只有抓住新零售的新入口，才能借消费升级的东风，更加精准地对接消费者需求。

以上只是提供了几个供大家思考的方向，要知道在新零售的风口下，缺少的从来不是机会，而是找到机会的眼光。新零售并不是一个高不可攀的新物种，它需要各行各业的紧密配合，这就给微小企业提供了一席之地。说到底，谁能找到进入新零售的“微入口”，谁就能赢得市场。无论是大企业还是小企业，在机遇面前人人平等。

第三节　零售商的“基因改造”

近期 IT 界有一场关于“企业基因论”的讨论，我觉得这对我们讨论新零售也有很多启迪。

基因决定论

计算机科学家、原腾讯副总裁吴军 2011 年在《浪潮之巅》一书中提出了“企业发展基因论”：为什么一个公司进入成熟期以后，很难在新的领域获得成功。最后的结论是，一个在某个领域特别成功的大公司已经被优化得非常适应这个市场了，它的文化、做事方式、商业模式、市场定位等已经非常适应，甚至过分适应自己传统的市场。这使得该公司获得成功的内在因素会渐渐地、深深地植入该公司，可以讲，这就是这个公司的基因。

吴军由此在 9 年前得出结论：IBM 做不了个人计算机，微软适应不了互联网时代。

然而，成功预言计算机行业内多个趋势的吴军对微软的预言却是落空了，凭借云计算以及人工智能的成功，微软已经站上互联网之巅。吴军的这个观点也被人诟病。

在我看来，“企业基因论”确实提供了新鲜的视角，让我们注意到

“习焉不察”的内容，对企业转型有更多的认知，从这点上说，要感谢吴军老师的洞见。另一方面，我觉得基因论最大的问题，就是否定了基因可以被改造这个事实。作为新消费领域长期的观察者,我更关注“基因论”对现在如火如荼的零售变革浪潮影响有几何？是否有参考借鉴的价值？

吴军被质疑，反向说明要想逃脱企业基因论魔咒，只有不断地改造基因、适应新的环境，如同自然界的进化一样。零售业也是如此。

电商的新基因型选择

先来看一个值得玩味的事。

2019 年 7 月 25 日,苏宁易购在一年一度“818 发烧购物节”发布会上,对原本是重头戏的“促销”只有只言片语,大部分时间都放在了诸如“全场景零售”、市场下沉、苏宁小店和苏宁极物升级等内容上，还把物流和金融单独拿出来作了宣讲。

一个 818 发布会，几乎“除了 818 没谈，其他都谈了”，这似乎很不正常。

事实上，这某种程度上是整个零售行业“基因改造”浪潮的缩影。苏宁持续已久的基因变革已经到了关键阶段，现在，销量、GMV（Gross Merchandise Volume，成交总额）这些指标甚至要让位于企业转型。

紧跟变化的零售玩家们，都在积极行动。在众多前车之鉴下，几乎不存在静态的、固守过去的零售商，竞争比拼的就是谁更能改造自己的基因以适应新的市场。

在新基因型选择上，零售商各有算盘。

1. 阿里：从“流量型”到“运营型”

2019 年 6 月底，天猫发布所谓“旗舰店 2.0”升级计划，简而言之，就是给天猫店更多赋能，如店内的产品能根据需要做个性化推荐，又如店铺增加“粉丝亲密度”功能。

一些媒体分析，天猫甚至支持店主通过线上为线下带来增量生意。

自从提出“消费者资产”概念以来，阿里在流量红利消退时不断强调“运营”。会员运营和粉丝运营搬到台面上并积极拉拢商家，手淘甚至通过“淘宝人生”（社交功能）带来了一波刷屏。阿里通过改造运营方式，把获得规模扩张和持续性增长的想法公之于众。

2. 京东：从“集体主义”到“去中心化”

从 2017 年起，京东陆续提出中台建设、无界零售、积木理论、小集团大业务等战略想法：物流业务强调独立和盈利，数码科技业务对陈生强高度授权，拼购不需要为商城考虑导流问题（徐雷语），撮合爱空间与拍拍……从商城、物流、技术输出三大板块捆绑的集团，到越来越强调区分，而 2019 年闹得沸沸扬扬的“东哥不是兄弟”事件其实是一种必然。

“京东商城”时代一损俱损的集体主义被打散，“去中心化”的京东似乎正在建立。

3. 苏宁：从“零售商”到“服务商”

苏宁在零售领域有些特殊，是既有线上平台也有大规模线下门店的零售商。这也使得苏宁在零售变革时代，更倾向于找到一些能线上、线下兼顾优势的“基因型”——某种程度上，苏宁正在由“零售商”走向“生活服务商”。

苏宁董事长张近东反复强调“随时随地随心消费的全场景构建”。苏宁易购总裁侯恩龙表示，苏宁的全场景零售要让消费者在“任何时间、任何地点，可以实现任何服务需求的场景体验”。过去苏宁也打出“服务是苏宁的唯一产品”旗号。

收购万达百货、大面积铺开苏宁小店、物流升级、金融的服务属性强化……2019 年 5 月，苏宁就曾提出生活圈、掐点配送、地域下沉、私域圈层等概念，现在，一个线上购物、线下吃喝玩乐、即时 O2O 配送、社交、金融、生活服务等构建的“大众服务提供商”雏形显现。

4. 拼多多：从“下沉之王”到“综合拼购平台”

拼多多下沉市场的基因写在脸上，但这不妨碍拼多多也要改变自己。

2019 年“6 · 18 购物节”，拼多多号称花费百亿补贴的 10 000 款热销商品，像戴森吹风机、BOSE 耳机都在其中，这两款产品在一二线消费者中受众较多。从中可以看出，拼多多正在往综合化的方向改造自己。极光大数据显示，截至 2019 年第一季度，拼多多的新增用户中有 44.2% 来自二线及以上城市，且呈持续上升趋势。此外，拼多多对淘宝用户的渗透率已经从 2018 年同期的 28.3% 上升到了 40.1%。

自 2019 年“双 11”至 2020 年 5 月底，拼多多用补贴的方式累计售出接近 160 万部新款 iPhone。

5. 传统线下零售商：从“坐商”到“行商”

2016 年后，最为焦虑的传统线下零售商们都在探索自己的道路，内容太多，这里不展开讲。但是，在根本上，传统线下零售商的种种动作，从基因改造的角度，都是把“坐商”改造成“行商”的过程。

以盒马鲜生这类明星项目为代表，变革无非是消费者数字资产一体化、多端融合供应链、全渠道订单履约等，在 SKU 安排、供应链、用户体验等方面，在物理位置固定的情况下主动“招徕生意”、激发更多购买，干起“行商”的事。

零售商“基因改造”

零售商“基因改造”究竟是怎么玩的？

各大零售商究竟如何进行“基因改造”，也许我们能从被否定的“基因论”关联的各要素的拆解中找到答案。零售企业要改变命运，进行动态的“基因改造”，就要从这些“被静态”的要素开始。

这里选择近些年“基因改造”动作相对全面的苏宁为主要参考案例，希望能找出零售基因变革的实操视角。

1. 核心定位：必须以原有成功路径为依托

每个零售企业都有一条通向成功的最近路径，阿里的流量、京东的B2C、拼多多的下沉都是如此。

在基因改造过程中，“成功路径”可以调整，但不能偏离原有路径太远。

正如上文所言，苏宁一开始就具备线上 + 线下的特殊性，当它决定变革时，最佳的自我定位也是利用这种特殊性。

所以，也就不难理解苏宁找到“服务”这个新的定位，借助天生O2O 带生活服务的特质，生鲜、快消、百货等带有风险的新业务扩张也统一纳入“服务”旗帜下，线上、线下自然打通，零售平台转变成服务平台，最大化利用了原本的路径优势。

苏宁选择别的定位，转换成本肯定会更高。

2019 年 5 月，侯恩龙在“618”预热活动中公开提到“无服务、无未来”，这话是说给行业听的，也是说给苏宁自己听的。

类比来看，巨额补贴、低价……拼多多杀入一二线市场的定位几乎沿用了原本的成功路径。

2. 业务资源：只有在统一“内涵”下，业务外延才不设限

处在变革期的零售企业，往往会上线大量新业务。基因变革下这种业务外延扩张，必须始终围绕新的基因选型进行。

以苏宁为例，目前的业务资源布局，可以外延至四个部分，但都围绕“服务”运转。

（1）零售：中心化流量平台，主动去中心化

以往，大型零售商是“流量中心化”的中心，“私域流量”这种“去中心化”新兴概念往往都是讲给中小零售商听的。

侯恩龙在“818”宣讲会上一开始就提到流量去中心化、社群社交全面赋能化、零售触点网格化三个零售业现状，并主动提到苏宁易购已招募 100 万个社群，触达超 5 亿用户。

作为流量中心化平台之一，“流量不再是大明星、大品牌、大平台的专属”这种论调等于是在革自己的命，只不过，苏宁提前与去中心化下的一个个新中心进行了连接，最终流量变成网状结构，而自己并没有被排除在外，反而成为另一种具备控制力的流量中心。

苏宁称自己要变成“与消费者最近的零售场景和最丰富的全场景零售平台”，这种方式下，平台型基因变成了连接型基因，零售变成了服务。

（2）物流：B2C 仓配优势转化到“服务型配送”

苏宁物流集团执行总裁姚凯曾称“苏宁物流要做科技和效率驱动的物流基础设施平台”，并列举了一大堆物流发展的数据，例如 60 000+ 物流节点，17 000+ 干支线的物流网络，仓储总面积 2020 年要达到 2 000 万平方米，无人仓存拣分包拣选效率达到 600 件 / 小时等。

值得注意的是，姚凯特别提到苏宁的“1 小时服务圈”目前已经覆盖全国 15 万以上的社区，以当日达、次日达为核心的配送时效覆盖全国 90% 以上的城市。

而这，与苏宁“服务”高度相关。加上收购天天快递强化 C2C 能力，以及过去就存在的同城配送，苏宁物流正从以 B2C 仓配能力为核心优势，转化到兼具终端服务圈配送能力的物流平台。

（3）金融，直接强化“服务”能力

苏宁金融的“服务”动作简单而直接。2019 年“818”发布会现场，苏宁金融表示“818”期间“共计提供 200 亿 + 资金赋能供应商，50 亿 + 资金赋能小商户，50 亿 + 资金让利消费者，1 亿 + 资金补贴消费者”。

这些直接作用于苏宁生态，成了强化苏宁“服务”能力的动作，毕竟，金融是为所有与消费相关的运营提供服务，不管苏宁的路如何走，都少不了金融服务一致的步调。

3. 业态布局：零售也需要在边界范围内活动

当腾讯需要 to B 时，腾讯云被推到重要的位置，地位甚至与微信平行，这就是基因改造下的业态布局。

苏宁当前呈现两大（苏宁广场和苏宁易购生活广场）、两小（苏宁小店和苏宁零售云店）、多专（苏宁易购云店、苏宁极物、苏鲜生、苏宁红孩子、苏宁影城、苏宁体育、苏宁汽车超市等专业店面）的业态布局。

如此庞大而多元的业态，看起来“摊子铺得很大”，但事实上它们是有边界的，那就是以零售为主体的生活服务。

一个典型的案例是，苏鲜生提供的啤酒和小龙虾，可以与苏宁体育的美洲杯无缝结合。反过来看，苏宁也必须把这些业态统一到边界内，才能最大限度地避免业务失控。

美团全面移动化后，上马了酒店、共享单车等新兴业务，甚至还去抢滴滴的生意，但 CEO 王兴从来没有让美团业态布局突破边界——基于“位置”中心的服务。那些供给与履约都在线上（腾讯、百度、网易等），或者仅以 SKU 为中心的供给（阿里、京东、苏宁、小米等）边界内的业务，美团从来不做。

苏宁小店、苏宁极物都在 2019 年“818”迎来 3.0 新模型店开业，苏宁小店 3.0 引入餐饮，专设厨房区、用餐区；极物 3.0 则要为年轻消费者提供“全新的生活方式和服务体验”。从苏宁的“边界”来看，这并不意外，而类似“以零售为主体的生活服务”业态布局未来会出现更多。

4. 价值观：“新基因”要构建有利的大众认知

腾讯在 to B 业务之后打出“科技向善”的旗号，“科技”树立 B 端形象，“向善”刷新全民认知（特别是游戏带来的负面舆论）。

而零售毕竟是以 to C 为主体的业务，任何的基因改造都离不开消费者感知。除了企业内部的动作与规则，如何为新基因博取更好的外部认知也十分关键。

2019 年“818”发布会上，苏宁把过去的“上网上街上苏宁”进行了新的阐述，“有的逛、值得买、在身边”，并在现场通过 TVC（Television

Commercial，特指以电视摄像机为工具拍摄的电视广告影片）来表达苏宁提供更好的生活服务的理念。

侯恩龙口中的用户人群 + 产品 + 社群运营模式，某种程度上也在强化“服务”的大众感知，只不过，社群、圈层、社区、下沉市场这些概念，都在让苏宁离消费者更近，大众感知更加强烈，认知也更加容易形成。

基因改造的挑战

新基因顺利运转前，零售商还有哪些“麻烦”？

转型都有阵痛，在基因改造完成前，零售商至少面临三个麻烦。

1.C 端消费者认知难以改变

拼多多创始人黄峥曾经说过，拼多多不是要让北京、上海人过上巴黎人的生活，而是要让安徽安庆人有好水果吃。

现在，拼多多要进入一线城市了，就算卖了 iPhone、高端吹风机和耳机，它仍然难以改变 C 端消费者旧有的认知，它不可能靠无休止的巨额补贴维持一线市场。

而阿里不断渗透下沉市场，聚划算推出大量比拼多多还便宜的产品，仍然没有能够让自己下沉到拼购市场去运营庞大的新兴市场，很多消费者认为拼多多才有更便宜的商品。

在 C 端市场，每一个新的基因型，都需要建立起自己的消费者认知才能玩得转，上文“价值观”是一个方法，但具体实操只能说任重道远。

2. 基因改造程度越大，机会越多但也越困难

改造程度越大，新基因的建立就越困难。

当京东从 3C 开始拓展家电、快消品时，市场勉强能够接受；而当刘强东把手伸向百货、彻底改变京东 3C 定位时，市场就很难认可了。

字节跳动的张一鸣认为吴军的基因论有一定价值，事实上，它的价

值在于那些新基因改造过于困难，静态的基因“不得不”决定一切的企业上。

一向以政府部门和企事业单位为主要客户的 IBM，放弃个人计算机业务，人工智能项目高调上马、狼狈解散，这些基因改造太彻底，最终成为印证吴军言论的经典案例之一。

风险总是和收益成正比，这对零售商而言也是一个选择问题。

3. 旧有基因带来的惰性

阿里躺在电商最大的流量池上，完全可以吃个饱，但它还是要走向用户运营。

克服那些舒适的旧有基因是很困难的，所以一个日子过得越好的企业在危机到来前越难以改变基因，如果诺基亚的功能机市场状况不那么好，也许智能机时代还有一杯羹。

这种基因惰性在传统零售商身上体现得淋漓尽致，典型案例之一是沃尔玛在中国市场的日渐式微。

我们前面提过，沃尔玛从 2016 年开始大量关店，2016 年关闭 13 家，2017 年关闭 24 家，2018 年关闭 21 家，2019 年关闭了 16 家，而其 2018 年市场占有率已经不到 2010 年的一半（从 11% 到 5%）。

究其原因，沃尔玛当初凭借新颖的商品陈列、先进的促销手段、一站式购物进入中国市场，获得消费者的喜爱。但随着中国零售业的迅速发展，沃尔玛这些“吃老本”的优势逐渐变成了普遍的管理和经营机制，更关键的是，沃尔玛的供应链思维和税收优惠带来的低价逐渐失去了竞争力，又没有创新，没落就成了必然。

作为传统商超的头部企业，如果沃尔玛过去日子过得苦一点，或者有点危机意识也许它就成为今天新零售的急先锋了。

第四节 新零售的未来

> 在我的个人投资生涯中，我亲眼看到过数量众多的流星型零售企业。它们曾一度享有快得惊人的销售收入增长率和高得惊人的净资产收益率。但突然业务急剧下降，往往急转直下走向破产。
>
> ——巴菲特

在商界，没有永恒的传奇。每一个企业的发展都与它所处的时代紧密相连，如果没有紧跟时代潮流，就会被淘汰。

古语有云：以史为鉴，可以知兴替。接下来，我们通过美国零售业发展史中的一个故事，来找找中国零售业的未来。

西尔斯破产的故事

说起美国零售业的发展历史，就不得不提美国曾经的零售业巨头——西尔斯。下面我们就说说西尔斯的故事。通过这个故事，你或许能理解到什么才是企业赖以生存的不竭动力。

中国的消费者大多只听说过沃尔玛和亚马逊两家美国公司。但其实，在20世纪的美国，西尔斯才是零售业的巨头。这家创立于1886年的百货公司，可以说“真正改变了美国”。尤其值得一提的是，在1925年，西尔斯首家零售商店开张，把美国人从传统的街头杂货铺带进购物中心，为“二战”后美国的城镇化作出了贡献。在20世纪中期，美国消费者消费的每100美元中就有1美元消费在西尔斯，每两个美国家庭中就有一家使用西尔斯的产品。

历史的车轮滚滚向前。西尔斯打败了所有的对手，却输给了时代。自2011年开始到2018年，西尔斯累计亏损逾110亿美元，年销售额下降近60%，至167亿美元，其股价更是跌至每股28美分。2018年10月15日，西尔斯正式向美国法院申请破产保护。

西尔斯宣布破产之后，业界对于它失败的原因众说纷纭。有说内耗严重的、有说没有搭上互联网列车的，但更多的人认为，它失败的根本原因是缺乏创新精神。

可令人唏嘘的是，西尔斯最初正是靠创新起家的。在100多年的发展历史中，西尔斯公司一直顺应市场形势的变化，不断调整自己的营销策略，不断创造新的消费方式。

19世纪，美国正值铁路时代，而西尔斯公司借助铁路优势，开始面向偏远地区的农民开展邮购业务，出售手表、表链、表针、珠宝以及钻石等小件商品。货到付款的销售方式刚刚兴起时，西尔斯马上就实行了“先货后款”的方式。开展“先货后款”的第一年，西尔斯的销售额达到1 000万美元，成为美国零售业销售额排行榜的第一名。以邮寄商品目录，让顾客回邮下订单的方式开展业务，不满意还能全额退款。通过这种创新的商业模式，西尔斯迅速占领了农村市场。

即使到了汽车时代，西尔斯也顺应潮流开起了乡村连锁店；到了互联网时代，西尔斯也是美国首批涉足电子商务的企业。因此，我认为导致西尔斯最终走向没落的并不是创新技术没有跟上，而是另有他因，下面我们来分析一下。

西尔斯的没落与它的商业策略调整有关。时间要追溯到1967年，西尔斯的股市市值仍止步在两年的921亿美元，管理层为了寻求更高的突破，着手调整公司的商业策略，也就是从此时开始，西尔斯在错误的道路上越走越远。

第一个策略就是调整目标客户群体。从走大众路线到走高端路线，通过卖更高级的产品来吸引有钱人。这么做有没有效果呢？短时间内看，的确有。1969年，西尔斯的毛利率达到了历史最高点，接近40%。尝到了改革甜头的西尔斯再度调整策略，进一步调整业务范围，走多元化发展策略。利用在零售业累积下的大众口碑大力发展金融业务，为此，接连收购了两家公司，分别是房产保险公司和股票经纪公司。

这两大举措从短期来看，都取得了一定的效果，但从另一个角度来看，也正是这些举措加速了西尔斯的消亡。说到底，西尔斯最大的问题在于，在利益的驱使下，它早已忘却了创业时的初衷。时任西尔斯的副董事长唐纳德·克雷布，还大言不惭地说，西尔斯打算让新收购的两家金融公司获得西尔斯庞大的客户群体。表面上，这是充分利用原有的客户资源来扩充市场，实际上，是在榨干客户的价值。

我们再来看看西尔斯这两大举措的本质是什么：第一步调整目标群体，把服务客户转为利用客户。要知道，西尔斯最初是做大众生意起家的，它积累的大多数客户都是普通民众。这一举措无疑会让它失去大众口碑，实属自撼根基之举。第二步，涉足自己不擅长的领域。哪里有钱赚就往哪里走，以钱为引导而不是以人为本。他们的所有出发点，都是为了盈利。对于商人来说，这无可厚非，错就错在他们把盈利当作公司发展的指引。目光短浅至此，不仅贬低了了企业存在的意义，更是把自己未来的发展扼杀。可以说，西尔斯的这两步棋，步步走、步步错。

管理学之父彼得·德鲁克认为，企业要想得到长远的发展，不能追求利润最大化，要反其道而行之，追求利润的最小化。

或许你会感到疑惑不解，难道有钱都不赚？请试想一下，你想赚钱，别人也想赚钱。当大家都聚集在同一个领域的时候，便会形成激烈的竞争。有了竞争，自然就会降低价格，最后大家都没钱赚。因此，企业不能一味追求利润，而是要把目标放到提高企业的综合实力上，不断研发技术，把利润降到最低。当你的利润降到最低的时候，也就意味着别人的进入门槛被抬高了。这就是为什么一些有垄断地位的公司，比如，英特尔，并没有一味地哄抬价格，因为管理者深知只有利润最小化，才能让所有潜在竞争对手无门可入，实现利润“最大化”。

只有高瞻远瞩的企业才能有长远的发展。比如，美国超市 Costco，从成立之初就定了一条规矩，那就是所有商品的毛利率不得超过 14%。再如，国内手机名企小米，自创立起，就走亲民路线，主打普惠的手机产品。因为这些企业懂得用利润最小化策略来谋求长远的发展。

以上，只是从较浅的层面来分析。如果把利润最小化上升到社会角度来讲，其实就是企业在实现社会责任。企业的生产发展无法脱离社会分配的资源，它能盈利，根本在于完成了社会分配的任务。只有为大众提供实实在在的好处，才能获得更多的社会资源。

要在零售界生存下来，靠的就是最有优势的价格、种类繁多的商品、最便捷的消费方式。想做到以上这几点，企业就要放弃一部分的利益，但社会从来不吝于给那些认真践行职责的企业奖赏。以亚马逊为例，为什么它的利润如此低下，股价却连连攀升？这也许就是社会给它的回馈。

有了前面的对比，西尔斯显然就是一个负面的案例。西尔斯在短时间内获得了不小的利润，却失去了社会这座“靠山”。在短时间内，西尔斯看似挣到了钱，但背离了自己的使命，既没有站在大众角度考虑，满足他们的需求；也没有很好地完成社会分配的任务。从这个时候开始，西尔斯破产的趋势已经不可扭转。

我们不仅要感叹西尔斯的失败，更重要的是要从西尔斯发展和败落的轨迹里找到启示。那就是一个企业，除了不断创新以外，更重要的是不能脱离初衷，所有的发展都要以消费者为中心，不能只一味看重眼前的利益。

新零售行业的发展也是如此，想得到更多，就要学会放弃眼前的部分利益。只有通过提高企业的综合实力和技术研发能力，谋求降低商品价格、充实商品种类以及提供便捷的消费方式，才是企业长远发展的正道。

你站在厂家一边，还是消费者一边

如果你是零售商，作为整个消费过程中的中间组成部分，在销售产品的时候，你是会为完成销售指标站在厂家的角度考虑问题，还是从消费者的角度出发考虑问题？俗话说，选择比努力更重要。作为零售商，考虑问题的角度往往也决定了成败。大部分人口中喊着“顾客至上”的口号，但实际上，能做到没有几个人。因为大多数人觉得站在消费者这边，很难完成每年的销售额，没有完成销售额，不仅下次进货没有折扣价，还有可能失去了下一个年度的代理权。迫于现实的压力，大部分零售商其实都是站在厂家那边，即使消费者没有消费需求，也想法设法让他们掏钱。

这么说的后果就是，零售商常常给消费者推荐他们不需要的产品，比如，在营销界就流行着类似“把梳子卖给和尚”“把冰卖给因纽特人”等案例。这些案例看似很厉害，把商品推销给了原本不需要的人，但实际上，这大大违背了商业的初衷。上面讲过，商业的初衷不是为了盈利，而是为了完成社会分配的任务。这种销售方式没有从消费者的角度出发，挖掘他们的需求，只想着把商品推销出去。

马云也对这种销售方式嗤之以鼻，并为此开除过一个销售人员。即使不上升到道德层面，这种做法在商界也是不可取的。毕竟，忽略消费者需求的销售方式，是一次性的。没有回头客，企业是无法做大做强的。过去，由于销售模式的原因，几乎所有的零售商都是站在厂家的角度考虑问题。但是随着互联网时代新的商业模式以及短路经济的出现，商家的立场也在悄悄发生着改变。

接着，我们以保险业为例，说明一下哪些代表厂家，哪些代表消费者。

在当前的保险销售行业，销售人员分为两大类：保险代理人和保险经纪人。俗话说，利益决定着立场，身份决定了考虑问题的角度。保险代理人的背后是保险公司，这就决定了他们必然是站在公司的角度出发，去售卖产品。只有完成销售业绩，才能获得业务提成。

而保险经纪人，则是直接受聘于消费者，自然会站在消费者的角度，虽然在完成销售后也能得到保险公司的佣金，但其主要服务消费者，帮消费者筛选出最符合需求的保险产品。相对而言，保险经纪人比保险代理人更懂得消费者的需求，更能为消费者谋求利益。

在传统零售业，身份往往决定着考虑问题的角度。但在新零售时代，随着消费者有了新的消费需求，这种模式显然落后了。在新零售时代，只有从消费者的角度出发，才能得到更好的发展。而大企业的成功之处正在于提前预见并实践了这一点。比如，前面提到的 Costco 超市，一直以“不赚差价，只赚会员费”为经营理念。作为美国第二大零售商，Costco 一直以来以“量大、质优、价低”闻名全美。Costco 不是站在厂家的角度去赚消费者更多的钱，而是站在消费者的角度，帮消费者省钱。Costco 的毛利率非常低，它的利润主要来自会员费。Costco 的盈利模式是为消费者提供服务，吸引消费者成为会员，这种严选商品、提供优质服务、追求最低利润以及会员制的模式，就能把顾客和卖家的利益一致化了。因此，在 Costco，任何高于 14% 的毛利率都要经过特别的审批。

Costco 扮演服务者的角色，为会员精选的商品、提供最低的折扣。

在 Costco 这种高质量低价格的驱动下，其会员黏度特别高。

再给大家来举一个知识付费领域的例子，来说明一下这种趋势。随着移动支付技术的发展和整个社会对知识的迫切需求，知识付费市场不断扩大，用户逐渐养成知识付费的消费习惯。知乎、果壳、喜马拉雅 FM、得到等知识付费模式发展迅猛，知识付费风潮如星火燎原，行业也面临着井喷。根据国家信息中心分享经济研究中心《中国分享经济发展报告 2017》估算，2016 年知识领域市场交易额约为 610 亿元，同比增长 205%。

2016 年，知识付费领域的用户达到了 5 000 万人，到 2018 年，我国的知识付费用户规模达 2.92 亿人，到 2019 年知识付费用户规模突破 3.87 亿人。随着我国教育、文化、娱乐需求的快速增长，知识付费行业还有更广阔的市场。预计在未来几年内，知识付费领域的增速不会放缓，因为它还属于快速发展的朝阳行业。

在过去知识与内容免费的时代，互联网企业的赚钱模式是为用户提供免费的内容，通过积累流量来吸引广告商来投资，如百度的竞价排名、网页的广告位、视频广告等。在这种商业模式下，用户是不用付费的，互联网企业通过给广告商提供曝光量来盈利。在这种模式下，用户信息大量泄露，这其实也是为什么知识付费开始流行的原因之一。毕竟企业还是要盈利的，通过向用户收费来保障网站的生存，用户的个人数据也得到了保障，是一种双赢的商业模式。换一个角度想，其实也就是站在用户的角度想问题，为用户提供质量更高的产品和服务。

说起知识付费，就不得不提罗振宇的罗辑思维。罗辑思维主打生产“有种、有料、有趣”的内容，充分利用自身在内容领域的资源，精耕细作几年，推出了一款名为得到的 App 知识服务类产品，主打“知识服务”，把大家感兴趣的内容提炼成简短的干货，满足大家碎片化阅读的需要。此外，罗辑思维还构建了社群平台，让用户可以找到自己的网络社交圈。

得到 App 自推出之时，就得到了业界的广泛关注。得到 App 也不负众望，交出了一份满意的成绩单。仅仅发布 1 年，其营收就过亿，2018 年其用户更是达到了 2 000 万人，日活用户 73 万人。

得到 App 的成功，给后来者以启示。未来，随着用户对服务和内容品质需求的提高，只有站在用户的角度出发，才能赢得市场。

零售进化，AI 新零售开创未来

俗话说，适者生存。在传统零售往新零售过渡的新旧交替阶段，零售业将会淘汰一部分没有紧跟时代脚步的从业者。我们只有紧跟时代发展和市场环境与时俱进，才能不被时代抛弃。这个道理，一百多年前的科学家达尔文，已经用丛林法则给了我们启示：适者生存、优胜劣汰。在企业间、人与人之间竞争时，只有那些能适应外部世界变化的，才能生存下去。

零售业的所有进化都是被历史进程裹挟着前行的。消费升级和技术的发展，给零售业带来前所未有机遇与挑战。如果你只关注零售业本身，而不把目光放到整个社会的变化上，你就无法判断未来新零售的发展趋势，也就很难适应社会的变化。

那么，当下，零售业的外部环境发生了什么变化呢？

一是新的消费价值观在产生。消费升级后，将全面打通从消费需求、商品交付到消费者体验的整个过程。目前，各业态已经打通了消费生活场景，将为消费者提供更为个性化的消费体验、更为便捷的支付手段、更便利的购物渠道以及更人性化的产品。

如何为消费者提供更加个性化的消费体验呢？这里就必须提到高效定制消费体验的来源：人工智能。

前文我们提到，视觉AI能够通过用户画像等工具，识别进店消费者的会员身份，甚至能对其面部表情、情绪进行精细分析，从而为消费者打造更精准的产品、推荐最合适的服务，满足消费者的购物需求并节省购物时间。

随着中国进入消费全面升级的新时代，消费者更加理性成熟，也越来越注重消费体验。只有高性价比的商品和优质的服务才能赢得消费者的认可。因此，未来想要留住消费者，必须是以消费者为中心，以提高消费体验为重点，AI与新零售的结合是大势所趋。

二是技术创新是新零售业发展的强大引擎。我们上文提到的AI和大数据的不断发展、物联网技术的发展和供应链的不断优化都是全面提升效率和运营效率的必要条件。

未来，随着消费需求的升级、技术的新变化，零售业将迎来全新的零售业态。举个简单的案例。以个性化定制闻名的哈雷摩托，过去生产效率低下，从消费者提出需求到取货需要长达21日的等待。为了改变这一现状，哈雷摩托充分利用大数据以及物联网技术来提高生产效率。现在，哈雷摩托的定制“立等可取”，从提出定制申请到交货仅需6小时。

随着人们生活水平的提高，国内的消费者正在从商品消费转向体验消费。他们购买的已经不仅仅是商品，而是更偏向于商品背后附加的购物体验。比如，售前的商家信息推送、售中的服务体验、售后的服务护理等。这些为消费者提供的附加服务，都可以通过人工智能和大数据分析，结合用户画像和产品本身的性质，针对不同的消费群体给出不同的服务包裹（service package），更好地满足消费者对于附加服务的需求。因此，技术的发展让消费者的种种新需求有了实现的可能，并且拉近了企业和消费者之间的距离。

未来，我们该如何走下去？

首先，要站在大的时代背景下，洞察行业的发展的趋势。站得高才能看得远，才能找到发展的方向。

其次，要站在消费者的角度考虑问题，为消费者开发符合他们需求的产品，不断完善产品品质、使用价值、购物体验等。

要满足消费者的这些需求，还是要回归到技术创新上来。大家可以回想一下，在各行各业做到极致的企业，都拥有着同行无法企及的创新技术。比如，以打造“服适人生”为宗旨的优衣库，其服饰产品向来有着人类“第二层皮肤”之称。优衣库背后的功臣正是在行业内做到顶尖的面料企业东丽。作为一家面料公司，东丽与同行不同的是，它一直坚持不懈地开展技术研发。除了自己建厂研发碳纤维材料之外，还建有自己的服装实验室。可以说，与长期投入技术研发的东丽合作，是优衣库在服装领域做到极致最关键的因素之一。

那么如何做到消费体验的极致呢？要想给消费者提供极致的消费体验，可以通过满足消费者全场景体验需求来实现。以母婴零售行业领军品牌孩子王为例，孩子王的核心经营理念就是经营顾客关系、注重购物体验，通过上千场免费的亲子活动，带动家庭消费，将体验式儿童业态做到了极致。

通过以上的案例，我们可以窥见，未来零售行业将大有可为。

每一个行业，只有做到极致，才能赢得市场。比如，宜家家居、名创优品、新加坡航空、优衣库等，这些企业都在各自的领域做到了极致。所谓术业有专攻，只有找到最擅长的领域，并把它做到极致，才能形成企业的差异化竞争力。

行业巨头华为的创始人任正非认为，世界上最难的改革是革自己的命。在时代的洪流中，不少传统企业因革命失败而走向没落，但人都是在不断尝试中获得成功的。只要找对方向，不断努力就可能寻得新生。

当下，中小型企业更应该紧跟时代步伐，不断创新，才能在纷繁芜杂的世界撑得起理想，不辜负年华。

参考文献

[1] 刘润 . 新零售：低价高效的数据赋能之路 [M]. 北京：中信出版集团，2018.

[2] 维襄德 · 永恩 . 智能新零售 [M]. 汪惟，赵俊丽，译 . 北京：人民邮电出版社，2018.

[3] 王煜全 . 前哨大会2017年演讲［DB/OL］2017.4. https://www.sohu.com/a/135242299_358836

[4] 尤瓦尔 · 赫拉利 . 人类简史 [M]. 林俊宏，译，[M]. 北京：中信出版社，2014.

[5] 翁怡诺 . 新零售的未来 [M]. 北京：北京联合出版公司，2018.

[6] 陈欢，陈澄波 . 新零售进化论 [M]. 北京：中信出版社，2018.

[7] 吴军 . 智能时代 [M]. 北京：中信出版集团，2016.

[8] 苏杰 . 人人都是产品经理 [M]. 北京：电子工业出版社，2010.

[9] 陆海空 . 美国零售史 150 年：动态创新和实时转型的启示［DB/OL］，零售老板内参，2018.1. https://36kr.com/p/1722160005121

[10] 王晓锋 .“新零售”下人货场“三效合一”的逻辑关系［DB/OL］，商业新知，2019.4.

[11] 大王真 . 中国零售业态的发展简史［DB/OL］，大王真的电商营销课，2019.1. https://www.sohu.com/a/307301461_120047513

[12] 尼古拉斯卡尔 .IT 不再重要，哈佛商业评论 [J]，2003.5.

[13] 大卫 · 贝尔 . 不可消失的门店 [M]. 苏健，译 . 杭州：浙江人民出版社，2017.

后　　记

大众理解的新零售，可能只是新零售从诞生到现在，所演变出的多个形态之中的某一个。我认为，真正的新零售，其未来发展方向一定是与人工智能技术相结合的 AI 新零售。

现在人工智能已经脱离实验室实验阶段，开始大规模进入应用领域。受益于用户数据指数级增长、算力提升和算法优化，人工智能的识别准确度和识别精度不断提升，而出现爆发性增长的趋势。在零售行业，许多 AI 应用场景现已经落地并且不断地迭代进化。

通过人工智能打造的人脸画像、用户行为轨迹分析等工具的应用，可以给消费者带来更加私人化的定制服务，让消费者在购物过程中享受更加贴心、更为智能化的消费体验。

AI 技术结合新零售，对于商家来说，能够更加了解自己的消费者，能有更加精准的定位，也能以更合适的方式提供贴合消费者需求的产品，提高成交率，增加消费者黏性。这样的新零售，才能够为社会创造更多的财富，为人民的生活带来更多的便利，让人们更享受生活。

新零售的本质是效率更高的零售，如何优化“人”“货”“场”之间的关系，让交易变得更加简单，让服务变得更加优质，才是新零售的主题。因此，未来的新零售注定是 AI 与新零售相结合的模式，AI 新零售才是新零售的“完全版”。

AI 新零售是未来的发展方向，是新时代新商业发展的必然产物，其中也蕴藏着新的巨大商机。正如蒸汽机引领了第一次工业革命，发电机成就了第二次工业革命，互联网打开了互联网革命一样，我相信，AI 新零售必将打响零售新革命的第一声枪。

我很荣幸生活在这样一个时代，技术发展日新月异，商业变革更新迭代，万物皆在向着更光明的未来奋进。我希望这本书能够为读者提供帮助，让读者能够从我对 AI 新零售的解读中，充分了解未来新零售时代的模样；了解我们将如何利用新零售万有引力法则打通线上和线下，实现无界全渠道零售；了解新零售如何结合人工智能和大数据，满足消费者的需求，创造更美好的生活。